AF322373

Mgr PLANTIER

Évêque de Nimes

(1813-1875)

L'activité apologétique d'un évêque sous le
Second Empire

PAR

L'abbé Marcel BRUYÈRE

Vicaire à la Cathédrale de Nimes
Docteur ès-lettres

LIBRAIRIE CATHOLIQUE EMMANUEL VITTE

Lyon { 3, Place Bellecour, 3 ‖ 5, rue Garancière, 5 } Paris
{ Siège social ‖ 1, pl. Saint-Sulpice, 1 }

1925

Mgr PLANTIER

Evêque de Nimes

(1813-1875)

Mgr PLANTIER

Evêque de Nimes

(1813-1875)

L'activité apologétique d'un évêque sous le
Second Empire

PAR

L'abbé Marcel BRUYÈRE

Vicaire à la Cathédrale de Nimes
Docteur ès-lettres

LIBRAIRIE CATHOLIQUE EMMANUEL VITTE

Lyon ⎰ 3, Place Bellecour, 3 ⎰ ‖ ⎱ 5, rue Garancière, 5 ⎱ Paris
⎱ Siège social ⎱ ‖ ⎰ 1, pl. Saint-Sulpice, 1 ⎰

1925

A MONSIEUR

BERNARD LATZARUS

HOMMAGE

DE RESPECTUEUSE

RECONNAISSANCE

AVANT-PROPOS

Le présent travail n'est pas une étude de la vie et des œuvres de l'évêque de Nîmes, Mgr Plantier. Cette vie nous la supposons connue ; elle a d'ailleurs été écrite dans un ouvrage où l'on souhaiterait plus de précision et plus de faits, qui aurait gagné également à être rédigé dans un style plus simple. C'est pourtant l'œuvre d'un homme distingué et d'un lettré, et, somme toute, il nous fait bien connaître la nature du prélat qui en est le héros (1).

Jugeant donc inutile de refaire, sans données nouvelles ce qui a déjà été fait de façon satisfaisante, nous voudrions exposer avec quelque détail les principales idées du vaillant prélat qui a attiré notre attention, étudier ses procédés de controverse, nous livrer à un essai d'analyse de son style.

Mgr Plantier a divers titres à l'attention : il a composé des Etudes sur les Poètes bibliques ; il a été conférencier de Notre-Dame ; il a écrit des ouvrages de spiritualité. Evêque, il est l'auteur de nombreuses Lettres pastorales sur différents sujets d'apologétique.

C'est sous ce dernier aspect que nous l'avons exclusivement envisagé, car c'est comme évêque surtout que le nom de Mgr Plantier, croyons-nous, mérite de rester. Ses Etudes sur les Poètes bibliques (2) ont ouvert une voie ; elles seront lues avec intérêt par ceux qui désire-

____

(1) *Vie de Mgr Plantier, évêque de Nîmes*, par l'abbé Clastron, 2 vol. in-8°. — Paris. Oudin. 1882.

(2) *Etudes littéraires sur les Poètes bibliques* (1842, 1 v. in-8° ; 1855, 2 vs. in-8° ; 1863, 2 vs. in-8° ; *Œuvres Complètes*, t. ı et ıı).

ront apprécier l'intérêt littéraire des Livres sacrés ; mais leur style fleuri à l'excès est trop impersonnel et finit par fatiguer.

Les Conférences de Notre-Dame (1) ne sont pas l'œuvre d'un orateur que l'on puisse comparer à Lacordaire ou à Ravignan. Le public qui les a suivies en 1847 et en 1848 les a bien accueillies parceque les sujets qui y étaient traités avec clarté et une touche de poésie par le jeune professeur lyonnais, n'avaient pas cessé d'être d'un intérêt toujours actuel. Il faut bien reconnaître cependant que l'abbé Plantier n'avait fait que reprendre le genre de Frayssinous. Son style, d'ailleurs, ici encore, manque d'originalité ; il n'est pas ce vêtement léger et souple jeté sur la pensée qui doit être l'idéal du vrai écrivain. Quant aux Règles de vie sacerdotale (2), elles ne dépassent pas la bonne moyenne des livres de ce genre.

Si nous avons choisi les Lettres pastorales de Mgr Plantier, c'est parceque le domaine qu'elles embrassent est beaucoup plus vaste, qu'elles représentent le terme de l'évolution de la pensée de leur auteur, que certaines d'entre elles ont eu un grand retentissement et que leur style étant, en général, plus personnel, mérite qu'on l'étudie avec quelque soin.

Même sur ce terrain restreint de l'activité de Mgr Plantier, il nous a été impossible d'étudier toutes les questions qu'il a traitées. Nous avons crû devoir éliminer celles qui ne lui sont pas particulières ou qui sont du domaine soit de la philosophie pure soit de la théologie dogmatique ou morale, pour leur préférer celles qu'il a été seul ou presque seul à traiter ou qu'il a marquées de son empreinte distinctive.

Que l'on ne soit donc pas surpris de ne trouver ici aucun

____

(1) *Conférences données à Notre-Dame de Paris* (1849, 1854, 2 vs. in-8° ; *Œuvres Complètes*, t. vi).

(2) *Œuvres Complètes*, t. v. — Les tomes iii et iv renferment les Œuvres de Direction spirituelle.

aperçu sur ses études philosophiques malgré l'intérêt qu'il y prenait et le grand nombre de pages qu'il y a consacrées (1). Nous ne dirons rien non plus de ses Instructions concernant le Concile du Vatican (1869) et l'Infaillibilité pontificale (1870); ou encore les Fins dernières de l'homme : la Maladie (1867), la Sépulture (1868), la Résurrection des morts (1869), le Purgatoire (1871), le Culte des reliques (1872), la Messe, moyen de soulagement pour les âmes du Purgatoire (1873).

Mais voici d'autres points de l'enseignement de Mgr Plantier marqués, à des titres divers, d'un caractère distinctif que l'on ne retrouve pas ailleurs : les Courses de taureaux, la Controverse avec les protestants, la Réfutation de la *Vie de Jésus* de Renan, la Question romaine. Ce sont les aspects de la pensée de l'évêque de Nîmes que nous avons choisis et dont l'étude, tant au point de vue de l'idée qu'à celui du style, fera l'objet des pages qui suivent.

Si les passions soulevées en leur temps par la *Vie de Jésus* et la Question romaine sont de nos jours à peu près calmées, les Courses de taureaux et la Controverse protestante sont demeurées, du moins dans notre Midi, un terrain brûlant sur lequel il est difficile de marcher. Notre situation et nos convictions nous font un devoir d'adopter sur ces questions, intéressant la morale et le dogme, une opinion qui est celle de l'Eglise à laquelle nous avons l'honneur d'appartenir.

Nous n'oublierons pas, cependant, que notre rôle se borne ici à exposer des idées sans prétendre les juger. Nous croyons avoir essayé de le faire avec assez d'impartialité pour ne pas être regardé comme un écrivain de parti que nous n'avons pas voulu être.

______

(1) *Conférences de NotreDame de Paris.* — Lettre pastorale sur cette question : *Sommes-nous ennemis de la philosophie ?* (1857). — *La Religion naturelle* (1860). — *Les idées modernes* (1864). — *La Morale indépendante* (1866). — Mgr Landriot, évêque de la Rochelle, et le P. Gratry appréciaient hautement la pensée philosophique de l'évêque de Nîmes.

Quelque modeste que soit notre travail, nous espérons qu'il contribuera à mieux faire connaître l'histoire religieuse du Second Empire en marquant la place que doit occuper dans la littérature ecclésiastique un prélat qui, sans doute, n'a pas figuré au tout premier rang, mais qui, par ses idées et la vaillance avec laquelle il les a soutenues, a joué un rôle important dans les luttes de l'Eglise.

BIBLIOGRAPHIE

Editions des Œuvres apologétiques de Mgr Plantier :

Lettres pastorales. Instructions et mandements (1855-1857). — Nimes et Lyon, 1 v. in-8°. — Id. Nimes, 1866 et suiv. 6 vs. in-8°.

OEuvres Complètes, 16 vs. in-8°, t. 9 à 16. Nimes et Paris, 1883.

Vie de Mgr Plantier, évêque de Nimes, par l'abbé Clastron, 2 vs. in-8°. Nimes et Paris, 1882.

Oraison funèbre de Mgr Plantier, par Mgr Besson (1876), dans *Panégyriques. Oraisons funèbres*, par Mgr Besson, 3° série, p. 357 sq. (Paris. Bray et Rétaux).

Vie de Mgr Cart, évêque de Nimes, par l'abbé Azaïs (Nimes), 1856.

Centenaire du R. P. d'Alzon (Nimes), 1910.

Mgr Baunard. — *Un siècle de l'Eglise de France*, 17° mille. (Paris. Poussielgue), 1922.

Abbé Mouret. — *Histoire générale de l'Eglise*. L'Eglise contemporaine, 1re partie, de 1823 à 1877, t. viii. (Paris. Bloud).

Célébrités catholiques contemporaines, par Louis et Eugène Veuillot, H. de Riancey, etc., 1 v. in-8°. (Palmé. Paris), 1870.

P. de la Gorce. — *Histoire du Second Empire*, 7 vs. in-8°. (Paris. Plon), 1894-1905.

Edmond Biré. — *Causeries Historiques*, 2° série. (Paris. Bloud).

Em. Ollivier. — *L'Eglise et l'Etat au Concile du Vatican*, 2 vs. in-12°. (Paris. Garnier), 1879.

Vie de Mgr Miollis, par Mgr Ricard. (Paris. Dentu), 1894.

Pierre-Louis Parisis, par l'abbé Guillemant; t. i, L'évêque de Langres; t. ii, Le champion de l'Eglise. (Paris. Lecoffre), 1916.

Vie du Cardinal Guibert, par J. Paquelle de Follenay, 2 vs. in-8°. (Paris. Poussielgue), 1876.

Vie du Cardinal Pie, par Mgr Baunard, 2 vs. in-8°. (Oudin. Poitiers), 1890.

Vie de Mgr Dupanloup, par l'abbé Lagrange, 3 vs· in-8°. (Paris. Poussielgue), 1883.

Mgr Dupanloup et M. Lagrange, son historien, par l'abbé U. Maynard, 1 v. in-8°. (Paris. V. Palmé), 1884.

Un évêque d'autrefois, Mgr Berteaud, par l'abbé Breton, 1 v. in-8°. (Paris. Bloud).

Vie du Cardinal Mathieu, par Mgr Besson, 2 vs. in-8°. (Paris. Bray et Rétaux).

Gerbet et Salinis, par Mgr Ricard. (Paris. Plon), 1886.

Vie du Cardinal de Bonnechose, par Mgr Besson, 2 vs. in-8°. (Paris. Bray et Rétaux), 1887.

Vie de Mgr Darboy, par le Cardinal Foulon, 1 v. in-8°. (Paris. Poussielgue).

Vie de Mgr Maret, par l'abbé Bazin, 3 vs. in-8°. (Paris. Berche et Tralin), 1891.

Vie du Cardinal Meignan, par l'abbé Boissonot, 1 v. in-8°. (Paris. Lecoffre), 1899.

Réponse à la Lettre aux Protestants du Gard, de Mgr l'Evêque de Nimes, par Ch. Dardier, pasteur de l'Eglise réformée de Nimes. (Nimes), 1859.

Réponse à la Lettre de Mgr l'Evêque de Nimes aux Protestants du Gard, par Arbousse Bastide, pasteur à Puylaurens (Tarn). (Toulouse. Chauvin), 1859.

Les Sophistes et la critique, par le R. P. Gratry, 1 v. in-8°. (Paris. Douniol), 1864.

La vie de Jésus d'après Renan, par le R. P. Lagrange, 1 v. in-8°. (Paris. Gabalda), 1923.

Le Pape et le Congrès. (Paris. Dentu), 1859.

La Brochure. Le Pape et le Congrès. Lettre à un catholique, par Mgr l'Evêque d'Orléans. (Paris. Douniol), 1860.

Seconde Lettre de Mgr l'Evêque d'Orléans à un catholique sur le démembrement dont les Etats pontificaux sont menacés. (Paris. Douniol), 1860.

Lettre à M. le Vicomte de la Guéronnière en réponse à la Brochure : La France, Rome et l'Italie, par Mgr l'Evêque d'Orléans. (Paris. Douniol), 1861.

Observations de l'Evêque de Perpignan au sujet des attentats dirigés contre la Souveraineté temporelle du Pape. (Perpignan), 1859.

De la Papauté, par Mgr Gerbet, évêque de Perpignan. (Paris. Gaume), 1860.

Appel au bon sens, par Alfred Nettement. (Paris. Lecoffre), 1860.

Deuxième Lettre à M. le Comte de Cavour, par Montalembert. (Paris. Lecoffre), 1861.

Le Pape et la Diplomatie, par Louis Veuillot. (Paris. Gaume), 1861.

Réponse de Mgr l'Evêque de Poitiers à M. Billaut dans la discussion de l'Adresse. (Paris. Giraud), 1862.

La France, l'Empire et la Papauté, par M. Villemain. (Paris. Douniol), 1860.

CHAPITRE I

L'épiscopat français en 1855

Il ne semble pas que pendant tout le cours du dix-neuvième siècle, l'Eglise catholique en France, ait traversé de période plus favorable que celle des quelques années qui précédèrent et suivirent immédiatement la nomination de l'abbé Plantier, en août 1855, au siège épiscopal de Nimes.

Jamais peut-être, depuis la signature du Concordat de 1801, elle n'avait trouvé et ne trouvera, sauf de 1870 à 1880, liberté plus grande d'exercer son apostolat, protection plus bienveillante sinon toujours désintéressée de la part des autorités civiles, docilité plus entière des esprits et des cœurs chrétiens à suivre ses enseignements.

Est-ce à dire que le calme extérieur dans lequel elle vécut s'accompagna de l'acceptation de ses doctrines par tous les esprits et d'une entente parfaite entre ses membres ?

Non, assurément ; et les sujets de conflit ne lui manquèrent pas et même de conflits ardents. Seulement cette lutte, l'absence presque complète de préoccupations matérielles l'avait rendue possible, permettant ainsi le développement qu'elle devait prendre lorsque les événements la feraient s'engager.

C'est pourquoi, au seuil d'une étude consacrée à l'activité apologétique d'un évêque sous le Second Empire, il ne sera pas superflu de faire connaître l'état de l'épiscopat en France au début du règne de Napoléon III. Quelle a été son attitude vis-à-vis des pouvoirs établis, comment ceux-ci l'ont-ils traité, quelle emprise a-t-il eue sur la masse, quelles tendances se sont manifestées dans son sein ?

Autant de questions auxquelles il nous *est* impossible de ne pas répondre, car elles nous permettront de comprendre en partie pourquoi l'évêque de Nimes a agi comme il l'a fait et de nous expliquer le sens de son action.

Il ne sera pas inutile, pour fixer les traits du tableau d'histoire religieuse qu'il nous faut tracer, de remonter à quelques années en arrière, jusqu'au Concordat qui a inauguré une phase nouvelle dans la vie de l'Eglise en France.

Cette vie fut bien faible dans les premières années qui suivirent la signature de cet acte. Comment en aurait-il pu être autrement ? Les évêques, aux yeux de l'Empereur, n'étaient guère plus que des fonctionnaires d'un genre à peine différent et il les tenait dans une dépendance servile à son égard. Vieillards, d'ailleurs, pour la plupart ou anciens prélats constitutionnels, ils n'étaient que trop enclins par leur âge ou leurs antécédents à vivre en paix avec Napoléon à qui l'Eglise devait tant. Absorbés par l'administration de leurs diocèses souvent trop vastes, où tout était à refaire, ils n'osaient pas, par exemple, ouvertement résister aux projets à tendances schismatiques du puissant empereur, lors du Concile national tenu à Paris, en 1811.

Un Barral, archevêque de Tours, un Duvoisin, évêque de Nantes, un Rousseau, évêque d'Orléans dénient même aux papes un pouvoir d'excommunication que l'Eglise leur a toujours reconnu. Il est vrai que leur conduite est compensée par la ferme dignité de l'archevêque de Bordeaux, M. d'Aviau, et la simplicité quelque peu fruste de l'évêque de Digne, M. de Miollis, pour ne citer que ces deux.

La Restauration rend à l'Eglise sa liberté, mais celle-ci n'est que relative ou plutôt les rapports de l'Eglise et de l'Etat ne tardent pas, sous la pression des idées libérales, malgré leur intimité et précisément à cause de cette intimité, à être désastreux pour l'une et pour l'autre.

Le gouvernement de Louis XVIII, celui de Charles X, surtout, veulent sincèrement le bien de l'Eglise ; ils la protègent ouvertement, trop ouvertement peut-être. Les évêques sont attachés de tout cœur à la dynastie régnante. Seulement, cette alliance de l'Etat et de l'Eglise ne correspondait presque à aucune réalité dans les esprits de plus en plus gagnés au libéralisme. Un prince aux intentions excellentes manqua de prudence et de fermeté pour maintenir sa couronne et sa chute trouva l'Eglise associée à son impopularité et en supportant les conséquences. L'épiscopat, en effet, n'avait pas su se dégager suffisamment du pouvoir civil, il n'avait pas compris l'esprit des temps nouveaux et par un loyalisme, digne d'admiration certes, mais manquant de souplesse, il avait donné à croire que monarchie et religion ne faisaient qu'un.

La Révolution de 1830, quelque prévue qu'elle fût par les sages, jeta l'Eglise de France dans la consternation. Pouvait-on prêter serment au nouveau gouvernement qui favorisait le déchaînement des passions populaires contre l'Eglise ? Les évêques le prêtèrent sur le conseil de Pie VIII, puis de Grégoire XVI, mais à contre cœur, en rougissant presque.

Bientôt, à l'hostilité ouverte succéda une politique de neutralité parfois dédaigneuse. On affecta de traiter les évêques comme des fonctionnaires et, lorsqu'il s'agit d'en choisir de nouveaux, on prit des hommes, vertueux sans doute et sans compromissions politiques, mais trop souvent médiocres et timides.

Il arriva cependant que ces hommes sous l'empire d'un esprit nouveau, se refusèrent au rôle inférieur qu'on voulait leur faire jouer et réclamèrent pour l'Eglise une liberté plus grande d'exercer sa mission. Le vent n'était plus en faveur de l'irréligion. Le mouvement créé par l'*Avenir* avait mis en relief toute une armée de jeunes hommes et de jeunes prêtres dont la parole trouvait un écho dans la jeunesse d'alors. Et voici que toutes ces ardeurs se trouvent canalisées par l'action de l'épiscopat qui se met à la tête du mouvement en faveur de la liberté de l'enseignement.

Tout d'abord. il agit avec lenteur et une réserve extrême ; puis, sur toute la ligne, bientôt s'ébranlèrent et les vieux évêques légitimistes, comme Mgr Clausel de Montals, à Chartres, et les évêques nommés par Louis Philippe, tels Mgr Gousset, archevêque de Reims, et Mgr Affre, de Paris. En 1844, il se crée un véritable « concert » d'évêques dont le chef est l'évêque de Langres, Mgr Parisis, « chef modeste et discret, a-t-on dit, qui prend l'avis de ses collègues, qui se contente d'avoir raison, sans l'imposer aux autres, mais qui à cette raison fait parler une langue si nette, formuler des pensées si sages, tirer des conclusions si justes, qu'il attache et se fait suivre à cette chaîne serrée de sa dialectique » (1). Ses brochures sur la liberté de l'enseignement se succèdent nombreuses et pressantes. Sous le titre du *Député père de famille*, de *Lettres sur la liberté d'enseignement*, de *Cas de conscience*, elles constituent les premières manifestations vraiment actives sur le terrain des idées de l'épiscopat français au xix⁰ siècle.

Avant cette lutte pour une liberté nécessaire à l'Eglise, les évêques s'étaient cantonnés dans une action purement administrative ou morale ; désormais leur champ d'action s'élargira, les questions philosophiques, théologiques ou politiques touchant à la religion vont les passionner ; c'est à sauvegarder dans son intégrité la foi de leur troupeau qu'en grand nombre ils vont surtout s'appliquer.

L'avènement de la Seconde République, en leur donnant une plus grande liberté, les encouragera dans cette voie. La religion est alors universellement respectée, sinon populaire et le nouveau gouvernement dont le prince Louis Napoléon, dès le 10 décembre 1848, est le chef, donne plus d'une garantie à la liberté de l'Eglise. Il favorise l'expédition romaine, autorise la réunion de conciles provinciaux, permet aux évêques d'accomplir

____

(1) Baunard. — *Un siècle de l'Eglise de France*, p. 157.

leurs voyages *ad limina,* approuve enfin la loi du 15 mars 1850 qui donne aux catholiques, sans en exclure les ordres religieux, la liberté de l'enseignement secondaire et leur réserve une place au Conseil supérieur de l'Instruction publique.

Le Coup d'Etat du 2 décembre 1851 établit Louis Napoléon président à vie en attendant que l'année suivante il soit porté au trône impérial par près de huit millions de suffrages. C'est l'occasion pour le prince de multiplier ses marques de bienveillance vis-à-vis de l'Eglise. Elles sont nombreuses : droit pour les cardinaux de siéger au Sénat, rétablissement du culte dans l'église Sainte-Geneviève, institution d'aumôniers dans la marine et autres. Mais ce qui, plus que toutes ces mesures, lui assura la sympathie des catholiques, est qu'il parut être la personnification de l'autorité contre le danger menaçant du socialisme et de l'anarchie, le défenseur providentiel de l'ordre et de la morale en danger.

Anssi l'épiscopat ne fut-il pas en retard sur la nation presque toute entière pour voir en lui le « nouveau Charlemagne ou Saint-Louis » qui allait protéger la religion et lui assurer des jours heureux. L'illusion était alors permise ; mais si la plupart des évêques surent donner leur adhésion avec dignité au nouveau régime, félicitant le prince président lorsqu'au cours de ses visites dans le Midi de la France il assurait les évêques de ses bonnes dispositions à leur égard, un certain nombre, en revanche, dépassèrent la mesure et donnèrent par trop leur confiance à un pouvoir qui, si bien disposé qu'il eût été jusque-là en faveur de la religion, n'avait pas suffisamment fait connaître ses principes et ses tendances et, en dehors des circonstances qui lui avaient donné une existence de fait, n'avait pas de garanties suffisantes de durée.

Ce reproche le méritèrent et par leurs écrits et leurs paroles, Mgr Donnet, archevêque de Bordeaux, qui disait au futur empereur : « Il n'y a plus de mur de séparation entre le sacerdoce et les pouvoirs humains. Le prince a replacé la pyramide sur sa base... », Mgr de Mazenod, évêque de Marseille, Mgr Brossais Saint-Marc, évêque de Rennes, et surtout Mgr de Salinis, évêque d'Amiens. Le fameux mandement de ce dernier *sur le Pouvoir* fit grand bruit. Il appliquait au Coup d'Etat les principes des théologiens sur l'autorité civile, et ne craignait pas d'engager son clergé à prêter au nouveau pouvoir, non seulement une obéissance passive, mais un concours actif. L'unanimité n'était, cependant, pas complète chez les catholiques sur le bien fondé d'un ralliement aussi absolu ; les légitimistes en furent froissés et les républicains irrités.

C'est ainsi que *L'Univers*, l'un des premiers, ayant donné l'exemple de l'acceptation du nouveau régime et Mgr de Salinis s'étant montré son protecteur affiché, Lacordaire, demeuré fidèle à son idéal démocratique, n'avait pas hésité à rompre avec l'évêque d'Amiens qui, pour lui, n'était plus qu'un « ancien compagnon d'armes ». « *L'Univers*, lui écrivait-il, est, à mes yeux, la négation de tout esprit chrétien et de tout bon sens humain. . Je ne crois pas que jamais l'Église ait été défendue par d'aussi tristes personnages et d'aussi pauvres théories... C'est vous dire, Monseigneur, pour ne pas vous parler du reste, à quelle distance une singulière fortune nous a placés l'un de l'autre... Ma consolation est de vivre solitaire, et de protester par mon silence, et, de temps en temps, par mes paroles, contre la plus grande insolence qui se soit encore autorisée du nom de Jésus-Christ. »

Malgré le ton de cette lettre et quoique l'école de *L'Univers* rencontrât plus d'une opposition de la part de l'épiscopat, la question politique fut peut-être la moindre de celles qui, au milieu du xixe siècle, séparèrent les évêques de France. Peu d'entre eux, si nous exceptons l'archevêque de Paris, Mgr Sibour, étaient républicains ; la plupart étaient légitimistes, mais passaient sous silence leurs préférences personnelles. Sans imiter tout l'empressement de quelques-uns à soutenir le nouveau pouvoir, les avances de celui-ci en faveur de la religion le leur faisaient considérer comme très acceptable : avec plaisir même ils s'y soumettaient avec loyauté. Qui aurait pu le leur reprocher en ces temps où la France conservatrice et amie de l'ordre était, presque tout entière, favorable à l'Empereur ?

De ce bon accord des deux pouvoirs résultait, dans bien des cas, pour les évêques, une autorité plus grande pour accomplir leur ministère. Le peuple voit que l'Etat favorise l'Eglise, assiste à ses cérémonies, confie des charges officielles à ses principaux dignitaires ; il sait que le trésor public est prodigue de subventions en faveur du culte et que le pouvoir tout puissant proteste de sa bonne volonté pour la religion ; tout naturellement son respect pour elle en est accru ; il est plus disposé à accepter ses ordres et l'épiscopat est moins gêné pour en donner lorsque le besoin s'en fait sentir.

Que Napoléon III ait agi en toute franchise et sincérité avec les catholiques au début de son règne certains en ont douté après son attitude, dès 1859, à propos de la question romaine. Aussi bien il n'entre pas dans notre plan de traiter pour l'instant ce point là. Mais nous ne pouvons faire autrement que de constater la bonne entente qui, de 1848 à 1859, règne entre la puissance civile et la puissance religieuse, les bonnes dispositions de l'Etat pour l'Eglise, la liberté très grande dont celle-ci jouit et qui est accompagnée de la sympathie de l'ensemble du pays.

Une telle attitude du pouvoir témoignait de la puissance de l'idée religieuse en France vers 1850. Si le prince président devenu empereur fit tout pour se concilier les catholiques, c'est qu'il sentait leur force et l'aide morale qu'ils pouvaient lui donner.

Sans conteste donc, la puissance de l'épiscopat était grande vers 1855 et ses paroles capables de retenir l'attention.

Malheureusement, et c'était là son point faible, l'unanimité ne régnait pas parmi ses membres sur l'attitude à tenir à l'égard des problèmes que les circonstances faisaient naître. La question de l'acceptation du régime impérial en était un, de peu d'importance, nous l'avons vu, car l'opinion catholique dans son ensemble s'était ralliée au nouveau pouvoir. Mais sur d'autres points des divisions s'étaient produites qui témoignaient parmi les évêques d'états d'esprit différents, sinon opposés. Si quelquefois les désaccords portaient sur des questions de doctrine, non définies, bien entendu, le plus souvent, il s'agissait surtout de tendances à appliquer différemment des principes acceptés par tous.

C'est vers 1850 que se manifestèrent avec acuité les premiers dissentiments.

Vers la fin de la monarchie de Juillet, la question de la liberté de l'enseignement avait trouvé les évêques et les catholiques unis pour la lutte. Des hommes aussi différents que Mgr Parisis et Mgr Affre, l'abbé Dupanloup ou Montalembert et Louis Veuillot étaient d'accord pour réclamer la suppression du monopole universitaire. Mais voici qu'en 1850, la loi Falloux est votée : elle rompt le faisceau des forces catholiques et fait éclater les dissentions fratricides. Deux camps se trouvèrent en présence : celui des partisans de la loi nouvelle et le camp de ceux qui l'attaquaient en tant que consacrant un principe faux et dangereuse dans ses applications.

Les premiers dont les chefs étaient l'abbé Dupanloup, M. de Falloux et Montalembert à qui une trentaine d'évêques se rallièrent avaient posé la discussion sur le terrain du droit commun et de la liberté pour tous. Le projet de loi qu'ils avaient proposé et réussirent à faire admettre était un compromis. L'État reconnaissait aux particuliers et aux congrégations religieuses la liberté de l'enseignement ; il admettait même dans les Conseils de l'Instruction publique les représentants de l'Église et ceux de l'enseignement libre ; en revanche, il se réservait la collation des grades universitaires et un droit d'inspection sur tout les établissements d'instruction.

N'était-ce pas là, disait-on dans l'autre camp, consacrer

le faux dogme de l'Etat-Dieu, et selon l'expression de
Louis Veuillot (1), « à la place de la liberté demandée,
n'obtenir qu'une faible part du monopole ? » L'école de
l'*Univers* affirmait que l'on eût pu obtenir davantage et
s'inscrivait en faux contre un mot de M. de Melun: « Une
concession et une exigence de plus entraînaient le rejet. »
Ce qu'elle aurait voulu c'était une loi de principes et non
d'expédients, une loi fondée, non sur le terrain des libertés
publiques mais sur celui du droit spécial et de l'autorité
de l'Eglise. C'était là l'opinion de Mgr Pie, évêque de
Poitiers, de Mgr de Montals, évêque de Chartres, et de
l'évêque de Langres, Mgr Parisis, qui s'abstint dans le
vote de la loi.

Lorsqu'elle fut adoptée, le 15 mars 1850, l'*Univers* tout
en la critiquant, se déclarait prêt à la défendre dans le cas
où il se serait trompé. « Puisse, disait-il, cette éventualité
se réaliser. Notre amour-propre ne peut pas recevoir de
blessure quand l'intérêt de l'Eglise est sauvé. »

Une lettre adressée le 15 mai 1850, par le nonce de
Paris, au nom de Pie IX, à tous les évêques de France
déclara que l'Eglise sait, dans l'intérêt de la société
chrétienne, supporter quelques sacrifices compatibles avec
son existence et avec ses devoirs pour ne pas compromettre davantage la religion et lui éviter une position plus
difficile. En conséquence, elle recommandait l'union et
invitait les évêques à profiter de ce que la loi pouvait
avoir de bon, en les exhortant plus particulièrement à
s'entendre pour le choix de leurs quatre représentants au
Conseil supérieur.

Les divisions paraissaient terminées et elles l'étaient
bien sur ce point particulier de la liberté de l'enseignement, mais le conflit que l'on peut appeler éternel entre
les partisans des principes, les absolutistes ou intransi-
geants comme on les désignait et ceux qui admettaient des

____

(1) *Univers* du 29 juin 1849. Cité par Mourret. *L'Eglise Contemporaine,* p. 379, n. 3.

compromis avec le siècle, les libéraux ou pacificateurs, ce conflit reprit de plus belle, à la fin de cette même année 1850, à propos d'un acte du Concile provincial de Paris.

Probablement sous l'inspiration de Mgr Dupanloup qui, par un privilège particulier, avait pris part à ce Concile, avant son sacre, des reproches y furent formulés contre les écrivains et journalistes catholiques qu'on accusait d'usurper les droits de l'Eglise, d'empiéter sur les évêques, de paralyser le gouvernement ecclésiastique et d'entretenir contre celui-ci un esprit de contention.

Aussi, le 21 septembre 1850, Mgr Sibour se faisant l'écho de ces plaintes infligeait-il à l'*Univers* un avertissement où il lui reprochait sa conduite dans l'affaire de la loi de l'enseignement, ses interprétations des actes du Saint Siège, en dehors des évêques et même contre eux, et d'autres griefs de moindre importance. Finalement, l'archevêque menaçait d'aller plus loin s'il n'était pas obéi (1).

Mais cet avertissement fut bientôt déféré par celui qu'il visait au Saint Siège comme une usurpation de direction doctrinale et une confiscation de l'opinion au profit d'un seul. Bien que Louis Veuillot eût, le 5 octobre, fait sa soumission à l'archevêque, le Pape écrivit à Mgr Sibour pour condamner son avertissement et défendre la presse religieuse.

. A peine cette affaire était-elle terminée que la question des classiques, par le ton acerbe qu'elle prit tout de suite, souleva une fois de plus l'opinion catholique et jeta la division parmi les évêques.

On sait que la publication, en 1851, du *Ver rongeur*, de l'abbé Gaume, vicaire général de l'évêque de Nevers (ouvrage dont les idées se trouvaient déjà en germe dans la 2e édition de son livre : *Du catholicisme dans l'éduca- tion*, paru en 1850), donna une actualité nouvelle à une

______

(1) U. Maynard. — *Mgr Dupanloup et M. Lagrange son historien*, p. p. 78, 79.

thèse déjà ancienne soutenue par Lamennais dans sa lutte contre l'Université.

Elle consistait à affirmer que l'emploi exclusif des classiques païens dans l'éducation était la cause des maux de la société moderne. Que l'on se serve, disait l'abbé Gaume, des classiques chrétiens jusqu'à la classe de quatrième inclusivement et qu'après on leur joigne des auteurs païens sévèrement expurgés, « c'en est bientôt fait du socialisme, du communisme et de toutes ces formidables erreurs qui menacent de nous reconduire au chaos. »

De ces idées exposées sur un ton agressif, Louis Veuillot se fit le protagoniste convaincu dans l'*Univers* en même temps que Montalembert, l'abbé d'Alzon, fondateur du collège de l'Assomption, à Nimes, et Donoso Cortès ; mais les jésuites, le futur évêque de la Rochelle, l'abbé Landriot, Mgr Clausel de Montals et surtout Mgr Dupanloup s'unirent pour les combattre. Depuis plusieurs mois on guerroyait de part et d'autre, lorsque, le 19 avril 1852, Mgr Dupanloup intervint par une lettre aux professeurs de son petit séminaire en leur recommandant de faire une place, dans les études de la jeunesse, aux classiques de l'antiquité profane.

Cette lettre publiée dans l'*Ami de la Religion* était à la fois un acte épiscopal qui réglait l'emploi des classiques et la manifestation d'un sentiment personnel sur la question des classiques en elle-même. Sans s'arrêter à l'acte épiscopal, l'*Univers,* dans ses numéros des 7, 8 et 10 mai suivants, continua de discuter la question controversée et dirigea contre l'écrit du prélat ses traits les plus ironiques.

Mais alors celui-ci, le 30 mai 1852, faisant le procès de l'*Univers,* fond et forme, défendit aux professeurs de son petit séminaire la lecture de ce journal en même temps qu'il dénonçait « l'invasion du journalisme laïque dans l'administration épiscopale. »

Dès lors la lutte dépassa la question scolaire, « elle se

présenta, pour les uns, comme la lutte de l'élément laïque contre l'épiscopat, pour les autres, comme le combat du vieux gallicanisme contre l'esprit romain. » (1)

Un certain nombre d'évêques — on en compta quarante-quatre — prirent le parti de Mgr Dupanloup et signèrent une déclaration en quatre articles rédigée par l'évêque d'Orléans conjointement avec les archevêques de Paris et de Besançon. Il y était dit, en particulier, que les actes épiscopaux sont « injusticiables des journaux et qu'aux évêques seuls appartient, chacun dans son diocèse, de régler la mesure [de l'emploi des classiques païens] sans que le journalisme ait rien à y voir ». Trente-sept autres évêques, en revanche, prirent le parti de l'*Univers*. Parmi eux étaient Mgr Parisis, le cardinal Gousset, l'archevêque d'Avignon, Mgr de Dreux-Brézé, évêque de Moulins, et l'évêque de Montauban, Mgr Doney. Leurs objections portaient moins contre la déclaration elle-même que contre l'irrégularité de la procédure qu'ils qualifiaient de système d'adhésions provoquées au moyen de correspondances, par chasse aux suffrages en dehors de toute réunion et délibération conciliaire, en dehors du Pape qui pouvait tout désavouer.

Mais voici que pour aviver le feu de la controverse et entretenir la division, l'organe de Mgr Dupanloup, l'*Ami de la Religion*, publia au commencement de l'année 1853, sous la plume de l'abbé Gaduel, vicaire général d'Orléans, un article mettant en doute l'orthodoxie d'un livre de Donoso Cortès (2) chaudement loué par Louis Veuillot dans l'*Univers*. Et, comme l'auteur du livre était un laïque ainsi que celui qui l'avait recommandé, l'abbé Gaduel s'élevait sévèrement contre l'ingérence des laïques dans les controverses religieuses. Qui plus est, la réponse de Louis Veuillot ayant eu le don de lui déplaire, le vicaire général d'Orléans se jugeant offensé, déposa une plainte

---

(1) Mourret. *Op. cit.*, p. 387.

(2) *Essai sur le catholicisme, le libéralisme et le socialisme.*

contre l'*Univers* entre les mains de l'archevêque de Paris et, le 9 février 1853, celui-ci publiait une ordonnance défendant à tous les ecclésiastiques et à toutes les communautés religieuses de son diocèse de lire la feuille incriminée.

Une seconde fois, à un si court intervalle, cette défense fut diversement appréciée par l'épiscopat français. Si l'évêque de Moulins, Mgr de Dreux-Brézé, signala comme un abus de pouvoir l'acte de Mgr Sibour, d'autres évêques l'approuvèrent hautement.

Ce qui compliquait la situation, c'est que parmi ceux-ci se trouvaient des partisans des idées chères à l'*Univers* et à ses protecteurs, qui, d'accord avec eux sur la défense de la saine doctrine romaine, blamaient les violentes attaques de langage de l'*Univers*, son zèle outré et ses manques de respect à l'égard de l'autorité épiscopale par un recours perpétuel aux décisions du Souverain Pontife.

Telle était en particulier l'opinion de l'évêque de Viviers, Mgr Guibert, le futur cardinal et archevêque de Paris ; telles aussi celles de Mgr de Mazenod, évêque de Marseille, et du cardinal Donnet, archevêque de Bordeaux, tous trois loin d'être gallicans, comme on pouvait en accuser Mgr Clausel de Montals, évêque de Chartres, et l'archevêque de Besançon, le cardinal Mathieu.

Estimant que l'attitude de l'*Univers* compromettait l'autorité épiscopale, c'était cette autorité qu'ils avaient voulu défendre contre une façon d'agir qu'ils jugeaient dangereuse.

Mgr Guibert craignait même que le zèle plus généreux que prudent de Louis Veuillot et de ses protecteurs ne nuisit au succès d'une cause qui lui était chère et, selon l'expression de l'auteur de sa vie (1), « qu'on ne fût amené à reculer pour avoir mis trop de fougue à avancer. » « Ce qu'il y a de vraiment fâcheux, écrivait le prélat, c'est que les excès de ces hommes peuvent produire une

____

(1) *Vie du cardinal Guibert*, t. I, p. 167.

réaction déplorable vers· le gallicanisme, en prenant ce mot dans sa mauvaise acception. J'ai trouvé l'archevêque de Paris, qui était autrefois des plus chauds pour Rome, non seulement refroidi, mais prêt à se laisser entraîner dans une voie tout opposée. Je me suis permis de lui faire remarquer le danger de cette marche, et de lui dire que l'unique moyen de paralyser les efforts de ce parti aveugle était d'être plus romain que lui, mais d'une autre manière » (1).

Pour remédier à ce danger de réaction, conseillait-il au cardinal Antonelli, dans un Mémoire daté du 12 février 1853, il suffit de laisser aller les choses à leur pente naturelle. Le gallicanisme, comme doctrine, n'existe plus ; on enseigne le contraire dans tous les séminaires. Je ne connais pas un seul évêque qui professe les doctrines de la déclaration de 1682. S'il reste dans nos Eglises quelques usages qui ne soient pas suffisamment légitimes, l'action du temps les aura corrigés en quelques années... » (2).

A ces usages plus ou moins respectables, une partie très considérable, sinon la majorité de l'épiscopat français était attachée et, si ses porte-parole avaient, au-delà de l'intérêt fort secondaire des classiques chrétiens, ou même de l'ingérence du journalisme, combattu l'*Univers* et cherché à réduire ou à annihiler son action, c'est parce-qu'il était la feuille la plus résolument dévouée à l'ultramontanisme. Là était le fond de l'affaire. Ce que Mgr Morlot avait voulu viser, lui avec d'autres, c'était une école qui « minait chaque jour les habitudes et les traditions les plus chères à l'Eglise de France, afin de nous faire ressembler davantage à l'Italie, en prétendant nous rattacher au centre de l'unité » (3).

----

(1) *Ib.*, p. 147.

(2) *Ib.*, p. 152.

(3) Lettre à Mgr Pie, citée par Mgr Baunard, dans *Un siècle de l'Eglise de France*, p. 160.

Or, en ce moment, le vent était, à Rome, vers une concentration plus grande des forces catholiques dans l'unité romaine. C'était là un des vœux les plus chers du Souverain Pontife, Pie IX. Pour le réaliser, il avait demandé aux évêques de France de rétablir, dans leurs diocèses, la liturgie romaine et il réservait toutes ses faveurs à ceux d'entre eux qui étaient empressés à suivre ses moindres désirs. Il est dès lors facile de comprendre que l'*Univers* ne pouvait qu'être approuvé à Rome. « L'*Univers* rend de grands services, et, comme toutes les bonnes choses, il est éprouvé », avait dit Pie IX à Louis Veuillot lui-même ; et dans son Encyclique du 21 mars 1853, *Inter multiplices*, qui tranchait dans un sens modéré la question des classiques chrétiens, il lui avait donné implicitement raison. Votre devoir, disait-il aux évêques, est « d'encourager les journalistes catholiques à défendre la cause de la vérité avec zèle et justesse, et de les avertir prudemment avec des paroles paternelles, si, dans leurs écrits, il leur arrivait de manquer en quelque chose. »

Ainsi désavoué, l'archevêque de Paris retira sa défense, après que Louis Veuillot, dans une lettre respectueuse et ferme, lui eut affirmé ses sentiments de soumission filiale.

Depuis 1850, la division entre évêques n'avait donc cessé de s'accroître et un regard jeté sur l'épiscopat, vers 1855, nous permettra de voir dans son sein des hommes qui, sur les questions des droits du Souverain Pontife et de l'esprit dans lequel il faut présenter à l'esprit moderne les dogmes de l'Eglise professent des opinions diverses, quelquefois nettement opposées. Nous disons des opinions, plus ou moins proches de la foi, il est vrai, mais sur lesquelles la discussion était possible, car le Syllabus ne fut publié qu'en 1863 et le dogme de l'infaillibilité pontificale ne fut proclamé qu'au Concile du Vatican.

Parmi les évêques défenseurs ardents des prérogatives du Saint Siège, à côté de Mgr de Bonald, archevêque de Lyon, de Mgr de Dreux-Brézé, évêque de Moulins, de l'évêque de Montauban, Mgr Doney, deux noms ou sont fameux ou ne tarderont pas à l'être : ceux du cardinal Gousset et de Mgr Pie.

Le premier, tout d'abord évêque de Langres, s'était fait connaître, lorsque, professeur de théologie au Grand Séminaire de Besançon et puis vicaire général de l'archevêque de ce diocèse, il avait défendu les principes de théologie morale de S. Alphonse de Liguori contre les doctrines austères dont on a dit « qu'elles décourageaient et ne sanctifiaient pas » de Colet et autres rigoristes. Lors de son élévation au siège de Reims, il avait publié, en 1848, une *Théologie dogmatique ou Exposition des preuves et des dogmes de la religion catholique*, ouvrage qui devait avoir près de 10 éditions. Le style, comme d'ailleurs celui des autres ouvrages du prélat, n'était pas exempt de rudesse, mais dans ce livre il établissait avec force et science la suprématie du Pape et les droits du Saint Siège. Persuadé que l'Eglise de France, à vouloir s'arroger des franchises, modifiait la constitution de la société catholique et s'acheminait à grands pas vers le schisme, il s'employait de toutes ses forces à conjurer ce malheur par ses écrits et ses actes. Voilà pourquoi il avait, ainsi que nous l'avons déjà vu, pris, avec tant de zèle, le parti de l'*Univers* qui s'était constitué le défenseur de l'ultramontanisme dans notre pays.

Erudit passionné, d'une charité sans bornes, habile administrateur qui eut l'art et le secret d'entretenir sans cesse avec les autorités civiles des relations pleines de courtoisie et de modération, le cardinal Gousset était, vers 1855, une des figures les plus saillantes de l'épiscopat français.

Tout jeune évêque à cette date, puisqu'il était né en 1815 et avait été nommé, en 1849, par M. de Falloux, au siège de Poitiers, le futur cardinal Pie s'était constitué lui aussi le défenseur des purs principes théologiques et, l'adversaire de toute compromission avec l'erreur. « Le

règne des expédients est fini, avait-il écrit dans son Mandement de prise de possession ; il faut que celui des principes
commence. » Et de fait, jamais, pouvait dire Eugène
Veuillot, il ne s'est prêté, même par le silence, à des
amoindrissements de la vérité. Pactiser avec l'erreur était
pour lui un des plus graves périls des temps présents (1).

En juillet 1855, dans une *Instruction synodale sur les
principales erreurs des temps présents*, il avait attaqué
M. Cousin et mis en cause le *Journal des Débats,* la *Revue
des Deux Mondes,* et même le *Correspondant* dans la
personne de M. Villemain. « Qu' importe, écrivait-il, les
plaintes de quelques esprits tournés à la paix *quand
même* et qui ne veulent pas qu'on trouble leurs illusions !
La paix n'est possible que dans la vérité. »

Plus que le cardinal Gousset, car il aura sur lui l'avantage d'écrire dans une langue plus sûre d'elle-même et
autrement soignée, Mgr Pie dont les démêlés avec le
pouvoir vont être célèbres, s'annonçait comme devant être
sous le second Empire, le chef incontesté du parti intran-
sigeant au sein de l'épiscopat français.

Dans ce parti nous trouvons encore deux hommes d'un
talent hors pair mais que l'isolement de leur siège et leur peu
de goût pour l'action directe, tinrent un peu à l'écart des
grands courants d'opinion. Ces deux évêques sont celui de
Perpignan, Mgr Gerbet, et celui de Tulle. Mgr Berteaud.

Ancien disciple des plus zélés de Lamennais à la Ches-
naie et son compagnon de lutte à l'*Avenir,* l'abbé Gerbet
après s'être séparé du maître avait écrit : *Le dogme
générateur de la piété catholique,* le plus beau livre,
a-t-on dit, qu'on ait écrit, au xix⁰ siècle, à l'honneur du
Très Saint Sacrement, puis, à Rome, où il passa plusieurs
années, son *Esquisse de Rome chrétienne.* Dans l'un et
dans l'autre il révélait sa belle intelligence, son goût élevé
pour toutes les formes de l'art et les riches trésors de son
cœur aimant et délicat. Ecrivain de race au point que
Sainte Beuve voulait, en 1852, qu'il posât sa candidature

(1) *Célébrités Catholiques Contemporaines,* p. 113.

à l'Académie Française, il était promu, en 1854, au siège de Perpignan. Son grand acte comme évêque fut son *Instruction pastorale sur les diverses erreurs des temps présents*, qui parut le 23 juillet 1860. Il y signalait quatre-vingt-cinq propositions complètement erronées ou mêlées de vrai et de faux que Rome, à son tour, dénonça, pour la plupart, dans le fameux *Syllabus*, quatre ans plus tard. Une hésitation trop grande à prendre la plume, cependant, fut cause que Mgr Gerbet parut rarement au premier rang de l'armée de la stricte orthodoxie catholique dont il fut un des soutiens les plus fermes.

Ce n'était pas de l'hésitation mais presque de l'aversion à fixer ses idées sur le papier qui animait l'évêque de Tulle, Mgr Berteaud. « Evêque d'autrefois », il tutoyait tous ses prêtres et même ses vicaires généraux, parcourait une bonne partie de son diocèse à pied, ne cessant de prêcher et d'évangéliser ses plus humbles ouailles, fonction qu'il considérait pour un évêque bien au-dessus des soucis administratifs. Les excentricités lui étaient familières et l'on devait longtemps garder le souvenir du fameux discours qu'il prononça un jour où, au lieu de bénir une nouvelle voie ferrée comme on l'en avait prié, il jeta l'anathème sur les chemins de fer.

Mgr Berteaud compte surtout comme orateur et théologien ; orateur inspiré, mélodieux et puissant qui fascinait puissamment tous ceux qui l'entendaient, théologien mystique, docteur de la foi et du surnaturel, puisant ses idées dans sa méditation et dans une lecture dont l'étendue étonne. Mais Mgr Berteaud n'a presque rien écrit.

« La Providence, a dit son biographe, lui avait peut-être fait le don d'un génie capable d'éclairer son siècle : nous devons reconnaître que s'il ne l'a pas mis tout-à-fait sous le boisseau, il en a trop limité le rayonnement. C'était, du moins, la pensée de deux hommes qui avaient l'intelligence des besoins de leur temps et le discernement des esprits : Mgr Pie et Louis Veuillot » (1).

____

(1) G. Breton. — *Mgr Berteaud,* p.p. 333, 334.

Les hommes dont nous venons de parler, préoccupés uniquement des droits inaliénables de la vérité, rêvaient pour les croyances religieuses une domination absolue. Ils se plaçaient résolument et avec joie sous l'égide du Souverain Pontife, dont ils se plaisaient à affirmer les prérogatives de pasteur suprême et de docteur infaillible. La doctrine catholique, selon eux, aurait été gravement compromise et fortement amoindrie si, dans son économie, le rôle du successeur de Saint Pierre comme arbitre suprême de la foi avait été contesté.

En face d'eux se dressait une autre école qui, moins préoccupée de vérité en soi, cherchait à accorder les dogmes chrétiens avec les idées régnantes en mettant en relief surtout leurs points de contact et non leurs différences. Ses partisans, des laïques surtout, sincèrement épris de la liberté, ne comptaient guère que sur elle pour faire fleurir la religion. Un certain nombre d'entre eux étaient d'anciens disciples de Lamennais : Montalembert, Lacordaire, l'abbé Maret, Mgr Sibour. A son école, ils avaient combattu le vieux gallicanisme, même mitigé, de Frayssinous et des évêques de la Restauration. L'amour du Pape et la reconnaissance de ses droits étaient restés profonds au cœur de ceux qui, renonçant à l'idole d'une liberté érigée en dogme, s'étaient rejetés vers ce que la doctrine catholique a de plus rigoureux, tels le P. d'Alzon, Mgr de Salinis, Mgr Gerbet. Mais les autres constatant que Rome, sous le Pontificat de Pie IX surtout, cherchait avant tout à ne pas compromettre la doctrine et se méfiait de ce terrain de la liberté sur lequel ils cherchaient à se placer, en vinrent à prendre une attitude de réserve, sinon de méfiance vis-à-vis de ceux qui affirmaient, non sans raison, qu'ils exprimaient les vrais sentiments du Saint Siège, d'où leur réserve et leur froideur plus ou moins réelle à l'égard de la Papauté elle-même.

Les évêques de l'école libérale exaltent les gloires de l'ancien clergé de France ; ils cherchent, — qui pourrait le leur reprocher ? — à défendre leur autorité épiscopale quand ils la jugent attaquée. Sur les pouvoirs du Souverain Pontife, ils sont partagés. Si tous, à l'exemple de Mgr Dupanloup, bataillent généreusement pour soutenir la nécessité de son Pouvoir temporel, lorsqu'il s'agit de son infaillibilité doctrinale, de son indépendance des puissances temporelles, de son droit de juridiction sur les princes, à côté de ceux qui, sur ces différents points, se maintiennent dans la tradition gallicane, l'abbé Maret, le futur cardinal Mathieu, archevêque de Besançon, d'autres semblent plutôt être opposés à l'opportunité de pareilles doctrines, tels l'évêque d'Orléans, Mgr Dupanloup.

Il était, vers 1855, la plus belle figure de l'épiscopat favorable aux idées libérales. Élève du vieux clergé de France, formé à l'école des Frayssinous, des Quélen, des Rohan Chabot, il s'était fait remarquer, dès les débuts de son ministère, par son talent hors pair, comme catéchiste, directeur d'âmes et éducateur de la jeunesse. « L'écrivain et l'orateur chez lui étaient de second ordre, a écrit Renan qui l'avait eu pour supérieur à Saint-Nicolas du Chardonnet, mais l'éducateur était tout à fait sans égal » (1).

En 1845, l'abbé Dupanloup publia son livre sur la *Pacification religieuse* où il abordait la politique religieuse générale. Il s'y montrait, a-t-on dit, tel qu'il devait être jusqu'à la fin de sa vie : défenseur ardent de l'Eglise vis-à-vis de la société moderne au point d'être traité par les libres-penseurs de « farouche réactionnaire », et défenseur de la société moderne vis-à-vis de l'Eglise, au point d'encourir et parfois de mériter l'épithète de libéral et de gallican ; dans l'un et dans l'autre cas lutteur obstiné, infatigable polémiste, prêchant la pacification et la conciliation avec une vivacité sans pareille ; d'une vie surnaturelle intense, dont ses écrits intimes ont révélé la profondeur et la solidité, mais qui ne supprima jamais l'impétuosité naturelle de son tempérament, charbon

---

(1) Renan. *Souvenirs d'Enfance et de Jeunesse.*

ardent sur lequel soufflaient tour à tour la grâce et la nature (1).

Désigné par son ami M. de Falloux, pour l'évêché d'Orléans, en 1849, il avait nettement, dans son journal *l'Ami de la religion* et par voie de brochures, pris parti contre Louis Veuillot sur les questions de l'enseignement, des droits de la presse religieuse et des classiques. Nous avons vu qu'il avait trouvé pour cette lutte des encouragements nombreux de la part d'évêques qui, cependant, ne partageaient pas toutes ses opinions sur le libéralisme. Mais avec lui, ils avaient voulu défendre l'honneur épiscopal que l'esprit d'indépendance de l'*Univers*, croyaient-ils, compromettait.

Des prérogatives de l'évêque, Mgr Dupanloup et les prélats de son école ont la plus haute idée. Aussi l'intervention de Rome dans les affaires diocésaines était-elle subie par eux comme une nécessité fâcheuse plutôt qu'accueillie avec empressement dans la crainte que le prestige épiscopal ne fût affaibli par l'ingérence trop fréquente de l'autorité pontificale.'

Cette autorité, en théorie, ils ne la mettaient pas en doute : autorité de juridiction et doctrinale. Mais sur ce dernier point ils se séparaient des évêques ultramontains, tout d'abord parcequ'ils ne croyaient pas que la question de l'infaillibilité pontificale fut assez mûre pour qu'on pût l'enseigner sans ménagement, ou parceque leur opinion était que le Souverain Pontife ne pouvait jouir du privilège de l'infaillibilité en dehors du concours manifeste ou tacite des évêques.

A l'époque du Concile du Vatican ces questions prendront une actualité poignante ; les prélats se partageront alors en infaillibilistes et anti-infaillibilistes ou plus exactement opposés à l'opportunité de la définition de l'infaillibilité ou partisans de cette opportunité, tandis qu'un tiers

____

(1) Mourret. *Histoire générale de l'Eglise*, t. VIII, p. 300. — Le portrait tracé de lui par Emile Ollivier dans l'*Eglise et l'Etat au Concile du Vatican* est fait de main de maître, t. I, p. p. 443, 444.

parti, comprenant le Cardinal de Bonnechose, Mgr Guibert, Mgr Lavigerie et Mgr Forcade, estimera que, vu l'état de division où de bruyantes polémiques avaient mis les fidèles sur cette question, le calme ne sera rendu aux esprits que par la définition de ce que les catholiques avaient cru jusqu'à ce jour (1).

Dans les premières années de l'Empire la thèse ne se posait pas avec cette nécessité de prendre parti pour ou contre, mais deux mêmes tendances partageaient les esprits sous la diversité sans cesse renouvelée des questions : une tendance à affirmer la doctrine catholique dans toute son intégrité et ses conséquences, et la tendance opposée qui consistait à ne pas heurter sans nécessité, dans l'exposition de la doctrine, les préjugés d'hommes peut-être de bonne foi, plus faciles à ramener par la douceur que par la violence.

Cette dernière tendance était celle de l'école libérale. Composée d'hommes savants, versés dans les questions d'apologétique et d'une apologétique plus particulièrement aux prises avec les difficultés modernes, elle avait, a dit d'elle l'évêque de Châlons, Mgr Meignan, « les yeux fixés sur la situation, sur la statistique religieuse du monde, sur les pertes successives de l'Église, sur les difficultés du présent et les menaces de l'avenir et mettait son courage à ne pas braver la science moderne, à ne pas s'exposer à des périls inutiles » (2).

Son centre était à Paris ; la Sorbonne était son fief avec son doyen, Mgr Maret, évêque de Sura *in partibus* et ses professeurs, les abbés Lavigerie, Hugonin, Cruice, Le Courtier qui tous devaient être appelés à occuper un siège épiscopal. Entre autres prêtres, le P. Gratry était une des gloires de cette école dont les intentions étaient si généreuses. C'est parce que ses membres hésitaient à compromettre l'Église auprès d'adversaires qu'ils jugeaient de bonne foi, qu'ils cherchaient à expliquer ses décisions

______

(1) *Vie du Cardinal Guibert*, t. II, p. 425.
(2) *Vie du Cardinal Meignan*, p. 202.

dans le sens le moins opposé aux principes modernes et qu'ils hésitaient à se faire les protagonistes d'une vérité que l'on pouvait encore appeler une opinion parcequ'elle n'avait pas été définie : celle de l'infaillibilité pontificale, attaquée tout particulièrement par l'incrédulité. Le résultat, assez étrange, si l'on se reporte au passé, fut que le terme de gallican devint synonyme de celui de libéral, et, chose non moins surprenante, il y eut tendance chez les libéraux à se rapprocher du pouvoir dont ils interprétaient toujours en bien les intentions. Il est vrai que sur ce point, il y avait divergence de vues entre Mgr Dupanloup qui n'hésita jamais à combattre ouvertement la puissance séculière lorsqu'elle lui paraissait s'attaquer aux droits de l'Eglise et les archevêques de Paris, Mgr Sibour, le Cardinal Morlot, Mgr Darboy qui se faisaient illusion sur les actes du Gouvernement.

Un même amour de l'Eglise les animait tous, de même qu'il faisait l'union entre les libéraux d'une part et les ultramontains de l'autre.

Vers 1855, les deux partis sont en paix après les quelques années de luttes que nous avons décrites. Mais un courant que favorise l'action du Souverain Pontife alors régnant, le Pape Pie IX, semble pousser l'épiscopat à un rapprochement plus étroit avec Rome et à une acceptation plus complète des privilèges du Pontife Romain. Ce mouvement se manifeste par le retour qui s'effectue dans presque tous les diocèses à la liturgie romaine, par la tenue de Conciles provinciaux où est proclamée non seulement la suprématie, mais encore l'autorité infaillible du chef de l'Eglise, par des protestations solennelles de soumission et d'attachement à ce même chef, par le fait que les quatre articles de 1682 ne sont plus enseignés dans les grands Séminaires, enfin, par de nombreux voyages à Rome effectués par les évêques pour rendre compte de leur administration épiscopale.

Etre « romain », c'est-à-dire être plus que soumis au Pape, lui être dévoué et prévenir ses désirs est le signe qui caractérise une grande partie du jeune clergé, sous le Second Empire. Les malheurs qui vont s'abattre sur le Souverain Pontife donneront à ce mouvement une force irrésistible. La part que le chef de l'État en France aura à ces malheurs fera, en effet, comprendre que la religion ne peut trouver d'appui qu'en elle-même.

Aussi peut-on dire que le vieux gallicanisme parlementaire, celui qui, sous prétexte de libertés particulières à l'Eglise de France, reconnaissait au pouvoir civil un droit d'intervention dans les questions religieuses, ce gallicanisme se meurt. Quant au gallicanisme des théologiens qui conteste au Pontife romain le droit absolu et exclusif d'enseigner la vérité, il est sérieusement touché. S'il tente de reprendre vie aux approches du Concile du Vatican, la cause en est aux imprudences de l'*Univers* et de ses partisans, qui, par leurs exagérations de doctrine ou leur langage démesuré, inspire des craintes à ces hommes pacifiques, charitables, désireux d'étendre les conquêtes de l'Eglise, mais qui, peut-être, sont trop timides ou trop sages.

Telles sont les différentes tendances de l'épiscopat français vers 1855, et elles pouvaient d'autant plus se manifester que l'Eglise jouissait de grandes libertés, d'un prestige moral incontestable aux yeux des fidèles et de l'appui du pouvoir.

C'est dans les rangs de cet épiscopat que va prendre place l'ancien professeur de la Faculté de Théologie, devenu vicaire général de Lyon, qu'un décret impérial a élevé sur le siège de Nimes.

Quel rôle va-t-il jouer dans la défense de l'Eglise au poste qu'il lui est assigné ? C'est ce que nous allons voir maintenant et qui constitue la raison d'être de cette étude.

CHAPITRE II

Les antécédents de Mgr Plantier
Le diocèse de Nimes en 1855
La Lettre sur les Courses de taureaux

Bien que le nouveau prélat qui venait occuper le siège
de Fléchier se fût déjà fait un nom dans le monde religieux, il n'avait eu jusque-là aucun rapport avec le diocèse dont il allait être le chef. On ne l'y connaissait
guère que de réputation ; et encore cette réputation, pour
ce qui est de ses idées ne laissait pas que d'être en partie
suspecte aux yeux de quelques-uns.

Mgr Plantier était né, en 1813, à Ceyzérieux, dans le
département de l'Ain. Sa famille s'étant transportée à
Lyon, il avait fait ses études au Petit Séminaire de
l'Argentière, d'abord, et puis à la maison des Chartreux
où il avait été ordonné prêtre, en 1837.

Nommé professeur d'hébreu à la Faculté de Théologie de Lyon, dès 1838, son temps s'était partagé
entre l'enseignement, — un enseignement qui aboutit à la
publication, en 1842, d'un livre sur les Poètes Bibliques, —
l'étude des Pères et des grands écrivains ecclésiastiques,
la direction de communautés religieuses et la prédication
de nombreuses retraites sacerdotales.

Lorsque la chaire de Notre-Dame était devenue vacante
par suite de la maladie du P. de Ravignan, Mgr Affre
l'avait choisi pour y prêcher le Carème de 1847. Le prélat
avait désiré que le nouveau conférencier traitât « des
sujets bien déterminés, bien limités, de véritables thèses,

en se rapprochant pour la forme, c'est-à-dire pour les plans, les divisions, le choix des sujets, surtout pour la solidité des preuves, de la méthode de l'évêque d'Hermopolis » (1).

L'attente de Mgr Affre ne fut pas trompée et l'on vit, pendant le Carême de 1847 et l'Avent de 1848, « un prêtre de petite taille, d'apparence frêle, sans grande action, sans grande chaleur, retenir et s'attacher le même auditoire par le nœud brillant d'une raison calme revêtue de philosophie » (2).

La nomination que l'archevêque de Lyon, Mgr de Bonald, fit de l'abbé Plantier pour son vicaire général, précéda de trop peu de temps son élévation à l'épiscopat qui est du 30 août 1855, pour faire perdre à celui-ci ses habitudes et ses goûts de professeur et le rompre aux détails de l'administration.

Ainsi le nouvel évêque de Nimes était avant tout un homme d'études plus spéculatives que pratiques, ayant approfondi les problèmes d'exégèse, de philosophie religieuse et d'histoire. Il avait connu des succès comme orateur et s'il n'avait jamais prêché à Nimes, on savait que d'autres chaires, un peu par toute la France, avaient été témoins de son éloquence. Il apportait enfin dans le diocèse qui venait de lui échoir en partage, une réputation d'homme pieux, austère même, fidèle au devoir avec la volonté bien arrêtée de l'accomplir quels que fussent les obstacles. Ces qualités ne pouvaient que plaire dans un milieu comme celui de Nimes, où l'on se faisait un point d'honneur d'être fidèle aux causes même les moins populaires.

Mais quelles étaient ses idées sur les questions qui alors agitaient les esprits ? Il n'avait pas pris à leur discussion une part bien active, mais l'on connaissait ses tendances doctrinales et il passait pour appartenir à l'école libérale

---

(1) Lettre du 5 mai 1846. *Vie de Mgr Plantier*, t. 1, p. 172.

(2) *Un siècle de l'Église de France*, p. 90.

et gallicane, celle de ses maîtres, en particulier Mgr Miolland, évêque d'Amiens, plus tard archevêque de Toulouse, et des prélats qui lui avaient témoigné le plus de sympathie, Mgr Affre et Mgr Sibour, archevêques de Paris.

Ne s'était-il pas réclamé publiquement du principe de liberté, lorsqu'en 1848, entraîné sans doute par l'enthousiasme républicain qui s'était emparé de tous les esprits même les plus calmes, il avait posé, sans succès d'aillleurs, sa candidature aux élections législatives dans la Loire (1)? Son ralliement à l'*Univers* fut si tardif que même en 1861, il écrira : « *L'Univers* n'a jamais été notre drapeau. Nous avons cru à la droiture de ses intentions, nous avons admiré plus d'une fois son talent ; en plusieurs circonstances, nous avons applaudi à son courage. Mais sur certains points, nous n'avons jamais partagé ses doctrines et l'amertume de son langage nous a souvent contristé » (2).

Signe plus caractéristique, Mgr Sibour lui avait offert le titre de doyen de Sainte-Geneviève, en 1852, quand cette église fut rendue au culte, et plus tard une chaire à la Sorbonne. « Un prélat distingué » avait représenté au jeune professeur de Lyon qu'accepter était agir dans « l'intérêt de l'Eglise et de la civilisation elle-même, que certains hommes mettaient en péril par leurs étranges doctrines et leurs violentes polémiques (3). » Il s'agissait évidemment de l'*Univers* au plus fort de ses démêlés avec Mgr Dupanloup.

---

(1) Sa profession de foi ne manque pas d'une certaine saveur : « Je concourrai de tous mes efforts, disait-il, à l'établissement définitif de la République parce que de toutes les formes de gouvernement, c'est celle qui répond le mieux aux vœux de la raison, à la dignité des citoyens, à l'esprit et aux progrès des temps modernes. » — C'est là du moins le texte que donne le Dictionnaire Larousse dans son article consacré à Mgr Plantier et qui est rédigé dans un esprit d'hostilité systématique à ce prélat. L'auteur de la *Vie* de Mgr Plantier n'a rien dit de cette déclaration de principes auxquels l'évêque de Nîmes ne demeura pas fidèle.

(2) *Œuvres*, t. ix, p. 358.

(3) *Vie*, t. i, p. 217.

L'abbé Plantier, sur les conseils de son archevêque, ne crut pas pouvoir accepter les offres qui lui étaient faites.

Il n'en était pas moins opposé aux tendances et aux procédés de polémique du journal de Veuillot.

Ses préférences allaient à la méthode de l'évêque d'Hermopolis dont l'accent de conviction et le ton loyal l'avaient frappé. Il admirait dans ses conférences la critique judicieuse et courtoise des mœurs et pensait qu'elle marquait le caractère, que la controverse religieuse doit prendre à notre époque (1). Le désaccord dans les doctrines lui était moins sensible que le ton sur lequel on les soutenait. « La question, disait-il au Souverain Pontife, au cours de la première entrevue qu'il eut avec lui, en 1858, est entre la modération et l'emportement, entre la douceur et la violence. » Et il ajoutait : « la majorité de l'épiscopat, appartenant aujourd'hui à la première de ces nuances, n'en est pas moins dévouée, corps et âme, au Saint-Siège » (2).

Malgré ce dévouement, réel ne l'oublions pas, l'école à laquelle se rattachait Mgr Plantier, hésitait à admettre l'infaillibilité personnelle, absolue et indépendante du Souverain Pontife, et notre prélat qui, au Concile du Vatican, devait être le protagoniste convaincu de ce dogme qui, jusqu'alors n'avait pas été défini, « avait tenu haut le drapeau gallican » et « l'avait mis là même où il était étranger » (3).

« Son gallicanisme, fait remarquer Eugène Veuillot, ne pouvait être que celui d'un prêtre zélé, soumis à l'Eglise, tenant à Rome par les liens du cœur et de la raison. Néanmoins, même dans ces limites, les doctrines du nouveau prélat pouvaient avoir une action dont on croyait avoir le droit de s'inquiéter » (4).

______

(1) *Vie*, t. I, p. 144.

(2) *Ib.*, p. 347.

(3) *Vie de Mgr Maret*, t. III, p. 129.

(4) *Célébrités catholiques*, p. 142.

Le diocèse de Nimes, en effet, s'était jeté dans un courant d'idées diamétralement opposé à celui où avait vécu son nouvel évêque et cela grâce à l'influence d'un homme ardent et impétueux, l'abbé Emmanuel d'Alzon, ancien vicaire général de Mgr Cart.

Autrefois disciple de Lamennais, avec qui, à Paris il avait été en relations suivies, il avait gardé des doctrines du maître un amour ardent pour Rome où il avait terminé ses études théologiques et reçu la prêtrise. On lui avait donné le titre de « commis-voyageur des idées romaines et des bons principes » (1).

A Nimes, avec sa fougue de gentilhomme et un zèle persévérant, il s'était voué à la tâche d'inspirer au clergé un attachement sans bornes au Pape et la reconnaissance de tous ses privilèges. Il y avait d'autant plus réussi que son évêque, Mgr Cart, un saint, était un prélat timide, effacé, lent à agir, se méfiant de ses propres forces, qui, dans ses Lettres pastorales, traitait de questions morales plutôt que dogmatiques.

A sa mort, l'abbé d'Alzon, nommé vicaire capitulaire, avait écrit au clergé et aux fidèles du diocèse une lettre où il plaçait parmi les qualités qu'il fallait souhaiter au nouvel évêque « le dévouement au Saint-Siège et la fidélité aux doctrines romaines ».

Or, a écrit le Cardinal de Cabrières qui, à ce moment collaborait avec l'abbé d'Alzon à la maison de l'Assomption, « il ne manqua pas de conseillers obligeants pour insinuer à Mgr Plantier que cette lettre était offensante et qu'il fallait y répondre en ne maintenant pas à l'auteur son titre de vicaire général. Mieux inspiré par son grand cœur (2) l'évêque s'en rapporta à la loyauté de M. d'Alzon ; et, à partir de ce jour, ils vécurent dans la plus parfaite union » (3).

____

(1) *Centenaire du R. P. d'Alzon*, p. 23, n. 1.

(2) Et aussi par son père qui lui dit en parlant du P. d'Alzon : « Cet homme a trop de noblesse dans l'esprit et dans le cœur pour ne pas comprendre son évêque et ne pas le seconder. » *Vie*, t. I p. 251.

(3) *Centenaire du R. P. d'Alzon*, p. 43.

Est-ce pour cette raison que les nuages qui avaient précédé la venue de Mgr Plantier se dispersèrent vite ? Toujours est-il qu'il ne tarda pas à connaître une grande popularité. Bien vite son sens très vif du devoir, sa fermeté à l'accomplir, son air de dignité qui en imposait à tous, donnèrent à ses actes et à ses paroles une autorité qui lui facilita l'accomplissement de sa tâche. D'autant plus que, sous l'influence du milieu et grâce au travail de la réflexion, les idées de l'évêque ne mirent pas longtemps à se modifier et finirent par s'identifier avec celles de son clergé et de son peuple.

Mais nous renvoyons à plus tard l'étude de cette question, lorsque nous essaierons de marquer la place de Mgr Plantier dans le mouvement des idées sous le Second Empire.

Pour l'instant, il nous faut le voir à l'œuvre sur les différents terrains de son activité apologétique qui nous ont paru les plus caractéristiques dans tous le cours de son épiscopat.

Si les temps dans lesquels il allait entrer avaient été des temps de paix pour l'Eglise, et si le diocèse dont il devenait le chef avait été tout autre, il n'est pas douteux que Mgr Plantier eût peu évolué dans ses idées et que son esprit de conciliation et de paix ne l'eût fait se renfermer dans les limites de son diocèse. Il aurait alors borné son action à la prédication, à la réforme des mœurs et à des œuvres de zèle d'un intérêt purement local. Sans négliger cette partie de sa tâche épiscopale, Mgr Plantier vit bien vite que son devoir lui commandait d'agir sur un terrain plus vaste et qu'il lui fallait lutter contre les adversaires des doctrines qu'il devait enseigner à ses fidèles.

Il se trouvait dans une partie du champ du père de famille où le protestantisme est puissant et actif ; à plusieurs reprises celui-ci avait manifesté sa vitalité par des écrits et des actes de différente nature. Les uns et les autres ne risquaient-ils pas de jeter le trouble dans l'esprit des ouailles de Mgr Plantier et n'était-il pas du devoir de l'évêque de les mettre en garde contre ce danger possible, comme aussi d'essayer de ramener les brebis égarées au bercail unique en montrant le peu de stabilité des positions de l'adversaire ?

Le dogme sur lequel le christianisme est établi, la divinité de Jésus-Christ, est attaqué dans un livre pour lequel la France se passionne. Peut-il faire autrement que de le réfuter avec sa science d'exégète ?

La puissance temporelle du Souverain Pontife, nécessaire à l'exercice de sa puissance spirituelle, est chaque jour sourdement minée et menace de disparaître. Il accoura à son aide et luttera contre ses nombreux ennemis.

C'est ainsi que le sentiment de son devoir d'évêque et les besoins des temps ont contribué à élargir le champ d'action de l'évêque de Nimes.

Non content de rechercher à réformer les mœurs en s'élevant, par exemple, contre les combats de taureaux, il a croisé le fer de la controverse théologique avec les protestants, rétabli les vrais faits de la vie de Jésus contre Renan, pris vaillamment les intérêts de Pie IX dans la question romaine, pour nous borner à ces différents points.

Nous ne les traiterons pas, à la suite de Mgr Plantier, dans leur ordre historique, car, à plusieurs reprises, selon les événements, il est revenu sur les mêmes sujets. Il nous a paru préférable de les étudier d'après un ordre logique, déterminé par l'intérêt plus ou moins général qu'ils peuvent présenter. En vertu de cette méthode, les Lettres sur les courses de taureaux et la controverse protestante seront celles qui tout d'abord fixeront notre attention ; la réfutation de la *Vie de Jésus* de Renan et la Question romaine ne viendront qu'en second lieu. Ce qui importe, en effet, c'est moins une suite de faits à des dates précises que l'exposé d'une pensée et des moyens qu'elle a eus à sa disposition pour s'exprimer.

Commençons à la voir à l'œuvre à propos d'une question d'un intérêt purement local mais des plus passionnantes pour les Nimois : les courses de taureaux.

La lettre pastorale de Mgr Plantier s'élevant contre les courses de taureaux est datée du 16 mai 1863.

Il fallait, tout le monde l'avouera, un courage peu ordinaire à l'évêque de Nimes pour prendre parti en un tel sujet. Ces courses, en effet, éminemment populaires dans le Bas-Languedoc, constituaient et constituent encore, presque chaque dimanche, pendant la belle saison, le spectacle favori, en particulier des Nimois dans leurs Arènes. Toute la population s'y passionnait, catholiques aussi bien que protestants; le poète nimois, Reboul, lui-même, dont l'âme cependant était si douce ne manquait pas d'y prendre un vif intérêt ; il en parlait à ses visiteurs de marque ou les y conduisait, et nous savons, d'après sa correspondance, qu'il assista, en octobre 1854, avec ses amis, les poètes provençaux Aubanel, Roumanille et Mistral, à une course, où, déclarait-il, « Basilio et sa troupe ont fait des merveilles d'adresse et d'audace » (1).

Un an auparavant avait eu lieu pour la première fois, à Nimes, une mise à mort à l'espagnole, c'est-à-dire une course avec un personnel et même un bétail espagnols, se terminant par la mort d'un ou de plusieurs taureaux. Jusqu'alors, devant l'hostilité de certains préfets du Gard et maires de Nimes, les courses avaient consisté en *ferrades*, opération qui consiste à poursuivre un taureau afin de le marquer au fer rouge, ou en *razets*, par lesquels amateurs ou professionnels essaient d'arracher du cou de l'animal des cocardes primées (2).

Le 18 mai 1863, à l'occasion d'un concours régional d'animaux reproducteurs, le public nimois fut témoin d'une nouvelle course à l'espagnole qui fit grand bruit

---

(1) *Lettres de Reboul*, p. 183.

(2) Sur cette question des courses de taureaux à Nimes, leur prohibition et leur tolérance, voir l'article de M. H. Chobaut dans la *Nouvelle Revue du Midi*, n° 4, p. p. 216 à 230 : Les Courses de taureaux à Nimes au début du XIX° siècle.

par la valeur des hommes qui y était engagés. Il semblait
donc que les courses de taureaux dans ce qu'elles ont de
plus sanglant avaient acquis droit de cité définitif à
Nimes.

L'occasion n'était-elle pas toute trouvée pour Mgr Plantier de s'élever contre un spectacle qu'il pouvait avoir de
bonnes raisons, en sa qualité d'évêque, de condamner,
mais pour lequel aussi son origine étrangère au Midi lui
interdisait d'avoir la moindre sympathie de tolérance ?
Il le fit par une Lettre adressée, quelques jours après, au
clergé et aux fidèles de son diocèse.

Sachant que sa parole risquait fort de ne pas être
accueillie avec empressement et pourrait paraître importune, il avait soin de s'abriter derrière l'autorité du Souverain Pontife qui, déclarait-il, à la demande qu'il lui avait
faite sur la conduite à suivre à l'égard des courses de
taureaux, avait répondu qu'il devrait, un jour ou l'autre,
protester avec énergie contre ces spectacles indignes d'un
peuple chrétien et insister auprès du pouvoir civil afin que
celui-ci les interdît.

L'évêque de Nimes pressentait cependant que sa sévérité
serait jugée tout à la fois étrange et désagréable. C'est là,
disait-il, une de ces questions qu'on ne peut affronter
sans un certain courage devant les peuples qu'on aime.
Mais, continuait-il, cette sainte hardiesse nous est rendue
facile par de nobles exemples. Autrefois saint Jean
Chrysostome déplaisait aux habitants d'Antioche aussi
bien qu'à ceux de Constantinople, en tonnant contre la
passion qui les entraînait à l'hippodrome et au théâtre ;
il avait la certitude qu'en cette matière, un froid accueil
serait toujours fait à ses reproches comme à ses conseils,
et, cependant il persistait malgré les mécontentements et les
murmures, à réclamer contre l'empressement et l'affluence
avec lesquels on se précipitait vers ces divertissements
réprouvés.

« En vous appelant aux mêmes sacrifices, nos très chers
frères, écrivait-il, nous n'exciterons point parmi vous

les mêmes orages, parce que vous êtes plus respectueux et plus dociles que les chrétiens du vieil Orient. Mais dûssions-nous rencontrer les mêmes étonnements ou les mêmes plaintes, l'ardent intérêt que nous vous portons ne reculera point devant l'impopularité d'une exhortation que nous regardons pour nous comme obligatoire, et pour vous, comme nécessaire. »

Sans doute, il reconnaissait qu'il y a deux espèces de courses de taureaux : celles qui sont en usage dans le pays et celles qu'on a importées d'Espagne et que ces deux genres de combats ne sont ni dangereux ni sanglants au même degré, mais il les déclarait tous deux incompatibles avec l'esprit chrétien. Et de cette incompatibilité il donnait trois raisons principales.

La première est que les courses de taureaux ressuscitent les mœurs abolies des Romains de la décadence et par là sont contraires à l'esprit de charité que l'Eglise nous enseigne. Elles sont barbares vis-à-vis des animaux qui y sont engagés : le taureau pour lequel la loi mosaïque est pour ainsi dire pleine de prévenances, le cheval dont le livre de Job fait un si magnifique éloge. Or, le but des courses de taureaux est d'irriter l'animal lancé dans le cirque, de le pousser à une sorte de désespoir, sans autre intention, sans autre fruit que d'amener par sa furie même, des situations critiques, des rencontres dangereuses dont la vue remplisse le spectateur de ce charme mystérieux attaché à tous les tableaux tragiques et à tous les moments de saisissement et d'angoisse. Cette cruauté vis-à-vis d'animaux utiles n'est-elle pas opposée à l'esprit de douceur et de mansuétude qui fait essentiellement le fond de l'Evangile ?

Les courses de taureaux sont encore dangereuses et mêmes meurtrières pour l'homme. Malgré l'adresse de celui qui le provoque, le taureau réussit plusieurs fois à le surprendre et à le punir de ses excitations par de cruelles blessures. Ce trépas de l'homme, qui est toujours une chance qu'on accepte et parfois un dénouement auquel on se résigne froidement, si l'on n'y applaudit pas, c'est un spectacle qui ne convient pas à un chrétien. Si saint Jean Chrysostome qui estimait que c'était une inconvenance pour des chrétiens d'aller aux courses de chevaux voyait des hommes et même des femmes assister au jeu sanglant d'une course de taureaux, il éclaterait en transports indignés et dénierait à ces chrétiens de nos jours la connaissance de l'esprit de leur Maître.

Mais il est une autre raison qui milite contre un spectacle où tout est frivole ou barbare, c'est le prix auquel on achète les jouissances qu'il procure. Il a ce nouvel inconvénient de détourner les âmes des solennités religieuses. Déjà saint Jean Chrysostome et, après lui, Salvien, au cinquième siècle, avaient constaté qu'entre les jeux de l'arène et les fêtes de l'Eglise, les chrétiens n'hésitaient pas à sacrifier celles-ci. Au dix-neuvième siècle il en est de même, et les temples chrétiens sont désertés parceque la foule a toujours de bonnes raisons pour préférer aux pompes du culte et à l'interprétation des Ecritures, le spectacle passionnant du sang qui coule au cirque.

Les courses de taureaux font encore, par les dépenses qu'elles occasionnent, tort aux œuvres de charité, mais surtout elles font prendre en dégoût les douces émotions de la grâce.

A l'amphithéâtre on se passionne pour ce qui devrait révolter. Les blessures ou les cris des taureaux ont plus de charme que toute l'habileté des toréadors. Si l'un de ceux-ci est blessé, on frémit sans doute de le voir souffrir; mais on s'enivre de cette torture. L'aspect d'une plaie entr'ouverte, la pourpre du sang qui coule exercent sur les yeux la plus irrésistible des fascinations. Dieu, disait Tertullien, nous ordonne de traiter l'Esprit Saint qui est tendre et délicat par nature avec calme, repos et douceur. Comment concilier la pratique de ce devoir avec l'assistance aux jeux publics où se manifestent la passion et les sentiments fougueux qui ne connaissent pas la discipline ?

4

D'autant plus que lorsqu'on a une fois vu ces spectacles cruels qui enivrent d'une volupté sanguinaire, on veut les revoir encore.

Le sang « bu par les yeux », excite dans les spectateurs une soif intarissable; les cœurs s'endurcissent et un jour peut venir où l'on ne sera pas moins empressé à voir couler le sang humain que celui des animaux.

Au sein d'un pays comme le nôtre, déclare Mgr Plantier, où règne tant de mobilité dans l'ordre social, où les révolutions sont si fréquentes, il est bon de ne point développer dans la nation des instincts farouches dont elle pourrait abuser ensuite, en un moment de trouble et de chaos, pour se déchirer elle-même dans de sanglantes saturnales.

C'est là le troisième motif pour lequel l'Église s'afflige des courses de taureaux et par la voix de quelques-uns de ses papes les a solennellement condamnées.

La Bulle de saint Pie V, adressée aux peuples chrétiens, le 1er novembre 1567, les déclare opposées au salut des âmes et frappe de peines canoniques tous ceux qui assisteront à ces spectacles que le Pontife appelle, non pas l'œuvre des hommes, mais une invention du démon. Il est vrai que les laïques et les clercs séculiers en Espagne ont été, plus tard, exemptés des censures portées par Pie V, mais cette condescendance n'a jamais été une approbation de jeux toujours accompagnés de périls.

La loi civile elle même paraît condamner en France les courses de taureaux. N'existe-t-il pas une loi qui protège les animaux et surtout les animaux domestiques contre les aveugles brutalités de l'homme? D'ailleurs, plusieurs magistrats ont, dans le Gard, porté des arrêtés interdisant les courses de taureaux quand elles n'étaient pas établies; d'autres ont travaillé à les détruire quand elles avaient passé dans les mœurs.

Enfin, le prélat terminait cet exposé de motifs en adjurant ses fidèles de se préoccuper de la tache que les jeux de l'arène imprimaient à leur renommée : « On dit au loin des habitants de Nimes : « C'est un peuple de foi ; le sceplicisme moderne ne l'a point envahi. Il aime l'Église ; il aime Rome ; il aime ses évêques ; il aime ses prêtres ; il aime ses églises qu'il ne se borne pas à décorer avec luxe, mais qu'il fréquente encore avec un empressement honorable. Ses instincts religieux entretiennent en lui l'amour de l'ordre et de la paix ; il n'est peut-être aucune province en France où les doctrines et les passions révolutionnaires aient fait moins de ravages ! » Voilà ce que nous entendons raconter à votre gloire, nos très chers Frères, et nous, votre évêque, nous, votre père, nous applaudissons avec une fierté légitime à cet éloge, parceque vous le méritez. Mais on ajoute : « Pourquoi pratiquent-ils encore leurs courses de taureaux ? Ni Paris, ni Lyon, ni aucune grande cité n'a voulu les admettre, la douceur de l'esprit public et la délicatesse des mœurs les en ont toujours tenus éloignés. Le Languedoc, la Provence et quelques villes voisines de l'Espagne sont seuls restés fidèles à cet usage barbare. Il est fâcheux que Nîmes avec sa population si chrétienne et si bonne, ne renonce pas à ces souvenirs païens et condamne encore les pierres de ses Arènes à revoir des infamies indignes de la civilisation créée par l'Évangile ! »

« Que les chrétiens, concluait-il, laissent donc à l'Espagne l'horreur de ses spectacles pour ne lui emprunter que la vigueur de sa foi ; qu'ils évitent les horribles secousses de l'amphithéâtre pour n'ouvrir leurs âmes qu'aux douces émotions du sanctuaire, et, alors, ils deviendront eux-mêmes un spectacle aux anges et aux hommes (1). »

Nous ne surprendrons nul de ceux qui sont tant soit peu au courant des mœurs du Midi de la France, si nous disons que la Lettre de Mgr Plantier n'obtint qu'un très médiocre résultat. Les courses de taureaux continuèrent d'avoir lieu comme par le passé et même l'usage s'introduisit de plus en plus des courses espagnoles. Le catholiques ne purent résister à l'entraînement général ; ils se contentèrent d'enregistrer la Lettre de leur évêque sans se conformer aux adjurations qu'elle renfermait.

____

(1) *Œuvres*, t. xv, p. p. 181, 2.

En d'autres temps, peut-être, les adversaires de Mgr Plantier, — à cette époque ses démêlés avec le gouvernement et ses controverses avec les protestant lui en avaient suscité de nombreux, — auraient pu se servir de sa Lettre comme d'une arme contre lui. N'y avait-il pas là une occasion toute trouvée de le traiter d'ennemi du peuple? Disons à leur louange qu'ils surent s'abstenir de se livrer à de pareils procédés.

Nous trouvons même sous la plume d'Ernest Roussel, le principal rédacteur du *Courrier du Gard*, un article paru dans le numéro du 13 mai 1863 de cette feuille libérale, où, rendant compte de la course du 10 mai, il anticipe sur les reproches que, trois jours plus tard, Mgr Plantier devait adresser aux courses de taureaux (1).

Assurément, il fallait qu'en ces jours l'autorité d'un évêque fût grande pour que sa parole s'élevant contre des usages séculaires ne fût. pas publiquement critiquée. Ce n'était d'ailleurs pas cette certitude d'être au moins écouté respectueusement qui avait encouragé Mgr Plantier à écrire comme il l'avait fait, mais le sentiment du devoir à accomplir, à temps ou à contre-temps.

On ne manqua pas de lui représenter qu'il avait perdu sa peine à lutter contre un entrainement irrésistible; mais, nous apprend son biographe (2), il répondait que le temps ne justifie jamais les atteintes portées à la délica-

---

(1) « Ce spectacle est d'un grand caractère et d'une couleur superbe. On souffre parfois, le cœur bat, on n'ose respirer et, malgré soi, l'on regarde toujours et l'on éprouve un âcre plaisir à ces brillantes passes, à ces prodiges d'agilité, d'adresse et de sang-froid : on se fait à la vue de ces plaies, de ce sang qui coule et souille la robe luisante de l'animal en plaques coagulées; on finit par ne plus tressaillir aux soubresauts douloureux de la victime torturée... Et voilà justement ce qui constitue à mes yeux l'immoralité du spectacle. L'atrocité devient attrayante ; les mauvais instincts nerveux sont éveillés, caressés et se développent à vue d'œil, on se laisse aller sur la pente qui conduit droit aux divertissements de la décadence... Applaudissons el Tato, mais ne le rappelons plus. »

(2) *Vie*, t. I, p. 599.

tesse des mœurs. « Pour blâmer des coutumes qui dégradent son peuple, un évêque, ajoutait-il, ne doit pas craindre une défaite, puisque il remplit son devoir et, qu'ainsi, il *délivre son âme* (1). »

Indépendamment de l'approbation de sa conscience et de celle, plus ou moins tacite, des ennemis des courses de taureaux, ajoutons que Mgr Plantier eut la satisfaction d'être approuvé par plusieurs évêques d'Espagne et par le cardinal Donnet, archevêque de Bordeaux. Celui-ci avait déployé dans son diocèse une grande rigueur contre les courses de taureaux et il écrivit à Mgr Plantier une longue lettre pour le féliciter d'avoir dénoncé ces spectacles au mépris du monde civilisé.

(1) C'est, lui aussi, pour remplir son devoir que le successeur de Mgr Plantier, Mgr Besson, un Franc Comtois, condamna, le 15 août 1885, les Combats et Courses de taureaux. Dans l'instruction qui précède son mandement il insiste sur ce que ces courses ont de sanglant et de dangereux pour l'homme.

Aux raisons données par Mgr Plantier et qu'il se contente presque de reproduire, quoique avec moins de force dans la pensée et d'exactitude dans la description, il en ajoute une nouvelle : le danger de la peste, ce mal qui a « commencé à Marseille ses ravages mystérieux », en s'assemblant sous un ciel de feu ; en bravant une chaleur torride ; en allumant dans ses veines la fièvre des grandes émotions excitées par le sang répandu.

Au lieu des plaisirs de l'arène, il conseille ceux du *maset*, plus purs et chrétiens. — *Œuvres Pastorales*, 3° série, t. I, p. p. 233 à 245.

CHAPITRE III

La Controverse avec les Protestants

La question des courses de taureaux que Mgr Plantier
avait traitée en 1863, et sur laquelle il ne reviendra plus
pendant les douze années d'épiscopat qui lui resteront à
vivre, était d'une portée en somme assez restreinte. Elle
n'intéressait guère que son diocèse et encore une partie
seulement de celui-ci, car les arrondissements d'Alais et
du Vigan ne goûtent que médiocrement de pareils spectacles qui n'y ont jamais été franchement populaires.

Mais voici un autre sujet que notre évêque a abordé à
différentes reprises, sujet autrement passionnant et brûlant, de nature à trouver des échos, au delà de son
diocèse, dans toute la France, celui de la controverse protestante. En encourageant ses fidèles à fuir les spectacles
de l'arène, Mgr Plantier pouvait prévoir que sa parole
serait, par beaucoup, trouvée gênante, mais il était à peu
près certain aussi que personne ne s'élèverait directement contre lui ; il était, de plus, sur son propre terrain,
celui de la morale : cette position constituait sa grande
force.

Discuter avec les protestants sur des questions religieuses, n'était-ce pas, au contraire, se placer sur un
terrain qui était aussi le leur et s'attirer des réponses
vives, ardentes, passionnées même ?

Mgr Plantier avait sûrement prévu la difficulté. Il crut
cependant que son devoir était de faire entendre sa voix
à des hommes qui n'étaient pas de son troupeau, il est
vrai, mais qui étaient chrétiens ou même seulement dignes

de connaître la vérité; et, à trois reprises différentes, par deux fois en 1859 et une fois en 1872, il les pressa de retourner à l'unité de la foi. Le premier de ses appels daté du 3 juin 1859 fut écrit aux protestants, à l'occasion de leur jubilé séculaire célébré en mémoire du Synode tenu à Paris en 1559 ; la seconde lettre, du 9 septembre 1859, porte sur les réponses faites à la première ; la troisième, du 18 octobre 1872, fut occasionnée par la tenue à Paris, en 1872, d'un Synode des Églises réformées de France, dans lequel avait été votée la confession de foi qui s'est appelée, du nom de son auteur, la *Déclaration Bois*.

Ces trois lettres et trois autres qui ont été écrites respectivement en 1860, 1864 et 1873, mais qui n'ont pas été publiées du vivant de Mgr Plantier, constituent le tome onzième de ses *Œuvres complètes* et l'ensemble de sa controverse avec les protestants (1).

Pourquoi l'évêque de Nimes crut-il devoir s'engager et persévérer, pendant toute la durée de son épiscopat, dans une voie où aucun de ses collègues n'avait marché au dix-neuvième siècle ?

Ses prédécesseurs sur le siège de Nimes, Mgr de Chaffoy et Mgr Cart, s'étaient contentés d'observer à l'égard des dissidents de leur diocèse une attitude de tolérance et de charité que les adversaires de Mgr Plantier ne manquèrent pas de mettre en contraste avec la sienne. Le nom de ces évêques, écrivit l'un d'entre eux, « était béni chez les protestants comme il l'était chez les catholiques... Ils n'écrivaient pas contre leurs concitoyens,

---

(1) Nous voulons parler de sa controverse *ex professo*. A d'autres reprises, en effet, mais comme en passant, Mgr Plantier a parlé du protestantisme : ainsi dans les deux dernières conférences de Notre-Dame de Paris, il a traité de *l'influence du protestantisme sur la morale et la civilisation* ; il a prononcé à Genève, le 7 juillet 1861, un discours sur cette question : *Où en sont le catholicisme et le protestantisme ?* Enfin dans ses mandements sur les *Indulgences* (1858), le *Purgatoire* (1871), le *Culte des reliques* (1872), la *Messe* (1873), il a étudié des questions qui divisent catholiques et protestants.

mais en revanche dans leurs tournées pastorales, c'était avec des paroles de paix et de charité qu'ils accueillaient les ministres des Eglises protestantes empressés autour d'eux. Faut-il vous dire, Monseigneur, que de telles traditions il ne nous reste que le souvenir et le regret ? »

Oui, leur répondait Mgr Plantier, pendant que nos vénérables prédécesseurs se taisaient et priaient... alors, comme aujourd'hui vous inondiez leur diocèse de brochures non moins irritantes que blasphématoires. L'Eucharistie n'y était-elle pas outragée ? N'y traitiez-vous pas d'idolâtrie les honneurs que nous rendons à Marie et aux saints ? N'y trouvait-on pas bafoués, couverts de mépris la papauté, l'épiscopat, le sacerdoce et toutes nos institutions religieuses ? Cet état de choses ne pouvait durer toujours, et le moment est venu où nous avons dû dire : Il est temps de parler et non plus de se taire (1). Rester muet encore, ce ne serait plus faire preuve de charité, ce serait trahir sa mission et tous les grands intérêts dont on est dépositaire. En le faisant, nous n'avons pas écrit contre des concitoyens, nous avons répondu seulement à d'éternels accusateurs. »

Ces accusations que Mgr Plantier avait voulu réfuter s'étaient surtout multipliées avant la célébration du jubilé séculaire du Synode des Eglises réformées tenu à Paris en 1559. « Un amas d'articles et de brochures publiés à cette occasion, avait écrit Mgr Plantier, avait traité non seulement la question de la fête et du Synode, mais avait opposé à la glorification de Luther et de Calvin et à l'influence salutaire de la Réforme sur la religion, les

____

(1) S'il faut en croire Mgr Plantier, Mgr Cart, son prédécesseur sur le siège de Nîmes, « frappé, sur la fin de sa vie de l'inutilité de ses ménagements et de sa résignation pour la cause de la vérité, se demandait avec inquiétude si sa voix n'aurait pas dû s'élever aussi bien pour les brebis errantes que pour les brebis fidèles. » (*Œuvres*, t. XI, p. 71. — Selon l'abbé Azaïs (*Vie de Mgr Cart*, p. 277), il avait eu la pensée de composer un ouvrage pour les protestants, « écrit sous l'inspiration de son cœur plutôt que de son esprit, plus propre à persuader qu'à convaincre ».

mœurs et la civilisation européennes, les scandales et cruautés des Papes, les abominations, les impiétés, l'idolâtrie et le despotisme sanguinaire de l'Eglise catholique. »

La provocation, déclarait-il donc, a été notoire, il est nécessaire que les droits de la vérité soient sauvegardés, dût sa justification produire une impression d'étonnement ou d'irritation.

Ainsi la première lettre de Mgr Plantier aux protestants du Gard n'était pas une « attaque intempestive », mais l'exercice d'un droit de réponse d'autant plus légitime qu'elle s'attaquait non à des personnes, mais à des doctrines.

N'en doutons pas, cependant, le motif souverain qui poussa Mgr Plantier à écrire à ses « frères séparés » sa fameuse lettre, fut le sentiment qu'en agissant ainsi, il remplissait sa mission d'évêque.

Depuis quatre ans, leur disait-il, en termes éloquents, notre conscience « nous crie de vous faire entendre notre voix ». Si nous différions encore, il nous semblerait que Dieu ferait gronder à nos oreilles ce terrible anathème : « Malheur à moi, si je n'évangélise pas ! » Qui que vous soyez, vous avez à notre sollicitude des titres qu'il ne vous est pas possible de méconnaître. Cette branche de la Réforme à laquelle vous appartenez ne vous a-t-elle donné qu'un baptême sans valeur ? Etes-vous infidèles ? Nous vous sommes redevables de la vérité, comme saint Paul s'estimait débiteur de l'Evangile envers les Grecs et les Barbares. Etes-vous véritablement baptisés et chrétiens ? Quoique séparés de l'Eglise, vous n'en êtes pas moins une portion de son héritage ; le sceau de l'erreur n'a pas effacé sur vos fronts celui de votre mère ; parceque, dès le lendemain de votre naissance vous avez été jetés loin du bercail, le bercail n'a rien perdu de ses droits sur vous, et nous qui en sommes ici le pasteur, nous avons reçu le précepte et la mission de courir après les brebis errantes de la maison d'Israël » (1).

____

(1) *Œuvres*, t. xi, p. p. 1, 2.

Puisque la célébration de l'an séculaire du Synode four-nissait à Mgr Plantier l'occasion de repondre à des atta-ques et de remplir ce qu'il croyait être un devoir de sa charge, il était évident que la question du Synode devait constituer le fond de sa première controverse avec les Protestants.

Il avait préféré, disait-il, traiter ce nouveau sujet plutôt que de se jeter dans le cercle des discussions épuisées et superflues où tant de fois avait été portée une lumière qui était restée sans résultat. « Les défenseurs de vos doctri-nes, reprochait-il à ses adversaires, sont très décidés à ne tenir aucun compte des démonstrations catholiques ; le lendemain d'une défaite, ils reprennent les arguments qu'a pulvérisés la veille, comme si le glaive ne les avait pas effleurés. C'est ainsi que Claude, étouffé pour ainsi dire dans les serres de Bossuet, se vantait, quelques heures après son échec, d'avoir été victorieux » (1).

Et voici quelle était l'argumentation de l'évêque de Nimes : le Synode de 1559 ne mérite pas qu'on en célè-bre l'anniversaire ; parler de ce Synode, en effet, et l'exalter démontre à l'évidence que ceux qui l'ont tenu ont fait le plus sanglant outrage aux principes et aux pro-messes même de la Réforme ; qui plus est, solenniser la mémoire d'une assemblée dont les protestants de nos jours ont déserté les définitions et la discipline ne peut que prouver leur inconséquence et l'incurable esprit de vertige dont Dieu, déclarait-il, frappe toujours ceux qui se séparent de son Église.

Il y a donc deux parties dans la lettre de 1859 : l'une, c'est la plus longue, qui fait le procès du Synode de 1559, elle est surtout historique ; l'autre, à peine ébauchée, qui tend à démontrer la souveraine inconséquence de la célébration du jubilé d'un concile par des hommes qui en ont abandonné les traditions et les ordonnances.

« C'est le 26 mai de l'an 1559, a écrit Théodore de

____

(1) *Œuvres*, t. XI, p. 5.

Bèze, dans son *Histoire ecclésialique* (1), que s'assemblèrent à Paris, les députés de toutes les Eglises établies jusqu'alors en France, et là, d'un commun accord, fut écrite la confession de foi et fut dressée la discipline ecclésiastique.

Or, dans quel dessein ce Synode s'était-il réuni ? Etait-ce pour formuler nettement la croyance protestante ? Oui, affirme Mgr Plantier, la chose est évidente. Mais, continue-t-il, quand on proclame qu'ils étaient dans cette nécessité d'exprimer leur foi sans détours pour répondre aux *calomnies dont on les poursuivait*, on insulte à l'évidence. Etait-ce, en effet, une calomnie de dire que les diverses sectes protestantes, Babel moderne, ne pouvaient s'entendre sur la croyance à professer?

Son vrai but, au témoignage de Théodore de Bèze, était, en dressant d'un commun accord une confession de foi et une discipline ecclésiastique, d'éviter « les grands maux qui pourraient survenir et divisions tant en la doctrine qu'en la discipline, les Eglises n'étant liées ensemble et rangées sous un même joug d'ordre et de police ecclésiastique ».

Après la tenue du Synode il n'y eut donc qu'une Eglise réformée de France; auparavant il existait plusieurs Eglises; laquelle était la véritable Eglise de Jésus-Christ ? Etait-ce l'ensemble de toutes ces Eglises isolées ? Mais, déclare saint Paul, l'Eglise de Jésus-Christ forme un corps unique dont les organes, fortement liés entre eux, vivent d'une même vie et relèvent d'un même centre. La Réforme n'ayant été pendant trente ans qu'un pêle-mêle d'atomes sans ordonnance et sans cohésion, elle n'a été, dès le principe, qu'une épouse adultère.

Quelle était l'autorité des membres du Synode pour faire œuvre constitutionnelle ? D'où venait leur mission ? Elle ne pouvait être ordinaire puisque, d'après eux, la succession du ministère primitif était interrompue dans l'Eglise avant la Réforme. Elle n'était pas non plus extra-

---

(1) *Hist. eccl.*, t. I.

ordinaire ; car aucun signe extérieur ne l'appuyait.
« Reconstituer l'Eglise n'était pas un travail moins
auguste et moins sérieux que de la fonder ; il ne demandait pas de la part de ceux qui devaient en être les instru-
ments une autorité moins certaine et moins divine ; et
puisque les membres du fameux Synode n'ont point eu de
prodiges pour les accréditer, ils ont fait un acte d'usurpation sacrilège en étendant les bras pour soutenir et
relever l'Arche Sainte » (1).

Les opérations du Concile ne pouvait d'ailleurs qu'être
impuissantes et dérisoires parce qu'elles n'avaient, par
elle-mêmes, aucun caractère d'autorité ; le principe de la
Réforme ne donne-t-il pas à chaque Eglise particulière
autant de droits qu'à une autre ?

Que dire maintenant des doctrines du Synode ? Tout
d'abord la confession de foi de 1559 manque de clarté et
de précision, en particulier sur l'article capital de l'Eucharistie. Sur ce point, quelle n'est pas, au contraire, la
simplicité, l'uniformité des définitions de la doctrine
catholique ! On peut les repousser, mais, au moins, on
sait ce qu'elle veulent dire.

Les décrets disciplinaires du Synode ont établi des
pasteurs élus par les anciens et les diacres, et ces ministres
se réunissent en trois espèces d'assemblées, le *colloque*,
le *synode provincial* et le *concile général*.

Que cette organisation soit bonne ou mauvaise, la chose
importe moins que de savoir si elle plonge ses racines
dans l'Ecriture ; sinon elle est une invention humaine. Or,
non seulement il n'est pas question de consistoire dans la
Bible, mais il y est dit que les Apôtres, au lieu d'avoir été
élus par les anciens et les diacres, avaient eux-mêmes
institué les diacres et choisi les anciens. Il est vraiment
étrange qu'en se séparant de l'Eglise catholique, les réfor-
més aient retenu le simulacre de ses sacrements et comme
le fond de son langage ; une autre inconséquence qui n'est
pas moins sérieuse est qu'ils aient aussi retenu les princi-

____

(1) *Ib.*, p. 17.

paux rouages de son gouvernement. S'ils ont l'esprit de l'homme nouveau, ils ont gardé le corps du vieil homme.

N'est-il pas encore contraire à un principe essentiel de la Réforme, à savoir qu'il n'y a d'autre règle de foi que l'Ecriture interprétée par le sens individuel de vouloir faire signer aux ministres de l'Evangile un symbole de foi ? C'est ce qu'a prétendu faire le Synode de 1559. Mais la foi d'un chrétien, ce n'est ni le consistoire, ni le colloque, ni le synode qui ont le droit de lui en tracer le formulaire. Sa foi, c'est à sa conscience illuminée par le Saint Esprit, qu'il appartient de la former par la lecture de la Bible.

Dès lors, puisque l'unité est impossible, pourquoi menacer d'excommunication, les hérétiques, les contempteurs de Dieu, les rebelles au Consistoire, les traîtres à l'Eglise ? Selon les principes protestants, ces délits ne peuvent exister. Nous voici retombés en plein catholicisme ; ce sont toutes les formes et tout le langage de ce qu'on appelle son *intolérance* passés au sein du calvinisme.

Pour qu'un chrétien puisse être en conscience, contraint à garder l'unité, il faut que l'unité existe quelque part et qu'elle se manifeste par des signes extérieurs. Or, il n'en existe pas dans l'Eglise protestante. Frapper un homme qui fait schisme, l'excommunier pour un acte innocent ou un malheur que les principes de la Réforme rendent inévitable, c'est la plus aveugle et la plus brutale des oppressions de la conscience.

« On est chrétien ou on ne l'est pas, a écrit un protestant libéral (1), mais on n'est point hérétique, le mot hérésie, selon le pur christianisme n'a pas de sens. Tout christianisme sincère est orthodoxe. »

Enfin, les dispositions prises par le Synode dans le domaine moral sont presque toutes illogiques ou pour le moins insignifiantes. Les principes qu'il a posés sont austères ; mais l'histoire a montré que les fruits de ces prin-

____

(1) Athanase Coquerel. *L'Orthodoxie moderne*, intr. p. 70. — Cité par Mgr Plantier, *Œuvres*. t. XI, p. 88.

cipes ont été en particulier la ruine de la famille et la
révolte contre les autorités légitimes.

C'est en vain que l'on essaie de justifier l'Assemblée de
1559 en disant que son caractère a été éminemment national
et français, qu'elle a inauguré l'égalité des fidèles devant
la pénalité religieuse et montré le courage des hommes
qui, au péril de leur vie, organisèrent la Réforme. Toutes
ces raisons n'ont aucune valeur probante ; leur exposé ne
peut empêcher de juger que le moindre tort des actes du
Synode est d'avoir forfait à la logique, en dressant, pour
les Eglises protestantes, des formulaires de foi et des
règles de discipline, tandis que le principe fondamental
de la Réforme leur en refusait le pouvoir.

Après avoir ainsi exposé les « inconséquences » du
Synode de 1559, Mgr Plantier abordait la seconde partie
de sa Lettre en essayant de montrer que la célébration
solennelle de l'anniversaire de ce Synode était aussi une
inconséquence des plus inexcusables.

Et ici il appelait à son secours le témoignage de
plusieurs pasteurs, MM. Coquerel, Castel et Puaux,
qui affirmaient, qu'en 1859, le Synode tenu trois siècles plus tôt n'était plus qu'un souvenir historique, car
ses actes étaient passés à l'état de lettre morte. « Etait-il
donc logique, demandait-il, de célébrer la mémoire séculaire d'un *Concile* dont vous avez abandonné les traditions et les ordonnances ? En face d'une telle aposta-
sie, votre solennité ne prenait-elle pas l'air d'une dérision ?
Oui, pour être logiques avec vous-mêmes, vous deviez
vous abstenir d'une manifestation comme celle dont vous
avez donné le spectacle, et si vous savez comprendre
l'intérêt de votre dignité, vous direz en parlant du fameux
synode, ce qu'un des vôtres a écrit de la Confession do
La Rochelle : « Vieux drapeau de guerre, c'est avec
respect que nous le déposons dans l'arsenal d'où nous
croyons impossible de le tirer de nouveau » (1).

____

(1) Ath. Coquerel, *op. cit.*, intr., p. 64. — Mgr Plantier, *Œuvres*,
t. xi, p. 49.

Et voici quelle était la conclusion de ce procès que l'évêque de Nimes venait de soutenir contre les dissidents de son diocèse :

« Ne vous arrêtez pas seulement, disait-il, à considérer ce qu'il y a de plus ou moins illogique dans cette fête jubilaire qui n'est qu'un incident passager de votre vie religieuse. Remontez à l'essence même de la Réforme, et regardez combien elle est triste, indigne des éloges pleins d'emphase que vous lui décernez et peu propre à vous donner le calme de la conscience. Qu'est-ce qu'une religion dont le premier synode a proclamé tant de doctrines monstrueuses ou contradictoires ! Quel fleuve peut sortir d'une semblable source ? Quel temple peut rester établi sur un pareil fondement ? A peine était-il posé que vos pères, le trouvant ruineux l'ont déserté pour bâtir sur un autre sol l'édifice de leur foi et de leurs Eglises. » Il leur montrait ensuite en se servant des paroles de Fénelon dans son *Traité du ministère des Pasteurs*, en quelle poussière était tombé l'Evangile et quelle division effrayante s'était établie dans leurs rangs.

« Ah ! les adjurait-il, sachez comprendre que la véritable Eglise de Jésus-Christ n'est pas dans le chaos et le tumulte de ces fractionnements et de ces hostilités. Revenez, pour la trouver, dans le sein de cette Eglise romaine aux divins embrassements de laquelle vous ont arrachés vos aïeux ! Là, vous reverrez intacte et dix-huit fois séculaire cette Sainte Unité que vous avez mise en dix mille pièces. Là vous entendrez interpréter dans un sens unique et véritable cet Evangile du Christ auquel vous faites chaque jour ombrage par tant d'interprétations impies et contradictoires. Là, vous participerez à la vraie Cène du corps et du sang de Jésus-Christ, dont votre communion n'est qu'un simulacre vide et sacrilège. Là vous rencontrerez logique et douce cette autorité religieuse qui est restée chez vous malgré vous, et y est restée inconséquente et despotique ; Là vous aurez une part de liberté suffisante pour que votre foi soit raisonnable, tandis que parmi vous la liberté peut vous conduire jusqu'à l'athéisme, sans abuser du droit que lui donne votre principe fondamental. Là vous verrez régner une paix réelle, prenant sa racine dans l'unité de foi qui enfante l'unité de cœur, tandis qu'à présent vous n'avez qu'un calme factice, une concorde apparente servant de voile à des divisions innombrables et à d'implacables haines. Là, enfin, s'ouvrira devant vous la route certaine du salut, tandis qu'au sein de la Réforme, si vous arrivez au ciel, c'est par le bienfait toujours si problématique de la bonne foi, et non point par la légitimité de votre Église qui n'est ni la voie, ni la vérité, ni la vie » (1).

Il ne nous est guère possible, sous peine d'établir une controverse théologique, d'examiner les réponses faites par divers membres de l'Église réformée à la Lettre de Mgr Plantier et la réplique de l'évêque de Nimes à ses principaux contradicteurs, qui constitue sa *Seconde Lettre aux Protestants du Gard*.

Car il y eut grand émoi dans le monde de la Réforme après la publication du premier écrit de Mgr Plantier. Des articles de journaux, des brochures (2) parurent, qui prétendirent que la vraie question que l'évêque de Nimes aurait dû poser était celle-ci : Les protestants ont-ils des raisons suffisantes de se faire catholiques ? D'autre part, du côté catholique, différents écrits essayèrent de montrer la *fausseté de la vraie question* et d'établir que le débat avait été déplacé par les contradicteurs de l'évêque de Nimes (3).

____

(1) *Œuvres*, t. xi, p. 51.

(2) *Les Pasteurs de Nimes aux fidèles de leur Église*, signé Tachard ; *La Vraie question*, par M. Puaux ; *Réponse à la Lettre aux Protestants du Gard par Mgr l'Évêque de Nimes*, par Charles Dardier, pasteur ; *Réponse à la Lettre de l'Évêque de Nimes aux Protestants du Gard*, par Frédéric Desmons ; *Deux réponses*, par Arbousse-Bastide, pasteur.

(3) *Fausseté de la vraie Question*, par l'abbé Léger. — *Revue catholique du Languedoc*, t. i, p. 254.

Que répondit celui-ci ? Il soutint que l'on n'avait pas opposé de raisons solides à ses arguments tendant à prouver l'inconséquence de la célébration du centenaire du Synode de 1559 et à nouveau, après s'être justifié d'avoir engagé une controverse théologique, il reprenait quelques-uns des points discutés : but réel du Synode, ses enseignements, ses pénalités.

Parmi ceux-ci il en est un qui retiendra plus particulièrement notre attention, car il constitue le fond du débat et sa solution montre à l'œuvre l'état d'esprit respectif des deux partis engagés : en quoi consiste l'essence du protestantisme ?

Pour M. le pasteur Dardier, auteur d'une réponse à Mgr Plantier, le principe essentiel de la Réforme, principe matériel, était non pas que tout chrétien a le droit de se faire directement sa foi d'après la parole de Dieu : ce qui, à proprement parler, est un principe formel ou de méthode, mais bien que Dieu, par sa libre grâce, par la foi en Jésus-Christ, justifie pour la vie éternelle (1).

Mais, affirmait Mgr Plantier : A quel titre faites vous cette interprétation de la parole de Dieu et en fixez-vous le sens sur un point capital ? Que ce principe soit la base de votre protestantisme personnel, à la bonne heure ; mais une foule de sectes l'ont repoussé et qu'avez-vous à leur dire ? Ici, le principe formel domine le principe matériel. *Que chacun ait le droit de se faire directement sa foi d'après la parole de Dieu*, voilà le seul dogme que vous puissiez établir. Logiquement, vous n'avez pas la faculté d'aller plus loin » (2).

Remarquons l'emploi fréquent que fait Mgr Plantier, des mots de logique, de raison ou d'inconséquence, qui montre le terrain sur lequel il s'était placé et qui était celui du dogme, de la philosophie rationnelle et des déductions logiques.

____

(1) *Réponse à la Lettre aux protestants du Gard*, par Ch. Dardier, p. 36.

(2) *Œuvres*, t. XI, p. 128.

Or, toute différente était la mentalité de ceux à qui il s'était adressé ou qui répondirent à sa Lettre. Pour les protestants, en effet, et nous croyons ne pas nous tromper, en exposant leur état d'esprit, ce qui importe, ce n'est pas tellement une question de dogmes ou de spéculations théoriques qu'ils estiment secondaire et sur lesquelles, disent-ils, l'accord ne pourra jamais s'établir sur terre; à leurs yeux, l'essence de la religion réside dans « les droits imprescriptibles de la conscience religieuse et chrétienne » (1).

Le christianisme est, avant tout, une loi de charité, c'est la persuasion intime que l'âme est dans le vrai « et non ce que l'on pourrait appeler un judaïsme grossier et charnel à qui il faut des signes dans le ciel comme il en fallait aux pharisiens » (2).

Il n'est pas surprenant qu'avec des points de vue si différents, les appels de l'évêque de Nîmes soient restés sans échos.

Est-ce, d'ailleurs, seulement à coups d'arguments que l'on peut détruire une conviction profondément enracinée dans un cœur et faire abjurer une doctrine que l'on tient d'ancêtres, qui l'ont conservée au prix de leur sang ? La persuasion morale a presque autant de valeur, en fait de religion, que la persuasion intellectuelle ; si elle manque, les meilleures raisons ne servent qu'à ancrer plus complètement l'adversaire dans ses idées.

Or, il faut bien avouer que Mgr Plantier n'avait guère pris le chemin du cœur pour ramener les dissidents de son diocèse à l'unité de l'Eglise romaine. Sans doute il leur avait déclaré au début de sa première lettre, que seul le souci du bien de leurs âmes l'avait conduit à s'adresser à eux ; et de la sincérité des intentions charitables de Mgr Plantier, il ne nous est pas permis de douter un un instant.

____

(1) *L'Eglise réformée*, 10 mai 1850, p. 165.
(2) *Réponse*, p. 13.

Mais pourquoi, quelques lignes plus bas, prévoyait-il que ses paroles resteraient sans effet : « Nous aurons fait du raisonnement et de l'histoire, disait-il, on nous répondra par des paroles amères, si toutefois on ne va pas jusqu'à nous prêter la pensée de ramener les dragonnades et l'inquisition.. mais nous en prenons notre parti par avance ; ce fut la gloire des pontifes qui se vouèrent à la défense de la vérité ; nous serons heureux de partager avec eux cette couronne » (1). Avouer d'avance que l'on ne pourra convaincre c'est y renoncer.

Et puis n'était-il pas humiliant pour les protestants de mettre en doute leur bon sens, de leur dénier le droit de savoir ce qu'ils faisaient et de connaître les fêtes qu'ils célébraient ? « Sachez, leur disait-il, comprendre votre erreur et vous repentir d'une solennité que rien ne justifiait » (2). Nous ne relèverons pas toutes les épithètes sévères adressées aux fondateurs et à la doctrine du protestantisme, les sarcasmes, les paroles mordantes, le ton d'ironie qui nous gênent parfois dans la lettre de l'évêque de Nimes. Nous ne nions pas qu'il soit difficile à un homme qui croit avoir une vue lumineuse de la vérité de ne pas accabler son adversaire, mais réussira-t-il de la sorte à le toucher ?

Le rappel de l' « indiscret orage venant troubler le soir de la fête et précipitant pêle-mêle vers leurs demeures les fidèles éperdus et presque submergés » ce rappel où les protestants virent une allusion — dont Mgr Plantier devait se défendre — à la réprobation providentielle de leurs solennités, déchaîna surtout l'irritation, et il ne pouvait avoir d'autre effet.

En lisant la Lettre de l'évêque de Nimes, un catholique peut triompher ; à maintes reprises, estimer que le coup est bien porté et éprouver de la joie à voir ses croyances vengées. Un protestant risquera fort, si l'assaut à ses convictions n'a pas été tenté par ailleurs, de ne voir dans

(1) *Œuvres*, t. XI, p. p. 4, 5.
(2) *Ib.* p. 40.

cette lettre que le ton qui lui paraîtra provocateur et la prétention, affichée à chaque page, d'un triomphe facile (1).

Comment expliquer ce langage dont la vivacité causa quelque étonnement ?

On a, avec juste raison, fait remarquer que les deux premières lettres de l'évêque de Nimes aux protestants portent des traits frappants de ressemblance avec les livres que les Pères de l'Eglise ont consacrés à réfuter les hérétiques de leur temps.

« Ces grands docteurs, a écrit son biographe, ne se laissaient arrêter ni par l'obstination de leurs adversaires, ni par leurs sophismes, ni par leurs injures. On serait tenté de dire, en lisant leurs écrits, que leur science s'épuisait en vains efforts, puisque les hérétiques fermaient l'oreille à leurs enseignements et que la plupart d'entre eux mouraient dans leurs erreurs. Mais si l'aveuglement des hommes n'a pas su profiter de leurs leçons, la vérité y a trouvé sa victoire... Quelques-uns des premiers apologistes chrétiens déployèrent une plus grande rigueur contre les faux apôtres de leur temps.

« Mgr Plantier a marché parfois sur leurs traces, et, peut-être, remontant plus haut que la Tradition chrétienne, s'est-il souvenu qu'il avait attribué l'ironie au prophète Isaïe comme un des caractères dominants de sa parole inspirée. C'est la remarque que firent, parmi les catholiques, même ceux qui ne considéraient pas que les sévérités de son langage tombaient sur des excès d'aberration bien propres à révolter l'inflexible rectitude de son jugement et la dignité de son âme » (2).

Quelle que soit l'opinion que l'on professe sur les sévérités de langage de ces deux écrits de Mgr Plantier, elles ne peuvent en détruire « l'enseignement logique de preuves

____

(1) « Certainement vous vous y prenez mal, Monseigneur ; auriez-vous dix fois raison que, — avec ce ton, — vous ne nous attireriez pas. » *Deux réponses*, etc, par Arbousse Bastide, p. 53.

(2) *Vie de Mgr Plantier*, t. i, p. p. 407, 408.

ainsi que s'exprimait l'*Ami de la religion,* la netteté de
de style et la précision à laquelle nous ont habitués les
écrits polémiques de Bossuet et de Fénelon » (1).

Ce sont ces sévérités, cependant, qui, dès lors, désignè-
rent l'évêque de Nîmes à la vindicte des protestants. Il
devint, à leurs yeux, le type du prélat ardent, emporté,
provocateur de parti-pris, toujours disposé à lancer ses
foudres. « Frères de Nîmes, écrivait en 1864, un ministre
de l'Eglise réformée de Mulhouse, M. F. Puaux, il y a,
dans ce moment, un homme qui, du fond de son cabinet,
lance sur votre Eglise des regards dans lesquels se peint
la joie de l'ennemi qui voit son ennemi se frapper de ses
propres mains ; peut-être même prépare-t-il les matériaux
d'une nouvelle lettre pastorale pour vous engager à rentrer
dans l'Eglise romaine d'où vos pères sont sortis, en vous
prouvant que votre Consistoire s'est complètement dévoyé
de la foi chrétienne... L'évêque de Nîmes veille ; il a
sous les yeux nos journaux, nos livres, nos brochures, il
est mieux instruit de ce qui se passe au sein de nos trou-
peaux que beaucoup d'entre nous, et qui sait s'il ne dispose
pas à fondre sur nous *comme un oiseau de proie ?* » (2).

Mgr Plantier veillait en effet. Ainsi qu'il le disait lui-
même aux dissidents de son diocèse dans un Projet de
lettre écrit en 1864 et demeuré manuscrit : « Pas une
scène de vos divisions intestines, pas un détail de vos
discussions, pas un écho de vos gémissements et de vos
alarmes ne nous a échappé, et de ces divers incidents est
né en nous le désir sans cesse croissant de vous tendre
une main secourable à travers les abîmes. Seulement,
si nous avons formé ce dessein, ce n'est pas avec la joie
farouche d'un pirate, mais avec la douce pitié d'un ami ;
ce n'est point pour fondre sur vous comme *un oiseau de
proie* ; c'est bien plutôt pour imiter ces oiseaux bienfai-

---

(1) Cité par l'abbé Clastron, *ib.,* t. I, p. 411.

(2) *Les dragons d'autrefois et les vers rongeurs d'aujourd'hui.*
— Aux protestants de Nîmes et des Cévennes, par F. Puaux, 1864,
p. 27.

sants qui s'en vont au loin, sur les vagues émues, porter aux naufragés l'espérance et l'indication d'une rive hospitalière. »

La lettre pastorale qu'il méditait alors et dont il n'écrivit qu'une partie, ne vit cependant pas le jour (1). Elle avait été écrite à l'occasion d'une déclaration des ministres nimois intitulée : *Les membres de la Conférence pastorale réunis à Nîmes, aux fidèles des Églises de France.* Le retrait de ses fonctions à un pasteur réformé de Paris, M. Coquerel fils, qui avait témoigné une ardente sympathie pour la *Vie de Jésus*, de Renan, avait motivé cette réunion dont les membres, au lieu de se déclarer hautement pour ou contre la divinité de Jésus-Christ, se contentèrent de souscrire une exposition de principes sans netteté comme sans vigueur.

Mais, soit que Mgr Plantier craignît de troubler quelques âmes de bonne foi, soit qu'il méditât d'élever le débat au-dessus des noms propres en composant, sur la mobilité des doctrines du protestantisme et les contradictions où tombaient ses adeptes, un grand ouvrage qui se serait rapproché, par son but et son plan, de l'*Histoire des Variations*, pour cette dernière cause surtout, il ne termina pas la lettre projetée.

Différents travaux, ceux, en particulier, qui préparaient le Concile du Vatican, lui firent interrompre ses études sur le protestantisme, sans que sa pensée fût détournée de cette question ou que son action fût diminuée dans les conflits entre catholiques et protestants.

La tenue à Paris, en 1872, d'un Synode général des Églises réformées de France, événement capital pour elles, puisqu'il n'y avait pas eu de Synode en France depuis 1660, fut pour Mgr Plantier l'occasion de remplir une nouvelle fois son devoir d'évêque. Il le fit en essayant de convaincre les dissidents de son diocèse que ces assises du protestantisme national d'où ils avaient attendu

____

(1) Elle a été publiée pour la première fois dans les *OEuvres complètes*, t. XI.

le salut, n'avaient apporté que des germes de discorde et des présages de mort et que, par suite, il leur fallait revenir à l'unité de la foi catholique.

Le but du Synode de 1872 avait été d'opposer une digue aux progrès alarmants du libéralisme doctrinal. Si beaucoup de protestants, en effet, étaient orthodoxes et avaient conservé la foi aux dogmes professés par les fondateurs de la Réforme, à celui, en particulier de la divinité du Christ, d'autres, en nombre de plus en plus grand, contredisaient au nom de la science, ces mêmes dogmes ou tout au moins les passaient sous silence. C'étaient les libéraux dont les excès de doctrine provoquèrent une opposition énergique de la part des croyants de l'ancienne école parmi lesquels le nimois Guizot était un des plus illustres et des plus courageux.

Aussi, à plusieurs reprises, ces derniers avaient-ils sollicité du pouvoir civil l'autorisation de tenir un Synode général des Églises réformées, projet auquel les libéraux étaient vivement opposés.

Le gouvernement donna raison aux orthodoxes; le Synode fut convoqué par un décret signé de M. Thiers et contresigné par M. Jules Simon, ministre des cultes. Presque tout l'intérêt du Synode, lorsqu'il fut ouvert, se concentra autour du vote de la déclaration de foi appelée Bois du nom du pasteur qui la proposa, déclaration consacrant les principes de l'orthodoxie et qui fut adoptée par 61 voix contre 45. Elle proclamait l'autorité souveraine des Saintes Écritures en matière de foi et le salut par la foi en Jésus-Christ, Fils unique de Dieu, mort pour nos offenses et ressuscité pour notre justification.

Elle déclarait que l'Église réformée de France « conserve et maintient à la base de son enseignement, de son culte et de sa discipline, les grands faits chrétiens représentés dans ses solennités religieuses et exprimés dans ses liturgies, notamment dans la confession des péchés, dans le Symbole des apôtres et dans la liturgie de la sainte Cène».

Il nous faut ajouter que cette déclaration de foi n'avait

aucun caractère obligatoire : elle constatait la foi de la majorité, mais la liberté restait entière de l'adopter ou de la repousser.

Tel fut le résultat de ce Synode où se révéla de façon si évidente, le péril intérieur du protestantisme.

N'était-il pas du devoir de Mgr Plantier de faire toucher du doigt cette constation aux chrétiens sincères qui n'étaient pas de son troupeau ? Il le crut et moins de trois mois après la tenue du Synode, il publia, le 18 octobre 1872, sa troisième lettre aux protestants du Gard.

Son but, il le déclarait, dès les premières lignes de son nouvel écrit était triple, il se proposait de démontrer : que l'esprit de Dieu n'a pu habiter ni descendre dans le cénacle où se sont réunis les délégués des Eglises réformées ; qu'aucun des deux groupes qui s'y sont heurtés ne possède la vraie religion du Christ, qu'enfin le Synode et ses œuvres doivent être un nouveau motif pour les protestants de fuir le sol mouvant de leur Eglise.

Pour arriver à ces conclusions, successivement il abordait l'étude de la convocation du Synode, la délégation de ses membres, sa déclaration de foi et ses projets de lois organiques.

C'est sur ces différents terrains que nous allons maintenant le suivre en résumant toutefois sa pensée, car la longueur de sa lettre ne nous permettrait pas d'en donner une longue analyse.

Et tout d'abord Mgr Plantier attaquait le décret de convocation du Synode.

Qui a convoqué ce dernier ? Il n'a pu l'être par une autorité prise dans le sein de l'Eglise réformée comme la chose se fait dans l'Eglise catholique. Il n'y a, écrivait Portalis, aucune hiérarchie entre les pasteurs ; tous leurs droits et leurs pouvoirs sont dans la société des fidèles et en dérivent. « Aussi le Synode n'a-t-il pu être convoqué par un pasteur ; il ne l'a même pas été par un homme d'Etat protestant mais par des catholiques, MM. Thiers et Jules Simon. »

S'ensuit-il que leur appel a montré la suprématie de l'État sur les Églises réformées ? Il pourrait paraître que oui, mais sur cette question les orthodoxes ne sont pas nettement affirmatifs ; ils laissent leur pensée s'envelopper de nuages ; tandis que les libéraux, eux aussi, s'ils critiquent les modalités du décret de convocation, ne se demandent pas quel en est le vrai caractère, ni celui du pouvoir qui l'a lancé.

Pourquoi les orthodoxes n'ont-ils pas proclamé bien haut un des principes admis par tous les fondateurs de la Réforme, à savoir le droit d'intervention du gouvernement civil dans le régime des Églises chrétiennes ?

Cette attitude peu nette, de part et d'autre, « inflige au Synode général un double caractère de déconsidération. Déconsidération, parce que d'aucun côté l'on n'a le courage de définir nettement les droits de l'autorité qui convoque la réunion. Déconsidération, parce que la compétence du pouvoir qui convoque étant ainsi douteuse et peu déterminée, les opérations du Synode, appuyées sur ce fondement mal affermi, deviennent elles-mêmes d'une dignité problématique et d'une légitimité contestable ».

Le Synode est convoqué. Ne nous arrêtons pas à la question de savoir si toutes les nuances du Protestantisme y sont équitablement représentées, demandons-nous si la délégation des membres qui le constituent est légitime.

Non, affirme Mgr Plantier ; avec le principe protestant, aucune délégation, de quelque nature qu'elle soit, ne peut être légitime. Or ce principe est celui de la suprématie, en matière religieuse, de la conscience individuelle, éclairée par l'Esprit Saint, disent les orthodoxes, laissée à elle-même et indépendante, prétendent les libéraux. Mais si « l'on dit que les honneurs ne se délèguent pas, il est quelque chose qui se délègue encore moins que les honneurs, ce sont les inspirations de l'Esprit Saint et celles de la conscience » (1). Les déclarations du Synode ne pouvaient donc engager que ses membres et non ceux qu'il ne pouvait légitimement représenter.

____

(1) Œuvres, t. XI, p. 170.

Les considérations qui précèdent avaient pour but de disqualifier le Synode ; mais voici que l'étude de la déclaration Bois nous montrera que le Protestantisme lui-même est, pour le réformé logique et sérieux, un sol inexorablement inhospitalier.

« Sous quelque aspect qu'on la considère, cette déclaration de foi ne peut être acceptée par un protestant qui raisonne et tient à marcher en pleine et pure lumière. Ni le titre dont elle aspire à se parer, ni les transactions auxquelles elle se prête, ni les points de croyance et de fait qu'elle prétend consacrer, ni les formules de langage qu'elle emploie, ne supportent l'examen. Le libéralisme l'a démontré dans le Synode avec une force victorieuse, mais qui l'a déserté lui-même, quand, de la réfutation des orthodoxes, il a dû passer à l'exposition de ses propres doctrines » (1).

Juger les deux partis en les critiquant l'un par l'autre, mais réserver ses propres conclusions, c'était une tactique souverainement habile, et Mgr Plantier ne s'est pas fait faute de l'appliquer avec succès.

Quel était, en premier lieu, le titre de la déclaration synodale ? Celui de : Foi de l'Eglise. Mais c'est un vain titre, un titre usurpé qu'avec raison repoussent les libéraux ; la déclaration du Synode ne peut être que la foi de la majorité et ceux à qui il est impossible de l'adopter font cependant partie de l'Eglise réformée. « J'y reste, dans cette Eglise, au même titre que vous, disait M. Colani aux membres de la majorité, j'y reste tout en niant chacun des articles de votre confession de foi au nom même de cette confession, puisqu'elle déclare se soumettre à l'Ecriture librement interprétée. C'est l'anarchie, vous récriez-vous ! C'est le Protestantisme, vous répondrai-je, et vous n'y échapperez qu'en instituant un tribunal d'exégèse promulguant l'interprétation officielle de la Bible. Essayez ! » (2).

____

(1) *Ib.*, p. p. 181, 2.

(2) Discours de MM. Pécaut, Ath. Coquerel fils et Colani, *sur une confession de foi proposée par M. Bois*. Discours Colani, p. 74.

Cette confession de foi n'est d'ailleurs qu'un *minimum*, c'est-à-dire que « les orthodoxes, pour engager leurs adversaires à monter sur le frêle radeau de leur confession de foi, l'ont allégé en jetant à l'eau certains dogmes dont se serait épouvanté le libéralisme... Mais de deux choses l'une : ou les dogmes abandonnés pour constituer le *minimum* étaient divins, ou ils ne l'étaient pas. S'ils ne l'étaient pas, que signifiaient les anciennes professions de foi qui s'étaient permis cet alliage étrange d'erreurs et de vérité?... Si ces dogmes sont divins, pourquoi les soumettre à la loi du *minimum* ?... Ce qui a fait une fois partie du dépôt doctrinal confié par Jésus-Christ à l'Eglise ne doit-il pas éternellement y rester et y rester identique à lui-même ? » **(1)**.

Quels sont les dogmes qui constituent ce *minimum* de foi ? L'Eglise réformée est-elle restée fidèle aux principes sur lesquels s'est fondée la Réforme, fidèle à la Confession de la Rochelle comme l'affirme la confession Bois ?

Non, celle-ci ne dit rien de la Trinité, elle ne proclame pas hautement la divinité de Jésus-Christ, se contentant de l'appeler le *divin chef* de l'Eglise, *Fils unique de Dieu* aussi, il est vrai; mais le terme était faible en regard des dénégations de la gauche. La confession Bois proclame encore *l'autorité souveraine* des Ecritures, mais c'est là « une locution prudente dans sa mystique emphase, par laquelle le droit de la conscience individuelle est confisqué sans être anéanti. » Cette équivoque n'est rien en comparaison de celle qui pèse sur le dernier article de la déclaration : « On conserve et l'on maintient à la base de l'enseignement, etc. » De quels *faits chrétiens* s'agit-il? De quels sacrements, de quelles fêtes ? Timidité, indécision : tels sont les moindres reproches que l'on pourrait adresser à cette dernière partie de la déclaration.

Ainsi l'examen de la déclaration de foi du Synode permettait de juger les deux partis qui le composaient : les

______

(1) *Œuvres*, t. XI, p. 187.

orthodoxes et les libéraux. Les premiers demeurent attachés à un certain nombre de vérités chrétiennes et, pour les préserver des dangers formidables dont les menace le libéralisme, ils ont voulu dresser une formule de foi dont la seule idée contredit le principe même du protestantisme. Malheureusement, les orthodoxes ont manqué de vaillance et de vigueur dans l'accomplissement de leurs desseins. Ils n'ont osé ni affirmer fortement, ni supprimer radicalement le libre examen appliqué à la formation de la foi par l'interprétation des Écritures. Aussi leur déclaration qui n'a « ni la hardiesse de la vérité qui distingue les décrets des Conciles catholiques, ni la sombre intrépidité dans l'erreur qui caractérisait les vieilles professions de foi protestante (1) », est-elle sans force; « quand le choc du libéralisme ne serait pas là pour l'ébranler, il suffirait de sa seule fragilité pour la faire tomber en pièces. »

La sécurité habite-t-elle davantage au sein du libéralisme protestant ? Il nie presque tous les dogmes fondamentaux du Christianisme ; avec lui, la discussion théologique s'abaisse aux débats subalternes d'une démonstration philosophique; trop heureux encore si, pour atteindre la Réforme libérale et la saisir, on n'est pas obligé d'aller jusqu'aux extrêmes frontières du sens commun et, pour ainsi dire, au bord du scepticisme et du néant.

Elle fait de l'Évangile un livre sans vérité en niant les miracles qu'il raconte.

« Elle fait du Christ un être sans réalité. Est-il Dieu ? Non, on en fait moins qu'un Dieu. Est-il plus qu'un homme ? Non, on en fait moins qu'un homme, puisqu'on le réduit à la condition d'un être à demi-fictif, dans lequel on ne sait dire précisément où commencent et où finissent le réel et l'imaginaire. Est-il moins qu'un homme ? Non encore, vous le faites plus qu'un homme, en lui prêtant des efficacités et en lui décernant des témoignages de

____

(1) *Ib.*, p, 204.

respect et d'honneur qui le supposent élevé de cent coudées au-dessus de la nature humaine » (1).

La conséquence de cette conception du Christ est que les libéraux en le découronnant de sa divinité n'ont plus ni motifs, ni ressources pour l'imiter dans sa vie morale. Méritent-ils encore le nom de chrétiens ?

Le troisième excès du libéralisme est que la foi qu'il inculque est sans objet et sans fixité. Les libéraux affirment qu'ils croient, mais cette croyance consiste à chercher perpétuellement la vérité sans que jamais on puisse dire qu'on l'a trouvée. Est-ce une vraie foi que celle que l'on s'imagine voyager perpétuellement au travers de formules disparates et contradictoires ?

Enfin, la religion des libéraux est sans appui et sans efficacité. Si elle n'est pas dogmatique, elle n'en est, disent-ils, que plus religieuse. Mais c'est là un mysticisme sans but, sans fondement et par conséquent sans ressort. Le baptême, l'Eucharistie sont des mots vides de sens ; les fêtes ne sont plus le souvenir de faits matériels, elles n'ont de raison d'être que parce qu'elles permettent d'enseigner l'idée qui se rattache à ces faits.

Aussi l'Église à laquelle aboutissent les libéraux est-elle une institution sans liens, sans ordre et sans unité. La loi suprême est la variété, non pas dans l'ordre, mais dans la contradiction.

Après avoir de la sorte établi ce que l'on doit penser de la déclaration de foi, de ceux qui l'ont proposée et de ceux qui l'ont combattue, Mgr Plantier s'adressait aux membres du Synode sans exception et leur disait :

« Orthodoxes ou libéraux, peu importe ; ni les uns ni les autres, vous ne possédez, même après le Synode, aucun des avantages énumérés par l'apôtre saint Paul. Point d'unité dans la foi .. Nulle connaissance pleine et ferme du Fils de Dieu... Point de fixité dans la doctrine, mais fluctuations éternelles... Impossibilité de parvenir à la

____

(1) *Ib.*, p. 212.

plénitude de l'homme parfait, puisque vos théologiens sont impuissants à vous enseigner avec certitude le moyen de faire ainsi germer et fleurir la sainteté du Christ en vos âmes » (1). Et il les conjurait d'aller à l'Eglise catholique qui seule peut leur marquer le sentier et être leur guide.

Après les lois dogmatiques qu'avait prétendu établir le Synode, venaient les lois organiques. Dans l'impossibilité où étaient Mgr Plantier de les étudier toutes, il déclarait vouloir se borner à celles qui se rattachaient à l'électorat et au pastoral.

Que faudrait-il désormais pour être électeur ? Remplir des conditions civiles : avoir vingt-et-un ans et savoir lire ; des conditions morales : ne pas être d'une indignité notoire ; des conditions religieuses : être attaché de cœur à l'Eglise protestante réformée de France ; participer à la Sainte Cène et aux charges du culte ; enfin, faire élever ses enfants dans l'Eglise réformée.

Pour chacun de ces points, l'évêque de Nimes n'avait pas de peine à montrer que l'exigence était arbitraire, contraire aux principes de la liberté de la conscience et d'interprétation individuelle de la Bible posés par la Réforme.

La dernière question qu'il traitait, relativement aux lois organiques du Synode, était celle du pastoral : « Tout candidat au saint ministère, avait déclaré le Synode, devra, avant de recevoir la consécration, déclarer qu'il adhère à la foi de l'Eglise, telle qu'elle est constatée par le Synode général ».

Or, était-il vrai que la déclaration Bois résumât fidèlement la foi réelle, intime, vivante de la majorité des protestants français ? L'affirmer serait oublier les diversités de croyance au sein de l'orthodoxie elle-même et à plus forte raison les négations radicales des libéraux.

Par suite, exiger cette déclaration c'est agir injustement à l'égard de toute une portion de l'Eglise réformée à qui

____

(1) *Ib.*, p. p. 248, 9.

il répugne de se voir enseigner une foi qu'elle n'admet pas. Sans doute l'on affirme que les positions acquises seront respectées. Mais, ou elles ont la vérité pour elles, ou elle ne l'ont pas. « Si elles ne l'ont pas, pourquoi les respectez-vous ? l'erreur ne peut jamais avoir des droits acquis. Si, au contraire, elles ont la vérité pour elles, vous n'avez point de grâce à leur faire, elles doivent être maintenues et perpétuées par la force même de leur droit » (1).

Que penser maintenant de cette affirmation qu'une « confession de foi catholique est imposée et déforme la conscience, tandis que la déclaration de foi protestante est proposée à la conscience des fidèles, du pasteur ? » (2). La question de foi proposée aux candidats le sera-t-elle avec sanction ou sans aucune sanction ? S'il n'y a aucune sanction, pourquoi la proposer ? Si elle est proposée avec sanction, elle est par là même imposée. Ainsi, entre catholique et protestant, l'objet peut varier mais la substance de l'acte est absolument la même.

Après avoir étudié la convocation du Synode et la délégation de ses membres, critiqué sa déclaration et les conditions nouvelles d'électorat et de pastorat qu'il établissait, Mgr Plantier montrait les caractères généraux qui se dégageaient de l'ensemble de ses opérations.

Elles permettaient de constater que les protestants étaient toujours « fascinés » par leur dogme de l'autorité souveraine des Ecritures en matière de foi, malgré les conséquences désastreuses qui en sont résultées, fascinés encore par la personne de leurs fondateurs, malgré tout ce que l'on sait de leur vie et de leurs œuvres.

Par une inadvertance inexplicable, les protestants français ne paraissent pas se douter qu'à côté de leur Eglise, il y en a d'autres qui n'ont pas leur foi et que, par suite, il est permis de se demander où est l'unité de l'Eglise.

----

(1) *Œuvres*, t. XI, p. 272.

(2) Le Synode de 1872, discours de M. Delmas, p. 209.

Ils ont montré un abaissement profond du sens logique : ils hésitent tour à tour entre le sens commun et le sens protestant, ne sachant auquel des deux donner la préférence.

Ils ont encore montré de compromettantes affinités avec les énergumènes de la Révolution en formulant, en particulier, le vœu de la Séparation de l'Eglise et de l'Etat.

Enfin le Synode ne peut pas invoquer l'importance et la fécondité de ses résultats. Ils sont nuls pour ce qui est de la doctrine ; nuls pour la pacification des deux Eglises : ni la minorité ne s'est soumise à la majorité dans le Synode même, ni l'ensemble des Eglises ne s'est incliné devant les décrets de l'assemblée.

Ces divisions, ces anathèmes mutuels que se jettent les adversaires du Synode, orthodoxes et libéraux, ne sont-ils pas la preuve que le Christ n'est pas dans la barque de ce Christianisme dont les deux factions sont acharnées l'une contre l'autre ? Laquelle doit-on croire ? A qui la prudence permet-elle de s'en rapporter ?

Ah ! conclut Mgr Plantier, voyez l'admirable unité des Conciles catholiques, du dernier, par exemple, celui du Vatican, unité dont la source est la vérité et le lien la charité. Venez-en goûter le bienfait en entrant dans le vaisseau de la vraie Eglise du Christ. Là seulement, votre foi sera certaine, protégée ; elle ne craindra aucun naufrage ; votre route du salut sera lumineuse même au travers des orages.

Comme pour la première et la seconde lettre de Mgr Plantier se rapportant à la question protestante, notre rôle, pour la troisième, ne saurait consister, dans cette étude littéraire, à prendre parti pour ou contre des idées que nous nous sommes contenté d'exposer.

Ces idées, c'est-à-dire l'essence de la doctrine catholique et de la doctrine protestante, la confrontation de l'une avec l'autre sous le rapport de la logique et de la conformité à la parole de Dieu, l'évêque de Nîmes les a développées dans sa dernière lettre avec une habileté, une hauteur et largeur de vues auxquelles il nous faut rendre hommage. Son raisonnement toujours puissant ne s'égare que rarement sur des points secondaires ou en digressions. On peut ne pas considérer la religion sous le même angle que lui, et alors il est loisible de ne pas accepter avec sa logique ses conclusions. Mais l'adversaire qui se placerait sur le terrain qu'a choisi l'Evêque devrait avouer qu'il a affaire à un rude jouteur.

En adoptant dans sa lettre la tactique qui consistait à réfuter chacun des deux partis du Protestantisme par des arguments tirés de l'autre, Mgr Plantier rendait presque impossible toute réponse. Qui aurait pu lui répondre ? Les orthodoxes ? Il avait dit qu'ils étaient le parti du bon sens et les avait félicités de conserver quelques dogmes chrétiens. Les libéraux ? N'avait-il pas loué leur impitoyable logique et constaté qu'ils possédaient le vrai sens protestant ?

Aussi les uns et les autres crurent-ils plus prudent de garder le silence. Ils le firent avec d'autant plus de raison que, dans la dernière lettre de Mgr Plantier, on ne pouvait relever le ton parfois sarcastique ou ironique, la fougue et le désir évident de triompher qui caractérisaient ses lettres antérieures. Cette fois il était calme et modéré sans cesser d'être ferme, il évitait les allusions au passé, il se contentait, pour montrer la situation fausse où se trouvait le Protestantisme après le Synode, de se servir des armes que l'une et l'autre des deux fractions rivales lui avait fournies.

Aussi sa lettre restera-t-elle comme un des meilleurs travaux de la controverse protestante au xixᵉ siècle. Mgr Plantier est le seul évêque qui l'ait alors traitée en France. Les lettre qu'elle lui a inspirées, surtout la troisième, par son ampleur, sa hauteur de vues et sa modération, se rangent à côté des études d'Auguste Nicolas et de Jacques Balmès. Elles continuent avec honneur la grande tradition des évêques controversistes du xviiᵉ siècle, un Bossuet et un Fénelon.

# CHAPITRE IV

La « Vie de Jésus » de Renan

Dans les premiers mois de l'année 1863, paraissait, à Paris, un livre dont le succès non moins que le scandale allaient être éclatants (1), la *Vie de Jésus* par Ernest Renan. On connaît la thèse que son auteur essayait de prouver. Jésus n'est pas Dieu, mais il a été l'homme le plus imbu de la divinité qui ait jamais existé, il a fondé la vraie religion, sans pratiques extérieures, reposant sur le contact immédiat de la conscience avec le Père céleste ; à ce titre, il a été le plus grand des hommes et a droit à notre admiration.

Cette négation publique de la divinité de l'auteur de la religion chrétienne n'était pas chose nouvelle, surtout hors de notre pays.

En Allemagne, en particulier, depuis la seconde moitié du xviiie siècle, le rationalisme biblique qui n'admet que les vérités démontrées par la raison, avait pris une extension de plus en plus grande. Différents systèmes d'interprétation des récits évangéliques, dans lesquels le surnaturel tient une si grande place, avaient été successivement adoptés, puis rejetés ou corrigés.

Quelques critiques, à la suite de Paulus, avaient expliqué les miracles de l'Évangile comme des faits naturels mal compris par les auteurs sacrés, racontés d'une façon incomplète ou amplifiés dans un langage figuré, poétique et oriental.

---

(1) 53 éditions de la *Vie* complète et 120 éditions de la *Vie* populaire.

D'autres, avec Strauss, reconnaissaient que les évangélistes avaient bien cru raconter des faits miraculeux ; mais ces faits étaient des mythes, c'est-à-dire le produit spontané, collectif et anonyme de la fiction naïve des premiers âges chrétiens. Après sa mort, Jésus fut transfiguré par la légende et cette légende fut calquée sur les récits et les prétendues prophéties de l'Ancien Testament. Ainsi donc, les récits de l'Évangile ne sont pas l'expression de faits véridiques, mais celle des idées des partisans de Jésus. Hors les cas où le mythe pur formé la substance du récit, il constitue un accident qu'il faut savoir distinguer de l'histoire véritable.

Pour l'école de Tubingue, enfin, dont Baur a été le fondateur, le Christianisme n'a tout d'abord été qu'une secte juive dont le but était la réforme et la propagation du judaïsme. Après la mort de Jésus-Christ, cette doctrine se personnifia dans Pierre. Mais un parti paulinien se constitue avec l'apôtre Paul. Il prétendait que le Christ avait aboli le mosaïsme, fondé un culte nouveau destiné à tous les peuples sans distinction de race ou de nationalité. Des luttes de ces deux partis et de la conciliation qui les suivit, sont nés les différents Évangiles avec les dogmes qu'ils contiennent et les miracles qu'ils racontent.

La traduction en français par Littré (1856) de la *Vie de Jésus* de Strauss avait popularisé le second de ces systèmes dans notre pays.

Cette popularité, il est vrai, n'avait été que relative, l'esprit français s'accommodant peu de la lourde méthode scientifique allemande. Aussi l'explication rationaliste de la personne de Jésus selon les procédés du mythisme n'avait guère dépassé un cercle restreint de lecteurs.

Mais voici que paraît l'ouvrage de Renan et tout de suite le public français est conquis : les éditions se succèdent — savantes ou populaires — d'un ouvrage que tout le monde lit, mettant à la portée de tous la solution rationaliste du Christianisme et de son fondateur.

Ce qui fit la fortune de la *Vie de Jésus* par Renan, a

écrit l'abbé Meignan, c'est que la foule ignorante la regarda « à la fois comme une perle littéraire et un monument de science incomparable. On voulait se persuader qu'à la base d'affirmations sans preuves se trouvait toute la science de la Germanie. On reconnaissait que les propositions les plus discutables étaient jetées toutes nues à la face des chrétiens ; mais on disait : Les considérants qui sont absents du livre se trouvent dans les vastes répertoires de la science allemande ; l'auteur les produira quand il voudra... L'Allemagne a prouvé ; Renan a exposé (1). »

Le succès du livre de Renan était encore dû, n'en doutons pas, au caractère particulier du héros de son livre et à la théorie religieuse qui se dégageait de son exemple et de ses enseignements. « A la religion sèche et sans poésie de Voltaire, Renan prêtait un charme. A sa manière, il conciliait Voltaire et Rousseau. Son exclusion rigide du surnaturel, des mystères, des miracles donnait satisfaction au penchant trop réel des Français pour des conceptions nettes, fussent-elles dépourvues d'élévation et de profondeur ; le sentiment moral comblait les désirs du cœur (2). »

L'exclusion du surnaturel, voilà ce qui caractérise la *Vie de Jésus*, avec un sentiment très marqué de religiosité. Mais cette religiosité est toute allemande et s'inspire des principes philosophiques de Hégel. Dieu n'existe pas en tant qu'être réel, distinct du monde, c'est le perpétuel devenir, la catégorie de l'idéal, le terme de l'activité humaine. Il est évident que dans ces conditions il n'a pu intervenir dans l'histoire. Mais si Renan a exclu Dieu de l'histoire, pourquoi en parle-t-il comme s'il existait ? Que pouvait signifier pour lui le mot de religion ? S'il a

---

(1) *M. Renan et la divinité de Jésus-Christ.* (*Correspondant*, Septembre 1863). — Cité par l'abbé Boissonnet : *Le Cardinal Meignan*, p. p. 103 ,4.

(2) P.-M.-J. Lagrange. *La Vie de Jésus d'après Renan*, (Paris, Gabalda. 1923), p. 20.

conservé le nom de Dieu, c'est peut-être parce qu'il lui répugna toujours de verser dans l'incrédulité grossière, et, si le mot de religion vient toujours sous sa plume, il n'en faut pas chercher d'autre raison. Il y a eu dans son esprit assez d'indécision pour qu'il se soit contenté de notions très vagues et dans son caractère assez de fermeté pour qu'il n'ait jamais consenti à renier tout ce qui avait été sa pensée (1).

Avec ces dispositions d'esprit et imbu de ce principe hégélien qu'il n'y a pas une assertion qui soit plus vraie que l'assertion contraire, Renan a abordé l'étude de Jésus.

Tout d'abord il n'avait voulu écrire que l'histoire des origines de l'idée chrétienne. Mais bien vite il fut saisi par la figure de l'initiateur de cette idée. Il vit en lui le fondateur de la religion pure, sans dogmes, sans autel et sans prêtres, et, dans son existence, la confirmation par les faits de thèses qui lui étaient chères.

Quelles sont les sources de la Vie de Jésus pour Renan? Ce sont les Évangiles qu'il interprète en vertu de ses idées préconçues sur le naturel, dans lesquels il choisit, et dont il rejette les passages qui ne lui plaisent pas parce qu'il en attribue l'invention aux évangélistes qui, selon lui, auraient dénaturé la pensée de Jésus.

Et ce Jésus, il nous le montre au cours des différentes phases qui, dit-il, ont constitué sa vie.

Jésus est tout d'abord considéré comme le produit de ce milieu enchanteur qu'est la Galilée. Il veut opérer une révolution morale, établir le règne de l'esprit. Ce qui le caractérise dans cette première période, c'est le vague qui règne dans sa pensée; il est animé de nobles sentiments bien plus qu'il ne possède de dessein arrêté.

Mais Jésus veut attaquer le Judaïsme dans sa place forte, Jérusalem; il s'y rend et là tout le mécontente. Dès lors, il va se poser en destructeur du Judaïsme; de

____

(1) *Id.*, p. 15.

retour en Galilée, Jésus a perdu sa foi juive : c'est un révolutionnaire qui veut voir l'avènement des pauvres.

Sa pensée foncière est le royaume de Dieu, c'est-à-dire un ordre de choses meilleur que celui qui existe. Il a cru que ce serait un événement prochain survenant au son de la trompette. Et comme le monde présent est mauvais et que Jésus doute de le transformer, il en vient à prédire sa destruction : il disparaîtra et, sur ses ruines, le Fils de l'homme apparaîtra pour juger tous les hommes.

Jésus n'était donc pas Dieu et jamais il n'a songé à se faire passer pour tel. Il n'a pas accompli de miracles. Si les Évangélistes lui en prêtent quelques-uns, ce furent des artifices innocents que l'on prit pour de vrais faits surnaturels — n'était-il pas convenu que le Messie en opèrerait beaucoup ? et Jésus pour mieux faire admettre ses idées, ne s'opposa pas à cette persuasion. Sa religion se réduit à fort peu de chose. En dehors de ses rêves apocalyptiques qu'il tenait du milieu dans lequel il avait vécu, il a enseigné — et c'est par là que son souvenir et le Christianisme vivront éternellement — le mépris des formes extérieures qui étouffent le culte de l'esprit, il a prêché une religion reposant sur le contact immédiat de la conscience avec le Père céleste.

Après qu'il fut mort, victime de la haine des Juifs, et avec des doutes sur sa mission, ses premiers disciples crurent que sa mort avait été un sacrifice. Ainsi c'est de son vivant, ou peu après, qu'une légende, fruit d'une conspiration toute spontanée, se forma sur son compte. Elle lui prêta des actes qu'il n'avait jamais faits ou vit un caractère surnaturel dans les actes ordinaires de sa vie. Mais le rôle de l'historien est d'interpréter cette grande figure et, grâce aux conjectures et à l'intuition, il l'a restaurée et a montré Jésus tel qu'il fut dans la réalité, non pas Dieu certes, mais le plus grand des Fils de Dieu.

Cette *Vie de Jésus* dont nous avons déjà constaté le succès prodigieux reposait-elle sur des bases solides, avait-elle une valeur scientifique que l'on pouvait discuter, mais que l'on était obligé de reconnaître ?

Les critiques dont elle fut l'objet dans le camp même des rationalistes permettent d'en douter. « C'est un roman, a écrit l'un d'entre eux,... ce sont de *Nouveaux Mystères de Paris*, écrits avec rapidité pour amuser, sur un terrain sacré, un public de profanes...; sur toutes les questions graves, le livre est nul scientifiquement (1). » Et un autre : « Une grande insincérité va du commencement du livre à la fin (2). »

Quelles que fussent les critiques adressées au nom de l'histoire à la *Vie de Jésus* de Renan, par des hommes que la négation du surnaturel n'avait pas empêchés de voir les défauts d'un livre où le pur rationalisme apparaissait à chaque page, ces hommes, au fond, étaient d'accord avec Renan, sinon sur ses méthodes, du moins sur sa conclusion finale : Jésus-Christ n'est pas Dieu.

C'est parce qu'ils croyaient en la divinité de leur Maître que les Chrétiens orthodoxes et, parmi eux et surtout, les catholiques ripostèrent énergiquement aux attaques dont leur foi avait été l'objet. Lettres, brochures, livres, mandements, écrits de toutes sortes émanés d'évêques, de prêtres ou même de laïques cherchèrent à établir, au nom de la vraie science, de la logique ou de la saine raison, la vraie vie de Jésus (3).

---

(1) Keim, de l'école de Tubingue, dans la *Gazette d'Augsbourg* des 15, 16, 17 septembre 1863, cité par le P. Gratry : *Les Sophistes et la Critique*, p. 143.

(2) Schweitzer, cité par le P. Lagrange : *La Vie de Jésus d'après Renan*, p. 140, n. 1. — Victor Cousin avait écrit du livre de Renan qu'il « est nul de science, de théologie, de philosophie et même de beauté ». *Le P. Gratry* par le P. Chauvin, p. 125.

(3) Mgr Dupanloup. *Avertissement aux Pères de famille.* — Abbé Meignan. *Les Évangiles et la Critique au XIX⁰ siècle.* — Abbé Freppel. *Examen critique de la Vie de Jésus de Renan.* — R. P. Gratry. *Les Sophistes et la Critique* (livre deuxième). — L. Veuillot. *Vie de N.-S. Jésus-Christ.* — Wallon. *De la croyance due à l'Évangile.*

Il ne pouvait se faire que dans cette levée de boucliers, Mgr Plantier ne cherchât pas à prendre sa part.

Ancien professeur d'Écriture Sainte pendant de longues années à la Faculté de Théologie de l'Université de Lyon, il était naturellement porté à s'intéresser à tous les problèmes bibliques. En 1860, il avait même conçu le projet, qu'il n'avait réalisé qu'en partie, d'écrire une réfutation d'une *Étude* de Renan *sur le Cantique des Cantiques*. Mais ce qui le poussa surtout à s'élever contre le nouvel écrit de Renan fut le sentiment profond de son devoir d'évêque : « le besoin des âmes à prémunir et la gloire de Notre-Seigneur à venger. »

Bien qu'il fût alors en traitement aux Eaux-Bonnes, il prit la plume, poussé par « une pieuse indignation à l'aspect du nouveau crucifiement auquel les critiques et les rhéteurs condamnaient son Dieu et de l'insouciance générale avec laquelle on assistait à ce forfait d'un autre Calvaire. » L'un des premiers de l'épiscopat il dénonça le nouveau livre, dans l'impossibilité où il s'était trouvé « de forcer sa voix à se taire ».

« Si, déclarait-il, dans les cris que nous avons poussés, il en est quelques-uns qui doivent paraître violents, nous n'en éprouvons point de remords, et nous n'en faisons point d'excuses, parce que nous ne concevons pas qu'on discute sans ardeur un écrit dont l'impiété fait frémir les Cieux mêmes jusque dans leurs dernières profondeurs (1). »

Ainsi le but de l'évêque de Nimes était avant tout de venger la vérité et de confondre son adversaire. Il était nécessaire que nous commencions par l'indiquer afin de comprendre les raisonnements et le ton de son étude. C'est moins une œuvre de discussion calme et courtoise, où l'on suppose la bonne foi de l'adversaire, que la manifestation énergique du bon sens indigné et d'une conviction outragée. A ce titre l'étude de Mgr Plantier se distingue nettement de celles d'autres écrivains catholiques,

---

(1) *Œuvres*, t. XII, p. 3.

de l'abbé Meignan, par exemple, le futur cardinal-archevêque de Tours qui, dans un livre modéré de forme et qui résumait ses cours à la Sorbonne, chercha loyalement à convaincre Renan et à le ramener à ses premières croyances.

Nous avons parlé de l'étude de Mgr Plantier : c'est deux qu'il faut dire. Une première Instruction pastorale, en effet, datée du 13 juillet 1863, examinait, en une centaine de pages, la seule *Introduction* de la *Vie de Jésus*, tandis qu'une seconde, écrite à Nimes, le 2 décembre de cette même année, s'attaquait à la *Vie* elle-même : elle ne contenait pas moins de 270 pages.

* *

La *Vie de Jésus*, déclarait tout d'abord Mgr Plantier, dans son premier travail qui, surtout, retiendra notre attention, constitue un manque aux convenances parce qu'elle a été écrite en Palestine, dans le pays qui fut témoin des miracles de l'Homme-Dieu et qui a été rougi du sang des Croisés accourus pour délivrer son tombeau. De plus, elle est éclose dans une cabane maronite ; celui qui l'avait prêtée à l'auteur était probablement catholique. Avoir abusé de sa demeure pour essayer de démolir le dogme de la divinité du Christ, antique héritage, vie profonde du Maronite, n'était-ce pas payer une politesse par une perfidie ?

Le second tort de la *Vie de Jésus* est qu'elle a été composée, ainsi que nous l'apprend la Préface, en présence d'une tombe et d'une mémoire qu'elle déshonore en croyant les glorifier. Cette tombe et cette mémoire sont celles de la sœur de l'auteur, Henriette, qui a partagé ses travaux et était en communion d'idées avec lui. Elle entrevoyait les protestations que le livre de son frère ne manquerait pas de soulever, mais, au delà de ces *étroits jugements de l'homme frivole*, elle était persuadée que *les âmes vraiment religieuses finiraient par se plaire* dans sa lecture. « Comme tout cela fait pitié, s'écrie Mgr Plantier ! Quel aveuglement dans un frère

qui prête à sa sœur comme un mérite la honte d'avoir
uni tant de démence à tant de présomption (1). »

Mais quels sont les principes historiques et critiques de
Renan? Il en a deux, l'un qu'on peut nommer logique,
l'autre qu'on peut appeler esthétique.

Le premier principe est non pas la croyance à l'impossibilité absolue du miracle, mais l'idée « qu'un récit surnaturel
ne peut être admis comme tel ; qu'il implique toujours
crédulité ou imposture ; que le devoir de l'historien est
de l'interpréter et de rechercher quelle part de vérité il
peut recéler. » Car, ajoute Renan : « Il n'y a pas eu
jusqu'ici de miracle constaté (2). » Et, en effet, « aucun
miracle ne s'est passé dans des conditions scientifiques...
Il n'en arrive que dans les temps et les pays où l'on y
croit. »

Quelle merveille, remarque l'évêque de Nîmes, qu'il
n'arrive de miracles que dans les temps et les pays où
l'on y croit, puisque, si l'on doit y croire, c'est évidemment là où il en arrive et quand il en arrive ! Et puis,
s'il s'agit des miracles de Jésus-Christ, il est bien certain
que ceux en présence de qui et pour qui ils furent faits,
ennemis ou indifférents, étaient animés de dispositions
beaucoup moins bienveillantes, beaucoup moins rappro-
chées de la crédulité que Renan ne le suppose.

Ni les personnes du peuple, ni les gens du monde,
poursuit l'auteur de la *Vie de Jésus*, ne sont compétents
pour constater le caractère miraculeux d'un fait.

Erreur que tout cela. Le plus ordinairement, le miracle
est un fait complexe ; il se compose de trois éléments :
deux faits naturels, palpables et successifs, un lien mystérieux qui les unit. Quel est l'*homme du peuple* qui
ne peut constater ces deux faits : par exemple, une personne, hier était aveugle, elle voit aujourd'hui ? Quant
au troisième élément, c'est-à-dire le lien qui unit les deux

______

(1) *Œuvres*, t. XII, p. 12.
(2) *Vie de Jésus*, Introduction, p. LII.

grands faits successifs dont se forme le miracle, quelquefois il tombe lui-même partiellement sous le témoignage. Pour se démontrer à soi-même l'existence et l'authenticité de ces différents éléments, si de grandes précautions sont nécessaires, point n'est toujours besoin d'une longue habitude de recherches scientifiques ; il y suffit de sens bien constitués, d'un peu de réflexion et d'attention,

Que l'on ne dise pas qu' « aucun miracle contemporain ne supportant la discussion, il est probable que les miracles du passé qui se sont tous accomplis dans des réunions populaires nous offriraient également, s'il était possible de les critiquer en détail, leur part d'illusion ».

Aucun miracle contemporain ! Veut-on parler de supercheries démasquées par l'Église elle-même ou de faits qu'elle a authentiqués ? Pourquoi d'ailleurs de ce grand point, soi-disant avéré, conclure qu'il est probable que les miracles du passé ont eu leur part d'illusion ? L'auteur avait dit plus haut qu'un récit surnaturel implique toujours crédulité ou imposture. Et maintenant, il atténue : *il est probable*. « De grâce, de ces deux langages, lequel doit l'emporter ? Entre la certitude et la probabilité que devons-nous choisir ? Si c'est la certitude, pourquoi parlez-vous de probabilité ? si c'est la probabilité, pourquoi parlez-vous de certitude ? Une des premières lois de la bonne logique est d'être d'accord avec soi-même (1). »

Faut-il, pour qu'un miracle soit scientifiquement prouvé, qu'il s'accomplisse devant une commission de savants ? Que « l'inventeur d'une machine aspire à l'honneur d'un brevet, on conçoit sans peine qu'il propose de faire des expériences pour justifier le mérite qu'il attribue à son œuvre ; on conçoit aussi qu'un jury soit alors constitué pour apprécier l'instrument et ses opérations. Mais un thaumaturge... est l'homme de Dieu, dépositaire d'une certaine part de la puissance de celui qui l'envoie... il s'en

____

(1) *Œuvres*, t. XII, p. 24.

sert, ou pour le bien d'une âme qui lui demande une grâce ou pour la conversion du peuple auquel il est adressé... Faire des miracles pour le seul but d'appeler leur contrôle ou de satisfaire leur curiosité, jamais il n'abaissera jusqu'à cette humiliation le pouvoir qu'il exerce. »

Il faut, continue Renan, « que l'expérience soit renouvelée dans d'autres circonstances et dans un autre milieu. »

Mais, lui demande Mgr Plantier, si le thaumaturge se trouve dans un pays où, pour le moment du moins, il n'y ait pas de savants, faudra-t-il qu'il s'abstienne de faire des miracles ?

Comment expliquer encore que la seconde commission s'élève à la certitude tandis que la première, avec autant de lumières, n'a pu franchir les bornes de la probabilité ?

Ici, nous avouons ne pas partager l'étonnement de Mgr Plantier. Si Renan redemandait le renouvellement de l'expérience, c'était afin d'être assuré que toute possibilité d'erreur ou de supercherie serait exclue. Mais les arguments suivants nous paraissent plus probants.

La science ne demeure pas stationnaire : celle d'aujourd'hui se moque de celle d'autrefois ; celle de demain rira de celle d'aujourd'hui. Une nouvelle commission qu'il faudra constituer reviendra sur le travail de celles qui, avant elle, avaient constaté l'existence de certains faits miraculeux, elle en cassera les conclusions ; de certain qu'il était auparavant, le miracle redeviendra problématique.

Le pouvoir du thaumaturge, d'ailleurs, est simplement délégué ; il peut n'en être armé que pour un certain but, sous certaines conditions. Si Dieu lui a marqué de pareilles limites, il n'a ni le droit ni la force de les dépasser ; et parcequ'il ne les franchit pas il ne s'ensuit pas que ses premiers miracles n'ont été que des prestiges et qu'il n'est pas lui-même l'instrument d'une vertu surnaturelle.

Il est vrai qu'aucun des miracles rapportés par la Bible

ne s'est effectué dans les conditions demandées par Renan, mais elles ne sont pas nécessaires et même avec des réunions exclusivement populaires on peut avoir la certitude des miracles les plus éclatants.

Dira-t-on pour élever des doutes sur leur réalité que *toujours le thaumaturge a choisi le sujet de l'expérience, choisi le milieu, choisi le public?* La chose est fausse ainsi qu'il appert de nombreux exemples, en particulier du Nouveau Testament.

Il est également faux de dire que c'est *le peuple lui même qui crée après coup les légendes merveilleuses,* faux du moins pour les Evangiles. Ils ont été écrits par des témoins oculaires ou auriculaires.

C'est ainsi que dans le premier principe critique de Renan, on constate une absence radicale de justesse et de logique et ce tort est aggravé par le vague de ses formules générales.

« Je le conçois, déclare l'évêque de Nimes, avec des phrases banales mais solennelles, on peut se donner de grands airs de science, même sans avoir aucune érudition réelle. On s'épargne aussi des objections et des embarras que l'introduction de certains détails pourrait susciter, tandis que les détails disparaissant dans de vagues résumés et des allusions abstraites, ils laissent ainsi la voie plus dégagée sous les pas du sophisme. » C'est un sophisme encore que de prétendre ou de laisser croire que tous les écrivains sacrés se valent; que tous les témoignages ont le même poids, ou plutôt la même nullité; que tous les miracles se ressemblent; que la même autorité abrite toutes les légendes. Avec un semblant de calme équité Renan « enveloppe nos auteurs sacrés et tout le reste dans le réseau d'une appréciation commune pour les jeter ensuite au dédain général comme dans un abîme où tout s'engloutit à la fois (1) ».

____

(1) *Ib.,* p. p. 33, 34.

Voici le second principe de Renan, son principe esthétique, comme l'appelle Mgr Plantier : « Pour faire revivre les hautes âmes du passé, une part de divination et de conjecture doit être permise : » Et l'auteur de la *Vie de Jésus* précise : « Dans les histoires du genre de celle-ci, le grand signe qu'on tient le vrai est d'avoir réussi à combiner les textes d'une façon qui constitue un récit logique, vraisemblable, où rien ne détonne... ; ce qu'il faut rechercher, ce n'est pas la petite certitude des minuties, c'est la justesse du sentiment général, la vérité de la couleur ».

En d'autres termes, déclare l'évêque de Nimes, la critique historique n'est plus affaire de témoignage, c'est une question de goût. Mais raisonner de la sorte, c'est introduire l'arbitraire en histoire ; c'est la contradiction dans les faits, car rien n'est variable au fond comme les impressions du goût. Si quelques uns des discours placés sur les lèvres du Christ par l'Evangile ne plaisent pas, pourra-t-on les modifier ou les tempérer ? Pourra-t-on étendre la même opération aux actes miraculeux ?

Agir de la sorte, soumettre le Christ à une interprétation moitié philosophique, moitié romanesque, serait non pas une restauration, mais un outrage et une mutilation, ce serait faire à la fois œuvre deblasphémateur et d'iconoclaste.

Comment, du reste, reconstituer la figure du Christ en dehors des faits qui constituent l'ensemble de son existence? S'ils sont dénaturés ou soumis à des explications individuelles et arbitraires, il n'est plus possible de connaître sa vraie nature et de rencontrer la vraie couleur, car l'on ne sait plus quelle lumière brille sur la figure que l'on doit peindre.

Il n'y a donc pas plus de valeur dans le principe esthéque de Renan que dans son principe philosophique.

Que penser maintenant de l'appréciation des sources où il a puisé?

Celles-ci sont, les unes, sacrées, les Evangiles, les autres, profanes.

Quand Renan parle des Evangiles il ne dit rien, même pour la contredire, de leur inspiration. Pour fixer leur authenticité et leur vrai sens, un seul principe le guide, la science des langues, c'est-à-dire la discussion du texte en lui-même au moyen de la philologie comparée.

A la suite de Bossuet, Mgr Plantier n'a pas de peine à montrer que si la connaissance des langues orientales est utile à l'étude des Saintes Lettres, leur sens est, avant tout, un point de fait qui appartient moins à la science qu'à la tradition. Pourquoi dédaigner le témoignage de celle-ci, quand il s'agit du sens général des textes et des choses, alors qu'on l'accepte pour déterminer le sens de chaque mot ?

L'auteur de la *Vie de Jésus* se fondant sur les formules *selon Mathieu, selon Marc*, etc, élève des doutes sur l'authenticité des Evangiles, doutes peu fondés, car le témoignage des premiers écrivains ecclésiastiques est formel sur ce point : Les Evangiles sont l'œuvre de Mathieu, de Marc ; donc, d'après Renan, « ils prennent une haute valeur, puisqu'ils nous font remonter au demi siècle qui suivit la mort de Jésus, et même, dans deux cas, aux témoins oculaires de ses actions. »

Il est vrai qu'un peu plus loin, Renan déclare « qu'un nom propre écrit en tête de ces sortes d'ouvrages ne dit pas grand chose ». « Nous lui laissons, dit Mgr Plantier, le soin difficile de se mettre d'accord avec lui-même ; c'est une tâche qu'il aurait à remplir bien souvent et sans espoir de succès. »

A quelle date ont été écrits les Evangiles ? Renan avoue que Luc peut à la rigueur être regardé comme le vrai rédacteur de l'Evangile qui porte son nom. C'est là une concession que Mgr Plantier enregistre tout en déclarant qu'il eût préféré la voir remplacée par la reconnaissance d'un droit. Il discute encore quelques détails fournis par l'auteur de la *Vie de Jésus* sur cet Evangéliste, et sa conclusion est que saint Luc a été un historien sincère et non, ainsi que le prétend Renan, un artiste humain, n'ayant d'autre but que de faire une composition régulière, pétrissant et sculptant son Évangile comme on le ferait pour un simple roman.

Quant à l'Évangile de saint Marc et à celui de saint Matthieu, l'argumentation de Renan se réduit à ceci : ils ne sont pas l'œuvre originale de ces deux auteurs, car en parlant d'eux, Papias les a qualifiés de *discours*. Or, tels que nous les possédons, ils comprennent plus que des discours.

Mais, répond Mgr Plantier, un seul auteur ne constitue pas toute la tradition et le mot grec employé par Papias, *logia*, peut encore se traduire par oracles, récits du Seigneur.

Reste l'Évangile selon saint Jean. Ici, Renan, en désaccord avec la majorité des critiques rationalistes allemands, exprimait l'opinion que Jean était en substance l'auteur de cet Évangile, que ses disciples auraient raturé ou corrigé. Cette opinion, son adversaire la trouvait contraire à la foi constante de l'Église.

Ce qu'il ne peut admettre surtout, c'était que l'Évangile de Jean fût « à mille lieues du ton simple, désintéressé, impersonnel des Synoptiques » et qu'il montrât sans cesse des arrière-pensées de sectaire, ou encore qu'avec lui on entrât « dans les aridités de la métaphysique, dans les ténèbres du dogme abstrait ».

Renan prétendait encore que saint Jean, « après les crises de 68 (date de l'Apocalypse) et de l'an 70 (ruine de Jérusalem), désabusé de la croyance à une prochaine apparition du Fils de l'homme dans les nues, avait penché vers les idées qu'il trouvait autour de lui et dont plusieurs s'amalgamaient assez bien avec certaines doctrines chrétiennes. »

Erreurs que ces suppositions ! Saint Jean ne pouvait être désabusé, car il n'a jamais partagé cette opinion populaire et, s'il s'est penché vers les idées qu'il trouvait autour de lui, c'était « comme on se penche vers un serpent, pour l'écraser ».

En somme, les Évangiles, aux yeux de Renan, sont des « biographies légendaires » où « la vérité historique et l'intention de présenter des modèles de vertu se combinent à des degrés divers ».

Quelle est la part de la légende et celle de la vérité ? Prétendre que celle-ci est défigurée par celle-là, c'est vouloir partir d'un type arrêté et imaginaire du Christ et pour le tracer, mutiler et diviser les Évangiles : « jeu puéril, s'il n'était sacrilège. »

Les deux sources profanes qui surtout ont servi à Renan sont Philon et Josèphe. Le premier de ces écrivains, reconnaît Mgr Plantier, possède des mérites sérieux; mais loin qu'il eût été *le frère aîné de Jésus*, il n'y a eu entre eux aucun contact attestant une influence exercée et une influence subie.

Quant à Josèphe, pourquoi affirmer, sans preuves, que le passage où il déclare que Jésus est peut-être plus qu'un homme, vu ses œuvres admirables, a été retouché par une main chrétienne ?

Puis, laissant de côté les appréciations de Renan sur Daniel et les Talmuds, Mgr Plantier en vient à examiner la conclusion de son Introduction. Des différentes idées qu'y exprime Renan, Mgr Plantier prend exactement le contrepied. Si l'auteur de la *Vie de Jésus* affirme que pour bien traiter un sujet religieux il faut tout d'abord avoir cru, puis ne plus croire, que l'amour va sans la foi, l'évêque de Nimes lui répond qu'il est impossible de trouver un catholique apostat qui ait été historien fidèle, et que l'amour sans la foi n'est qu'un simulacre de tendresse, s'adressant à un fantôme de Christ.

« Dieu s'était révélé avant Jésus, Dieu se révélera après lui... Aucune apparition passagère n'épuise la divinité... les manifestations inégales et d'autant plus divines qu'elles sont plus grandes du Dieu caché au fond de la conscience sont toutes du même ordre... » Ces assertions de Renan et d'autres de moindre importance sont avant tout d'ordre philosophique. Après son étude déjà longue,

Mgr Plantier ne pouvait les discuter, car une telle discussion l'aurait entraîné trop loin.

Les affirmations de son adversaire lui paraissent d'ailleurs tellement blasphématoires, qu'il en est indigné et qu'après avoir exposé la foi catholique, il ajoute : « L'on comprend à merveille que nous ne discutions pas une philosophie qui place sur le même rang tout ce que M. Renan ne rougit pas d'appeler les manifestations du *Dieu caché dans la conscience humaine* (1). »

Qu'y a-t-il donc dans la *Préface* de Renan ? « Il n'y a, dit Mgr Plantier, d'autre mérite que celui de tisser le sophisme avec un certain art, de rendre l'erreur pour ainsi dire insaisissable par une incomparable mobilité d'idées et par je ne sais quelle astucieuse adresse à recouvrir le mensonge d'un langage où quelques reflets de vérité deviennent eux-mêmes un instrument de séduction, et, enfin, d'écrire les impiétés les plus radicales, les blasphèmes les plus audacieux avec un ton fascinateur de calme et d'apparente bonne foi. »

La condamnation solennelle de la *Vie de Jésus* suivait, fondée sur des considérants dont le principal était que l'auteur de cette vie « repoussant tout récit surnaturel et tout miracle comme n'étant pas démontré, marche par là directement à la destruction de la divinité de Notre-Seigneur et Maître Jésus-Christ, ruinant ainsi la foi dans son objet essentiel. »

Bien que, selon son expression, en s'attaquant à l'*Introduction* de la *Vie de Jésus*, Mgr Plantier ait « écrasé la tête du serpent (2) », les anneaux restaient. C'est pour les réduire à l'impuissance qu'à la fin de cette année 1863, il publia sa *Vraie Vie de Jésus*, qui fut presque, la réfutation, paragraphe par paragraphe, du corps de l'ouvrage de Renan.

Il avait entre temps, le 27 août 1863, écrit une Lettre pastorale contre un article d'Ernest Havet, *l'Évangile*

(1) *Œuvres*, t. XII, p. 105.
(2) *Ib.*, p. 4.

et l'Histoire, paru dans la *Revue des Deux Mondes*, et où le professeur du Collège de France, non content de donner sa pleine approbation aux conclusions de la *Vie de Jésus*, trouvait encore trop modérées la plupart des affirmations qu'elle contenait. La lettre de Mgr Plantier est pleine de bon sens, de science scripturaire et patristique et d'une logique serrée, habile à démasquer les points faibles de l'adversaire ; mais aussi parce que son auteur est pleinement convaincu de la divinité de ce Christ dont il est un des représentants sur la terre, toutes les assertions tendant à nier cette divinité lui paraissent blasphématoires et son indignation lui arrache des apostrophes véhémentes contre le sacrilège ou donne à son style un ton violent et passionné.

« Je veux supposer, répondit Ernest Havet, que les traits fâcheux qui se trouvent dans cet écrit et dont j'aurais à me plaindre, tiennent aux habitudes du genre. C'est style ecclésiastique, dont ceux qui l'emploient ne mesurent pas toujours la portée, et qui se retrouverait dans tout autre manifeste sacré. Pour M. Plantier, lui-même, c'est un esprit évidemment ami des lettres, et c'est aussi, ce me semble, un avocat convaincu et aussi consciencieux dans son argumentation qu'il lui est possible (1). »

La seconde Instruction pastorale de Mgr Plantier étant une réfutation détaillée de la *Vie de Jésus* de Renan, l'ampleur qu'elle a prise ne nous permet pas d'en aborder l'étude dans son intégrité. Nous nous contenterons d'en indiquer l'esprit général et de voir l'auteur à l'œuvre dans quelques parties qui nous ont paru plus caractéristiques.

Le point de départ de Mgr Plantier dans tous ses raisonnements, est-il besoin de le dire ? est la croyance au surnaturel, c'est-à-dire à un ordre de choses pouvant se substituer aux lois de la nature et qui dépend d'un Dieu vivant, réel, s'occupant de sa créature.

____

(1) *Jésus dans l'Histoire* par Ernest Havet. — C'est un tirage à part de son article de la *Revue des Deux Mondes* du 1er août 1863.

Cette croyance a, sans doute, pour base dans l'ordre logique, l'existence de faits, rapportés en particulier dans les Evangiles, qui ne peuvent |s'expliquer d'après des causes naturelles; mais la foi préexistait dans l'esprit de Mgr Plantier à la lecture, faite dans un dessein apologétique, des Evangiles, — elle peut avoir, en effet, des sources nombreuses dans une âme —; aussi peut-on dire, avec certitude, que l'évêque de Nimes a abordé l'étude de la vie du Christ avec cette idée préconçue, — que son étude aurait pu lui donner, s'il ne l'avait pas eue, — que le surnaturel est possible, qu'il peut fournir une explication raisonnable, la seule, pensait-il, qui fût possible, de la vie, de la doctrine et des actes du Christ.

Et, de fait, elle est la seule si l'on admet l'authenticité des Evangiles. C'est là que réside le fond du problème. Mgr Plantier le résout dans le sens de l'affirmative en se fondant sur le témoignage des anciens auteurs ecclésiastiques.

Les sources traditionnelles de la vie de Jésus étant authentiques, qui ne voit que le surnaturel en coule à plein bords, si rien dans l'esprit ne s'oppose à ce qu'il soit possible? Pour ne l'y pas voir, il faut ou prétendre que les Evangélistes ont transformé en faits miraculeux des faits tout à fait ordinaires, ou que leurs récits sont des mythes, ou enfin, et c'est le procédé qu'a imaginé Renan, douter de certains textes et garder les autres en les interprétant librement et en les déplaçant pour y trouver les éléments propres à former la physionomie d'un Christ imaginaire. Un esprit aussi amoureux de logique, de clarté, de bon sens, de saine et loyale probité historique que l'était celui de Mgr Plantier ne pouvait que voir les contradictions de pensée, les faux fuyants, l'absence de liens entre les conclusions et les prémisses comme aussi ce qu'il y a d'aérien, de fluide et d'impondérable dans la méthode historique [de Renan. A chaque page de sa *Vraie Vie de Jésus*, l'évêque de Nimes triomphe, car il a affaire à un adversaire qui dédaigne toute logique, pour qui il n'existe pas de vérité absolue, mais qui, en dilettante, s'est attaché à une figure qui l'a séduit et cependant, sous des dehors d'un respect ironique, la jette du haut du piédestal où les siècles l'avaient placée.

Prenons, par exemple, le chapitre où Renan décrit l'éducation de Jésus et parle de ses lectures et de ses maîtres.

« C'est ici, déclare Mgr Plantier, que va se déployer dans sa plus radieuse splendeur la passion de M. Renan pour la *conjecture*, la *probabilité*, la *vraisemblance*, le *peut-être*.

« Cette nature, à la fois riante et grandiose, fut toute l'éducation de Jésus » (1). Je le demande humblement et avec timidité à M. Renan : s'il est possible que la vue lointaine des lignes du Carmel, des monts du Gelboé, du Thabor et de sa forme arrondie, ou encore de la plaine du Jourdain, ait révélé seule à Jésus les grandes et nouvelles doctrines dont il a doté le monde, pourquoi le même horizon n'avait-il rien dit de pareil avant lui ?

« ... Admirez la suite. Jésus n'a pas eu d'autre éducation que les leçons de la nature. C'est M. Renan qui nous l'assure. Mais à peine l'a-t-il déclaré qu'il l'oublie, et il nous dit que « Jésus apprit à lire et à écrire ». Ainsi, tout à l'heure, la nature seule l'avait formé ; maintenant voici que l'école s'est unie à la nature. Essayez, si vous le pouvez, de concilier ces inconséquences.

« ... Si la nature seule fit l'éducation de Jésus, pourquoi parler de l'école? S'il fut à l'école, pourquoi dire que la nature fut toute son éducation ?

« Du reste, une question, M. Renan ! — Jésus apprit à lire et à écrire? Et qui vous l'a raconté? Comment vous arrangez-vous avec les Juifs qui s'étonnaient de la science de Jésus, par la raison qu'il n'avait rien appris ? — « Il est douteux qu'il comprît bien les écrits hébreux dans leur langue originale ». Mais c'est tout le contraire qui nous

---

(1) *Vie de Jésus*, p. 30.

est raconté. Jeune encore, il s'assied dans le temple au milieu des docteurs qui sont stupéfaits de la sagesse de ses réponses; et sans doute on lisait dans cette assemblée les Saintes Écritures dans leur idiome primordial. Mille fois il paraît dans les synagogues; partout il le fait en maître et qui ne sait que là, comme au temple, on faisait la lecture de l'Ancien Testament dans le texte primitif ?

« ... Nous avons déjà rencontré deux *peut-être*. En voici un troisième : « Il n'est pas probable qu'il ait su le grec ». Où avez lu qu'il n'a jamais eu dans les mains la version des Septante? ou, s'il l'a rencontrée, qu'il ne l'a pas comprise ? — « A plus forte raison n'eut-il aucune connaissance de la culture grecque ». Ici le ton est plus affirmatif; mais la preuve ? — « Cette culture était proscrite par les docteurs palestiniens ». Vous le démontrez par le Talmud ; mais le Talmud n'était pas rédigé du temps de Jésus...

« Il ne connut rien hors du judaïsme ». De grâce, un fait, une citation pour le constater !

« ... Jésus qui ignorait tant de choses en sut cependant quelques-unes. « La lecture des livres de l'Ancien Testament fit sur lui beaucoup d'impression ». En quelle langue, demanderai-je à M. Renan, Jésus lut-il le texte de ces livres sacrés? En langue araméenne? Mais prouvez qu'il en existait alors une version dans cet idiome. En hébreu? Mais il le savait donc? il le savait donc même profondément, autrement cette lecture aurait fait sur lui peu d'impression ? Et cependant vous nous avez dit qu'il *est douteux que Jésus comprît bien les écrits hébreux dans leur langue originale !* Comment conciliez-vous ces contradictions ? A Dieu ne plaise que M. Renan regarde en arrière ! Ce serait perdre son temps et montrer trop d'estime pour ses lecteurs.

« Voyez-vous aussi Jésus, le Verbe éternel, l'inspirateur de tous les prophètes, le but suprême des Écritures, qui reçoit une *profonde impression* de la lecture de ces livres sacrés ? Comme s'il ne les connaissait pas avant qu'ils existassent ! Comme s'il n'avait pas eu son éternité pour se préserver de tous les étonnements !..

« La poésie religieuse des psaumes se trouva dans un un merveilleux accord avec son âme lyrique ; ils restèrent toute sa vie son aliment et son soutien. » Tout à l'heure c'était un *jeune villageois* qui voyait tout à travers le *prisme de sa naïveté.* Maintenant c'est un *beau génie* ; « la vraie poésie de la Bible qui échappait aux puérils exégètes de Jérusalem, se révélait pleinement à lui... » On a peine à comprendre qu'un pauvre paysan, même bien doué, qui sait à peine lire, qui surtout n'est pas fort en hébreu, puisse mieux saisir que les docteurs juifs le sens mystérieux et les beautés si éthérées, qu'on me permette ce terme, de la poésie biblique... Qu'aura pu faire ce bon et simple Jésus, auquel M. Renan a déjà plusieurs fois délivré des attestations d'ignorance, malgré son beau *génie* et son *âme lyrique ?...* (1)

Mieux poussé comme discussion et traitant d'un sujet plus important nous paraît être le chapitre sur *Jésus et les miracles par lesquels il justifie le témoignage qu'il rend de sa divinité.*

« ... Jésus fut-il un thaumaturge ? À cette question, M. Renan hésite ; il ne peut dire *oui*, parce qu'il a nié déjà la réalité du miracle ; il n'ose dire *non* parce que les récits des Évangiles qui sont si formels seraient trop audacieusement démentis. Selon son habitude, il se jette dans une espèce de moyen terme qui, comme toujours, a le double tort de n'être ni courageux ni raisonnable.

« ... Savez-vous comment M. Renan, qui reconnaît qu'il y a bien un atome quelconque de réalité dans les miracles de Jésus-Christ, élude le témoignage si positif, si net, si calme, si convaincu des Évangiles, attestant qu'il n'y a pas eu seulement un simulacre de prodiges, mais des prodiges vrais, pleins et tels que les entend la théologie ? Il met d'abord ses lecteurs dans l'impossibilité radicale de

____

(1) *Œuvres,* t. XII, pp. 260 à 268 passim. — *Vie de Jésus,* pp. 30 à 37.

juger de ces faits, parce qu'il en supprime le récit. Ils forment la partie la plus vive, la plus attachante, et jusqu'à un certain point la plus importante de l'histoire de Jésus-Christ. N'importe, ils sont impitoyablement sacrifiés : M. Renan se contente d'y faire quelques allusions plus ou moins dédaigneuses. Ces prodiges qui ont converti le monde ne valent pas la peine d'être racontés.

« Du reste, à en croire M. Renan, il y aurait un certain nombre de miracles que l'opinion aurait gratuitement attribués à Jésus. « Il est impossible, dit M. Renan, parmi les récits miraculeux dont les Évangiles renferment la fatigante énumération, de distinguer les miracles qui ont été prêtés à Jésus par l'opinion de ceux où il a consenti à jouer un rôle actif. » Que M. Renan nous dise en quel endroit des Évangiles il a trouvé les bases et les motifs de cette distinction ? Mêmes historiens pour tous ; mêmes formes de récit pour tous ; en tous, un *rôle* également *actif* de la part de Jésus ; en un mot, mêmes garanties et mêmes gages d'authenticité pour tous… il faut les admettre tous sans discernement ou les rejeter tous sans exception. »

« Il est impossible surtout, continue M. Renan, de savoir si les circonstances choquantes, d'efforts, de frémissements et autres traits sentant la *jonglerie*, sont bien historiques, ou s'ils sont le fruit de la croyance des rédacteurs. » — « Jésus faire de la *jonglerie !* répond Mgr Plantier. Quelle exécrable supposition ! On ne discute pas de semblables infamies. »

Il ramène cependant à leur vraie nature ces prétendus *efforts* — dont il n'est question nulle part dans les Évangiles — et ces frémissements ; — un seul, lors du miracle de la résurrection de Lazare, frémissement de douleur sur la mort de celui-ci et non point frémissement d'effort et de fatigue dans l'accomplissement de la résurrection.

« Plus nous allons, continue Mgr Plantier, plus M. Renan se montre ingénieux : « Presque tous les miracles que Jésus crut exécuter, paraissent avoir été des miracles de guérison ». Ce *crut exécuter* est admirable. Il est bien évident que Jésus dut être dupe de ses propres artifices, et qu'en ne faisant que des prestiges, il se figura qu'il opérait des miracles. C'était à la vérité, comme M. Renan nous le répète, un *homme supérieur.* Mais tout supérieur qu'il était, il crut faire des miracles tandis qu'il n'en faisait pas. En vérité cette allégation de M. Renan est un trait de génie ! »

Les guérisons ne sont pas les seules œuvres miraculeuses de Jésus : il en est d'autres, comme résurrections de morts, changement de l'eau en vin à Cana, tempêtes apaisées.

Mais comment Renan explique-t-il les miracles ? « Par la présence d'un homme supérieur traitant le malade avec douceur et lui donnant avec quelques signes sensibles l'assurance de son rétablissement, [présence qui] est souvent un remède décisif ».

« Qu'est-il besoin d'études et de médicaments ? *Parlez avec douceur* au malade, à l'aveugle, au muet, au boiteux ; *faites-leur quelques signes* pour leur *donner l'assurance de leur rétablissement ;* ce sera pour eux un remède *décisif.* Point de médecins autour de vous ; vous n'êtes pas docteurs vous-mêmes ; tant mieux. Avec un mot de bonté, vous ferez plus que ne feraient tous les Hippocrates du monde. Et voilà ce qu'on ne rougit pas de nous dire quand on est critique, philologue, professeur au Collège de France, membre de l'Institut, en un mot, quand on se nomme Renan ! »

Et les malades guéris à distance et ceux dont les lésions sont bien *caractérisées, le contact d'une personne exquise* suffira-t-il pour les guérir ?

Lorsqu'il s'agit de cas de possession, Jésus ne les traite pas toujours par la douceur ainsi que semble l'insinuer Renan, mais il parle souvent avec autorité à l'esprit infernal, il le fait même avec une certaine rudesse.

Il est donc vain, lorsqu'il est question des miracles de Jésus de parler, pour les éluder, de circonstances qui sentent la jonglerie ou d'altérer les faits de façon à en changer la nature. Reste un troisième moyen employé par Renan : la supposition d'une comédie combinée. Il s'agit de la résurrection de Lazare.

« Il semble que Lazare était malade, dit l'auteur de la *Vie de Jésus*. » *Il semble !* Non, il était réellement malade, déclare saint Jean, et puis, il meurt et depuis quatre jours il est dans le sépulcre.

« M. Renan vient toutefois vous apprendre qu'il n'y a rien là de sérieux. « Peut-être Lazare, pâle encore de sa maladie, se fit-il entourer de bandelettes comme un mort et enfermer dans son tombeau de famille. » Mais M. Renan, votre *peut-être* n'est pas admissible. On a bien vu Lazare ; on s'est bien assuré qu'il était mort ; l'infection qui s'échappe du sépulcre l'atteste avec une irrésistible évidence. — Non, non, *peut-être.* — Mais comment Lazare serait-il resté quatre jours dans un tombeau pour jouer une farce si misérable, avec la chance mille fois probable de ne pas réussir ni pour lui ni pour Jésus qu'il prétendait glorifier ? — Qui sait ? *Peut-être.* — Mais remarquez que sa face était recouverte d'un suaire qui la liait ; comment eût-il respiré ainsi, dans une tombe d'ailleurs sans air ? — Je ne sais ; mais *peut-être.* — Mais un certain nombre de ceux qui étaient présents et qui avaient bien vu toutes choses, ainsi que le note l'Évangile, crurent en Jésus à partir de ce prodige. — *Peut-être* ; encore et toujours *peut-être.* — Mais les ennemis mêmes de Jésus admirent le miracle. Ils en firent contre lui une raison de mort, mais ils ne purent le nier. — Je ne sais que répéter : *Peut-être.* — Non seulement ils n'ont pas nié le fait de la résurrection de Lazare ; mais ils ont vu Lazare revenu de la tombe, et parce que sa seconde vie parlait avec éloquence en faveur de Jésus, ils pensèrent à le tuer. — Je vous réponds toujours : *Peut-être.* — Pitoyable manière de traiter l'histoire ! M. Renan déclare que l'évangéliste saint Jean est le seul qui ait *une connaissance précise des relations de Jésus avec la famille de Bétha-*

nie; et pour en éluder les récits sur le seul miracle qu'il raconte au sujet de cette famille, M. Renan se contente d'un *peut-être !* Avec un *peut-être* il fait jouer à Jésus une comédie impossible ; impossible à imaginer, parce que la dignité de son caractère l'eût repoussée avec horreur ; impossible à préparer, parce que Jésus était bien loin de Béthanie, au moment où Lazare tomba malade et mourut ; impossible à exécuter, parce qu'il n'aurait jamais eu tant de complices qu'il devait rencontrer de témoins, et que la supercherie eût été infailliblement découverte. » (1)

Ces quelques détails dans lesquels nous sommes entré nous ont permis de voir à l'œuvre la méthode employée par Mgr Plantier dans sa réfutation de « l'arianisme moderne. »

Elle est avant tout une méthode fondée sur le bon sens, la saine philosophie et la tradition. Mgr Plantier a pris les Évangiles dont l'authenticité lui paraît hors de contestation et, d'après leurs simples récits tels que les Pères de l'Église les ont interprétés, il a montré les suppositions téméraires, les contradictions, les fausses conclusions, en un mot, les vices de la méthode historique de Renan. « La formule assez invariable de M. Renan, a-t-il écrit, est celle-ci : *selon une tradition.* Par ce mot vague, sans nier le fait on l'ébranle assez pour qu'il n'ait plus de consistance..... [Ainsi] M. Renan énerve l'autorité des récits évangéliques (2). » Ailleurs encore il a noté sa « passion pour la *conjecture,* la *probabilité,* la *vraisemblance,* le *peut-être* (3). » Dans la conclusion de sa *Vraie Vie,* enfin, il a résumé les raisons pour lesquelles, à ses yeux, l'ouvrage de Renan était « une longue insulte à la *vraie* critique. » Il l'insulte, dit-il, par les choses qu'il supprime : tout récit ayant un caractère surnaturel ; il l'outrage par celles qu'il admet, car l'arbitraire préside

---

(1) *Œuvres,* t. XII, pp. 328 à 343 passim.
(2) *Ib.,* p. 447.
(3) *Ib.,* p. 260.

à ce choix. Il s'en moque par la perfidie des altérations et des renvois.

C'était bien mettre en relief la méthode, décevante pour qui a été formé selon les principes de la raison latine faite de logique et de clarté, de cet esprit subtil, sceptique, sous des apparences de respect, admettant les contradictoires comme une des formes de la vérité, qu'était Renan.

A cette œuvre de réfutation par la saine philosophie et le bon sens, Mgr Plantier a apporté toute sa puissance de dialectique, son indignation d'évêque, son ironie railleuse. Nous ne sommes pas surpris que son livre ait obtenu un grand succès dans le monde catholique dont la foi était ainsi vengée avec science et vigueur.

Il nous semble cependant que l'expression de la pensée de Mgr Plantier aurait gagné à être plus condensée. Rarement il est sorti de la réfutation presque littérale de la *Vie de Jésus*. Ses vues d'ensemble dominant son sujet existent bien, mais elles sont comme noyées dans la masse des détails et elles ne retiennent pas suffisamment l'attention.

N'aurait-il pas été préférable qu'il montrât en Renan son vrai caractère, non d'historien dégagé de toute préoccupation dogmatique, mais de philosophe voulant prouver une thèse et pour cela prenant, taillant, supprimant dans les Évangiles avec un élégant sans-gêne dissimulé par la magie de son style ; édifiant la statue d'un Christ imaginaire créé de toutes pièces ou avec des pièces rapportées dont la raison d'être est de prouver la vérité des conceptions religieuses de lui, Renan ? Quelques exemples typiques auraient permis de faire toucher du doigt ce vrai but de Renan et les falsifications de textes auxquelles il avait su se livrer.

Quelle que soit d'ailleurs l'excellence de l'apologétique de Mgr Plantier, nous croyons qu'elle est par endroits incomplète et manque d'allure vraiment scientifique. Le problème évangélique tel qu'il se posait aux esprits vers 1863, après les travaux de la critique allemande, était plus sérieux que ne le laisserait supposer le silence ou le ton presque toujours triomphant de l'évêque de Nimes. Sa naïve et robuste foi pouvait l'empêcher de voir la difficulté des questions soulevées. Elle n'en existait pas moins.

« Vous avez bien raison, écrivait l'abbé Meignan au secrétaire de l'évêque d'Orléans, l'abbé Lagrange, vous avez bien raison d'appeler grave la crise religieuse que nous traversons. Tout n'est pas dit sur le livre de Renan, tout n'est pas réfuté. En général, les réfutations que j'ai lues trahissent une profonde ignorance des difficultés. On déclame, on injurie, on se moque. Fort bien, le livre de Renan ne mérite guère autre chose. Mais, après avoir justement, quoique à mon avis, trop brusquement, condamné, il faudrait discuter et étudier profondément les questions, sans rhétorique, sans déclamation, sans injures, comme un homme qui veut d'abord se convaincre lui-même. Mais il faut étudier en même temps les difficultés du moment. L'École de Strasbourg et de Montauban, Colani, M. Réville, Nicolas demandent des réponses. Les questions de critique qu'ils reproduisent occupent l'Allemagne depuis cinquante ans : elles valent la peine qu'on s'y intéresse. Il est honteux de voir le clergé français les ignorer absolument dans les hautes régions. » (1)

Cette lettre, écrite en septembre 1863, ne visait pas entre autres, l'évêque de Nimes dont la *Vraie Vie* ne parut qu'en décembre, mais ne trouve-t-on pas dans celle-ci une certaine « ignorance des difficultés » signalée par le futur cardinal ? Il faut bien reconnaître que les problèmes des Synoptiques, du quatrième Évangile, des Apocryphes, de l'établissement des textes, y sont insuffisamment traités ou traités simplement d'après les données traditionnelles alors qu'aurait pu être renouvelée sur des bases nouvelles la défense d'une thèse attaquée par des arguments nouveaux.

Chose plus grave. A chaque instant Mgr Plantier suppose cette thèse prouvée. Il n'a pu adopter cet état d'es-

____

(1) *Vie du Cardinal Meignan*, par l'abbé Boissonnot, pp. 191-2.

prit, fictif peut-être, mais dont les apparences sont nécessaires, qui consiste à s'affranchir en abordant l'étude d'une question, de toute idée ou sentiment préconçus. Aussi ne peut-il retenir son indignation devant les « blasphèmes » du nouvel Arius. Il l'apostrophe, le raille, le tourne en ridicule et ne craint pas d'appliquer à sa personne et à son œuvre des épithètes qui trahissent la douleur et l'indignation dont son âme d'évêque avait été saisie. Les mots d'*impiété bouffonne* (1), d'*abominations* (2), de *cynisme* (3), d'*inepties* (4), de *travail dégoûtant* (5), d'*explication absurde* (6), pour n'en citer que quelques-uns, ne sont pas rares sous sa plume. Parfois même lorsque l'attaque ou l'insinuation lui paraissent trop fortes, il se laisse aller aux effusions mystiques ou au style pieux (7).

Quoi d'étonnant dans ces conditions qu'il n'ait rien voulu dire des mérites littéraires de la *Vie de Jésus ?* « Dans une question qui touche aux entrailles mêmes de la foi, a-t-il écrit, un évêque a bien autre chose à faire que de s'occuper d'esthétique ! Quand les valets du prétoire meurtrissaient le visage de Jésus, ses Apôtres gémissaient de cet outrage fait à leur Dieu, sans examiner si c'était avec un gantelet d'or ou de fer qu'on avait frappé sa face adorable (8). »

Ainsi, c'était en évêque que Mgr Plantier avait examiné et réfuté le livre de l' « Arius moderne ». Un évêque est,

____

(1) *Œuvres*, t. XII, p. 146.
(2) *Ib.*, p. 147.
(3) *Ib.*, p. 156.
(4) *Ib.*, p. 248
(5) *Ib.*, p. 393.
(6) *Ib.*, p. 223.
(7) Après avoir réfuté les explications de Renan sur l'Eucharistie, Mgr Plantier s'écrie : « O Jésus ! Jésus ! le sophisme a bien voulu vous arracher à vos temples comme à nos embrassements... p.p. 433-4. — « ... C'est là une de ces impiétés cyniques pour lesquelles vos anges [ô mon Dieu !] devraient faire plusieurs siècles de deuil... » dira-t-il encore dans un autre passage, p. 453.
(8) *Ib.*, p. 205.

avant tout, juge de la foi dans son diocèse et cette foi Mgr Plantier l'avait rétablie et vengée en dénonçant tous les sophismes dont un écrivain s'était servi pour l'attaquer. Dans cette œuvre, il avait fait preuve d'une science approfondie et d'une grande puissance de raisonnement qui placent son livre au tout premier rang des écrits de ceux qui se proposèrent de montrer le peu de valeur et l'extrême faiblesse, sinon les contradictions frappantes, que présentaient entre eux les arguments de Renan. Mgr Dupanloup, l'abbé Freppel, le P. Gratry n'ont pas agi autrement et se sont servi, pour caractériser les procédés de raisonnement de leur adversaire, d'expressions qui parfois sont aussi fortes que celles de l'évêque de Nimes.

Pouvait-on employer une autre méthode ? L'abbé Meignan le crut. Au lieu d'accabler Renan d'apostrophes vengeresses, il se persuada qu'il valait mieux user à son égard de douceur afin de le convaincre. « Jusqu'au bout, a-t-on écrit, il eut la confiance que des procédés évangéliques ramèneraient à Jésus celui qui avait été élevé dans l'amour de l'Évangile (1) ».

Les événements ne donnèrent pas raison au futur cardinal, mais il était bon de signaler cette attitude d'un écrivain catholique. Il s'était imaginé que l'auteur de la *Vie de Jésus* était la brebis de l'Évangile qu'un peu de douceur peut ramener au bercail.

Pour Mgr Plantier, au contraire, Renan était un des pharisiens hypocrites qui, par la fausse douceur de leur langage cherchaient à prendre le Maître en défaut et à le condamner. Il avait démasqué ses intentions et ses procédés, et, à l'exemple du Christ, il l'avait flagellé avec toute son indignation et son mépris.

---

(1) *Vie du Cardinal Meignan,* p. 195.

CHAPITRE V

La Question Romaine

Légitimité du pouvoir temporel des Papes. Ses ennemis : La Révolution Italienne.

Les problèmes que Renan avait étudiés dans sa *Vie de Jésus* touchaient au fondement même du dogme catholique. Les réponses qu'il y avait données étaient donc en soi d'un intérêt universel pour l'Église. Mais Renan avait écrit en français et, qui plus est, dans un esprit que presque seuls des Français pouvaient comprendre. Aussi l'intérêt suscité par son livre, s'il fut réel dans toute la chrétienté, demeura, avant tout, national. Lorsque Mgr Plantier réfuta la *Vie de Jésus*, il fit surtout œuvre d'évêque français.

Il nous faut maintenant le montrer agissant sur un autre terrain qui ne concernait le dogme qu'indirectement, mais qui, pendant plusieurs années, passionna le monde catholique tout entier, le terrain de la question romaine.

L'Italie doit être une sous un régime constitutionnel, disaient, surtout à partir de 1859, de nombreux Italiens chez qui, sous l'influence de 1848, s'était éveillé un vif sentiment d'indépendance et d'amour pour leur pays. Mais comment concilier la souveraineté temporelle du Pape avec les aspirations nationales de la péninsule ? L'une ne faisait-elle pas tort aux autres ? Pour que l'Italie devînt une, ne pouvait-on pas sacrifier à cette unité, avec celui des autres princes italiens, le pouvoir, même dix fois séculaire, des Pontifes romains ? Si quelques patriotes italiens reculaient devant ces perspectives, il en était d'autres, en plus grand nombre, qu'elles n'effrayaient pas. Et parce qu'ils n'hésitèrent pas à faire valoir par la force les droits qu'ils disaient être ceux de l'Italie contre ceux du Pape, naquit la question romaine.

Elle ne pouvait laisser Mgr Plantier indifférent. Ne s'agissait-il pas, en effet, des intérêts de l'Eglise qui étaient menacés parce qu'on touchait aux droits du Pape ? Aussi le voyons-nous, dès que cette question fut posée, lui consacrer une grande part de son activité d'évêque.

Mais la façon dont s'exerça cette activité, nous ne la comprendrions que difficilement si nous n'étudiions pas les principaux aspects de la question romaine. C'est ce que nous ferons dans un aperçu aussi bref que possible.

Quelle fut tout d'abord l'attitude de Pie IX — car là était le nœud de la question — vis-à-vis des rêves d'unité et de Constitution qui hantaient les esprits en Italie vers le milieu du XIXᵉ siècle ? En principe, il ne leur avait été, à son avènement, nullement opposé.

En 1848, il avait inauguré dans ses Etats le régime constitutionnel et formé le projet d'une confédération italienne qu'il aurait présidée.

Mais bientôt sa bonne volonté avait été mise en échec et les révolutionnaires, presque tous membres de sociétés secrètes, l'avaient contraint à quitter Rome. Leur but était moins l'unité de l'Italie que l'établissement d'un régime de liberté plus ou moins anarchique. Pour y arriver, ils s'attaquaient aux princes italiens, des droits de qui ils faisaient litière et voulaient remplacer le catholicisme traditionnel par un vague christianisme opposé à tout dogme et à tout sacerdoce.

Lorsque Pie IX comprit leur projet et sentit qu'aucune réforme ne les satisferait, il n'eut qu'une pensée, où il se tint depuis son retour de Gaëte : proclamer énergiquement à la face du monde, les droits du Saint-Siège et sauvegarder l'intégrité du territoire qu'il avait mission de gouverner.

Les révolutionnaires, en effet, n'avaient pas désarmé après leur échec à Rome ; leur puissance se trouva même étrangement fortifiée par la part que le Piémont avec Victor-Emmanuel et Cavour, se mit à prendre dès 1849, dans la revendication de l'unité italienne

De tous les peuples de l'Italie, le Piémont était celui qui, par le prestige de sa puissance militaire, de ses hommes d'État et la valeur de son peuple, était le plus porté à faire triompher l'idée de l'Italie une. Il n'avait guère en face de lui que la puissance spirituelle de la Papauté. Or, les tentatives faites par Victor Emmanuel pour gagner le Pape à ses projets ayant échoué, il se résigna à l'avoir pour ennemi, tout en se gardant bien de porter la question sur le terrain dogmatique et en limitant au contraire le désaccord à la politique seule.

Son grand auxiliaire, l'homme qui donna corps à ses ambitions et à ses projets, fut le comte de Cavour, figure étrange s'il en fut, se posant comme le chevalier d'un idéal de justice et traitant sans respect le droit des gens ; s'insurgeant contre l'autorité temporelle du Pape, tout en se proclamant catholique de cœur.

Peu scrupuleux sur le choix des moyens, il s'alliera aux pires révolutionnaires tels que Garibaldi, prêt à aller plus loin qu'eux lorsqu'ils seront sur le point de réussir comme il le fit en 1860, à profiter de leur succès ou à les lâcher, lorsqu'ils échoueront, comme en 1867. D'instinct, les révolutionnaires s'étaient ralliés à lui. Il se défendait de leur appartenir, mais eux avaient compris que, s'il ne partageait pas tous leurs plans de destruction sociale, le but qu'il poursuivait, supprimer la puissance temporelle de la papauté, contribuait à réduire, à supprimer peut-être sa puissance spirituelle. Cette dernière pensée n'était pas, il est vrai, la seule, car l'unité de l'Italie faisait assurément partie de leur idéal ; mais, somme toute, elle l'emportait dans leur esprit.

Les droits du Pape à posséder ses États étant inatta-quables, Cavour trouva contre lui des griefs qui servirent de prétexte à l'attaquer ouvertement ou indirectement et à réaliser successivement, en violation de ses droits, l'unité de l'Italie avec Rome pour capitale.

Le gouvernement pontifical, prétendait-il, est rétrograde, il laisse une trop grande place dans l'exercice des fonctions publiques à l'élément ecclésiastique ; il ne favorise pas le progrès moderne ; il est opposé au droit des peuples de disposer d'eux-mêmes. Ces raisons et d'autres semblables devaient justifier à ses yeux les attentats qui seraient perpétrés contre les États de l'Église, entre 1859 et 1870.

Tout seul, en présence d'une Autriche puissante, trop faible pour faire prévaloir sa voix dans les Congrès Européens, les chances du Piémont auraient été bien minimes sans l'appui surprenant et mystérieux que lui fournit l'Empereur des Français, Napoléon III.

S'il ne fut pas toujours ouvert, cet appui fut, en effet, bien réel. En dépit des protestations d'amour pour le Saint-Père que Napoléon III ne cessa jamais de prodiguer et quoique ses pratiques religieuses fussent sincères, l'Empereur a été mis au rang, par l'histoire, des auteurs principaux de l'unité italienne et, par voie de conséquence, de la spoliation des États pontificaux.

Il agit en combattant avec le Piémont contre l'Autriche, mais surtout il n'intervint pas, lorsque à la suite de l'agitation dans les esprits que suscita la guerre d'Italie, une partie des États Pontificaux se révolta contre l'autorité de Pie IX, et une autre fut envahie par l'armée piémontaise.

Qu'il lui ait été possible d'obtenir leur évacuation et leur retour à l'ordre, la chose n'est pas douteuse.

Mais intervenir en 1859 et 1860, Napoléon III ne le pouvait sans aller contre ce qui fut le rêve de toute sa vie, l'unité de cette Italie « qu'il aimait comme une seconde patrie. »

Car, il ne semble pas qu'il ait eu la main forcée ou que la peur, à la suite de l'attentat d'Orsini, l'ait fait agir. Nous ne croyons pas, ainsi que le suppose M. de la Gorce, qu'il ait eu des volontés successives. Si par moments il a été hésitant, si quelquefois, en apparence du moins, il a changé de politique, ç'a été, dans les débuts de son règne surtout, par crainte des catholiques qui étaient un des plus fermes appuis de son trône. Mais toujours Napoléon III eut l'ambition de faire triompher en Italie le principe des nationalités dont il était le ferme partisan.

Vit-il que, dans l'état de fermentation où se trouvait l'Italie et étant donnée la part que prenaient les révolutionnaires au mouvement de réveil national, tout encouragement donné par lui au Piémont risquait de porter atteinte aux droits du Pape?

Peut-être y eut-il à ce sujet quelque illusion dans l'esprit de l'Empereur lorsqu'il déclara la guerre à l'Autriche. Un des évêques de France qui exerçaient le plus d'influence sur lui, Mgr de Bonnechose, archevêque de Rouen, lui ayant fait part de ses craintes que « le canon tiré au profit du Piémont ne fût un signal de soulèvement pour les révolutionnaires de l'Italie », Napoléon III lui répondit qu'il croyait pouvoir maîtriser la Révolution et qu'en donnant satisfaction au sentiment de nationalité, on le frapperait d'impuissance (1). »

Esprit chimérique, à la poursuite de généreuses utopies, il se peut que l'Empereur ait agi dans cet espoir. Il est plus probable qu'il a prévu les conséquences de ses actes, mais a sacrifié à l'unité de l'Italie la souveraineté temporelle de la Papauté.

A ses yeux, en effet, la conservation des États pontificaux par le Pape était chose de peu d'importance. Le seul point essentiel était que fût sauvegardé le principe de la puissance temporelle du Saint-Siège et il l'était, selon lui, avec la possession de la ville de Rome.

Dès lors, sa politique de non-intervention dans les menées du Piémont s'explique facilement. Son allié ne poursuivait-il pas une politique chère à l'Empereur ? Si quelquefois il le blâma — et avec qu'elle molesse ! — ce fut pour calmer les susceptibilités des catholiques fran-

____

(1) *Vie du Cardinal de Bonnechose*, t. I, p. 381.

çais ou parce qu'on allait trop vite en besogne. Mais Victor-Emmanuel et Cavour savaient à quoi s'en tenir sur ces blâmes : leur ligne de conduite n'en fut pas modifiée. Sur la question de la ville de Rome, l'opinion de Napoléon III fut toujours la même ; il ne permit pas que l'on y touchât. Que pouvait, il est vrai, le faible appui qu'il lui assura contre la force des principes qu'il avait lui-même posés ? Aussi, après le retrait des troupes françaises, en 1870, la cité des Papes ne tardait-elle pas à être occupée par l'armée italienne.

Connaissant l'ardeur que Mgr Plantier apportait à venger la religion et l'Eglise des attaques dont elles étaient l'objet, nous ne serons pas surpris de le trouver au premier rang de ses frères sur ce nouveau terrain de défense religieuse qu'était la question romaine. De l'année 1859 où parurent ses deux Lettres pastorales sur la *Puissance spirituelle de la Papauté* et le *Pouvoir temporel du Saint-Siège* jusqu'à sa mort, il ne cessa d'être sur la brèche, écrivant lettre pastorale sur lettre pastorale, ne laissant passer aucune occasion de proclamer, sans jamais se lasser, les droits du Souverain Pontife.

Analyser tous les écrits de Mgr Plantier sur le sujet qui nous occupe serait œuvre trop longue ; ils ne comprennent pas moins de deux volumes de ses *Œuvres complètes*. (1)

Ce que nous voudrions, ce serait mettre en relief sa pensée et montrer par quels procédés et avec quels arguments il a défendu la thèse du pouvoir temporel des Papes.

Mais il ne s'est pas contenté d'établir la légitimité de ce pouvoir, il a encore dénoncé ceux qui ont contribué à l'abolir par leurs actes ou leur politique de non-intervention ; il a, enfin, justifié ceux qui s'étaient constitués ses défenseurs : le clergé français, l'armée pontificale et le Souverain Pontife lui-même, Pie IX, « vengeur et défenseur de la civilisation. »

____

(1) Ce sont les tomes IX et X.

Les lettres pastorales de Mgr Plantier relatives à la question romaine peuvent se grouper sous ces trois chefs d'idées que nous passerons successivement en revue.

* *

Fidèle à la promesse, faite le jour de son sacre, d'aller à Rome, après trois ans de ministère dans son diocèse, Mgr Plantier, avait pu, sur la fin de 1858, accomplir son voyage *ad limina*. A peine fut-il de retour à Nimes qu'il éprouva le besoin, pour satisfaire « au vœu de sa pitié filiale comme aussi pour remplir un devoir de son ministère », de traiter le sujet de la Papauté et par là de prémunir ses diocésains contre de fausses théories qui menaçaient de prendre un empire de plus en plus grand sur les intelligences.

Une première Lettre avait étudié la question de la puissance spirituelle du Vicaire de Jésus-Christ. Une seconde, datée du 17 Avril 1859, traitait la question si actuelle alors de la puissance temporelle du Saint-Siège. Question, disait l'évêque de Nimes, du plus haut et du plus ardent intérêt, car « depuis quelques mois, sans aucune cause apparente et dans un moment où les choses roulaient du train le plus pacifique et le plus régulier, il s'est produit parmi nous dans la presse, un déchaînement effroyable d'impiétés et de colères contre ce pouvoir aussi vénérable qu'il est légitime. »

Que ces colères ne fussent pas justifiées, il le montrait en établissant l'origine providentielle du pouvoir temporel du Saint-Siège, ses raisons et ses grandeurs et en répondant à quelques accusations portées contre ce pouvoir.

A la différence de la plupart des pouvoirs humains nés brusquement dans le monde, celui du Saint-Siège, commençait-il par déclarer, a été longuement préparé par le contraste solennel de la lumière et de la bonté dans les successeurs de saint Pierre avec les délires et l'épouvantable cruauté des successeurs d'Auguste. L'ascendant que les Souverains Pontifes ont ainsi gagné a grandi plus sérieusement encore après la translation du centre de l'empire à Byzance. Alors, peu à peu, par la force des choses, les Papes exercent une magistrature d'ordre public et d'administration ; ils maintiennent la tranquillité et gèrent les deniers de l'État.

Leur royauté de fait est définitivement consacrée lorsque Charlemagne passe les Alpes, triomphe de Didier et rend au Saint-Siège ce qu'on avait tenté de lui ravir.

Ce pouvoir temporel, les Papes ne l'ont pas ambitionné ; ils n'ont pas agi dans le dessein de le conquérir au détriment des empereurs. C'est une œuvre manifestement providentielle : « Nul homme ne peut dire qu'il fut le créateur de cette royauté sans égale et sans exemple. Des conquérants ont mis le couronnement à l'édifice ; mais les mains de Dieu même avaient jeté les fondements. »

Et il n'est pas difficile de trouver des raisons à ce dessein de la Providence. Grâce à leur pouvoir temporel les Souverains Pontifes sont indépendants des puissances territoriales. Il contribue encore à les glorifier par la majesté. « Sans doute, déclare Mgr Plantier, la dignité spirituelle des Papes est sublime, et quiconque a la foi vive sait tomber comme anéanti devant cette royauté qui n'est pas de la terre. Mais cette foi si générale dans les premiers temps, devait-elle toujours rester aussi commune parmi les chrétiens ?

... La splendeur impalpable des vertus qu'ils auraient pratiquées aurait-elle suffi pour saisir les nations attiédies et les préparer, par une sorte de religieux frémissement, aux acquiescements comme aux sacrifices de l'obéissance ?.. On peut faire de la poésie sur la dignité de ces abaissements, mais s'ils avaient constitué l'état habituel de la Papauté, avec eux, quel prestige aurait-elle exercé sur la plupart des hommes ? (1) ».

A côté de la glorification par la majesté se trouve la glorification par la moralité : moralité dans l'élection des Pontifes, leur conduite et leur politique. Celle-ci est non

____

(1) *Œuvres*, t. IX, p. 86.

seulement faite de grandeur, de loyauté, et a pour but
suprême le triomphe de la religion, mais encore, à force
d'être morale, elle devient éminemment prévoyante.
« Rome a eu l'incomparable gloire de présager à presque
tous les empires les secousses qui les ont agités, les
catastrophes qui les ont plongés dans le chaos. Tandis
que les gouvernements s'endormaient ou se jouaient de
ses oracles, elle leur montrait la cause assurée de ces
futurs orages dans les théories ou les immoralités auxquelles on laissait libre carrière, et les faits ont prouvé
qu'elle avait raison (1) ».

Les œuvres ont encore glorifié la puissance temporelle
de la Papauté. Elle a favorisé les arts, les sciences et
l'instruction publique ; elle a donné une extension merveilleuse aux institutions charitables. Grands par ce qu'ils
ont fait, les Papes ne le sont pas moins par ce qu'ils ont
conservé ; ils ont préservé de la ruine les vestiges qu'a
laissés la Rome païenne, mais, surtout, ils ont « à leur
tour, enfanté des merveilles peut-être plus nombreuses et
plus frappantes encore » si bien que Rome « est la plus
brillante et la plus riche école des arts. »

Comment ne pas reconnaître aussi le charme de l'incomparable hospitalité dont jouissent à Rome, évêques, étrangers, savants, souverains détrônés ?

Toutes ces raisons du pouvoir temporel des Papes,
Dieu les prévoyait et c'est pour les assurer, qu'il a jeté
de ses propres mains, à travers les vicissitudes orageuses
des premiers siècles, les bases de cette royauté qui n'avait
point eu d'exemple, et qui n'eut jamais d'égale. C'est
aussi pour les mêmes motifs qu'il l'a soutenue de son bras
dans son existence aussi tourmentée qu'elle fut solennelle (2)».

Il ne suffisait pas à Mgr Plantier d'établir les avantages que procure à la Papauté sa puissance temporelle, il

____

(1) *Ib.* p. 98.
(2) *Ib.* p. 109.

avait encore à cœur de la venger des attaques dont cette puissance était l'objet. C'est pourquoi dans la seconde partie de sa Lettre, il réfute les critiques que l'ignorance ou la mauvaise foi des détracteurs du Saint-Siège adressaient à son gouvernement séculier.

Il est, disaient-ils, immobile comme le droit canonique. Et l'évêque de Nimes de leur répondre que si l'Eglise est justement convaincue qu'une excessive mobilité déconsidère les lois, il n'en est pas moins vrai qu'elle sait, quand il le faut, modifier sa discipline ; et que l'administration temporelle des Etats du Pape n'est nullement réglée par le droit canonique.

Cette administration a-t-elle le tort de ne pas être davantage sécularisée? Les laïques y occupent, contrairement à ce que l'on croit d'habitude, une place des plus importantes.

Pourquoi d'ailleurs proscrire les ecclésiastiques du gouvernement pontifical? Et la sécularisation ferait-elle mieux que le sacerdoce qu'elle détrônerait? La présence des ecclésiastiques dans les hautes fonctions des Etats romains offre au peuple un exemple salutaire ; l'Eglise et l'Etat ne sont pas séparés à Rome, mais les deux pouvoirs concentrés sur une seule tête sont la preuve que l'indifférence dogmatique ne saurait être l'idéal d'un gouvernement.

Que l'administration pontificale soit imparfaite et puisse être améliorée, la chose n'est pas douteuse. Cependant, il serait exagéré de dire qu'il faut à cette administration des réformes profondes. Si, à Rome, on ne refuse pas, certes, d'admettre des améliorations et d'ouvrir au pays de nouvelles sources de progrès et de prospérité, on ne veut pas se précipiter dans une voie de hasards et de catastrophes comme aussi, au risque de passer pour rétrograde, on aime mieux ajourner certains progrès que de les hâter en imposant aux contribuables un surcroît de sacrifices.

Restait une dernière objection plus captieuse : le peuple romain gémit sous l'autorité des Papes ; il s'agite et,

pour le maintenir dans l'ordre, les baïonnettes de deux
armées étrangères sont nécessaires.

La masse de la population, répond Mgr Plantier, est-elle
tellement opprimée qu'elle aspire à se libérer du prétendu
joug des Papes? L'évêque de Nîmes venait de parcourir
les différents États de la péninsule, ceux en particulier
du Saint-Siège et il affirme que le peuple romain, à l'exception de quelques mécontents « enfants perdus de l'aris-
tocratie » ou « lettrés et écoliers extravagants ou libertins »
porte un air de calme et de douce satisfaction. A Rome,
encore, la pauvreté, si elle ne cherche pas à se dissimuler,
est moins profonde qu'ailleurs ; les haines politiques y
sont inconnues ainsi que les haines sociales. Les troupes
étrangères qui s'y trouvent ne sont là que pour arrêter
l'explosion du mal dont les révolutions françaises ont créé
la cause. Que les artisans de révolution n'aient pas la
liberté de se précipiter sur les États du Saint-Siège, le
peuple romain, livré à lui seul, ne remuera pas.

« N'essayez pas de lui faire entendre que le pouvoir
temporel des Papes est un obstacle au triomphe de la
cause italienne. Il vous demandera d'abord où est l'Italie ;
il voit des Italiens, mais une Italie, encore ,une fois où
la prendre ? Et puis la cause italienne, qu'est-ce que cela
veut dire ? En quoi consiste-t-elle ? C'est peut-être l'éloi-
gnement de l'étranger..... affaire d'une province ; le
peuple romain n'a pas à s'en mêler..... La véritable cause
italienne à ses yeux, c'est le respect de la justice, des
grandes stipulations internationales, des droits dont elles
sont le fondement, et l'inviolable intégrité du pouvoir
temporel du Saint-Siège, clef de voûte de l'édifice social,
garantie suprême de paix et de liberté pour la Péninsule,
trésor sacré qu'il importe de ne sacrifier ni aux rêves
des utopistes, ni aux calculs de quelques aveugles ambitions. (1). »

La conclusion de la Lettre de Mgr Plantier était pleine
de sombres pronostics que les événements ne devaient pas

____

(1) *Ib.*, p. 132.

tarder à justifier, de défiances et d'allusions qui déplurent en haut lieu, mais qui n'étaient que trop fondées.

« ... Prions, à la vue des complications qui paraissent se préparer, pour ceux que la Providence a placés à la tête des peuples. Sans doute, en ce moment, ils n'ont tous envers le Saint-Siège et sa puissance temporelle que des pensées de dévouement et de respect. Mais, quand on s'engage dans les hasards d'une grande lutte... souvent on est emporté plus loin qu'on ne croyait en débutant..... Implorons pour ceux entre les mains de qui reposent les destinées de l'Europe la grâce de pouvoir se contenir, de laisser Rome étrangère à des débats avec lesquels elle n'a rien à démêler et de se rappeler toujours qu'on ne touche jamais à ce rocher du Capitole, sur lequel repose aujourd'hui le trône pontifical, sans y briser souvent son sceptre et toujours son glaive et l'honneur de son nom (1). »

Bien qu'à la date où parut la Lettre de Mgr Plantier, la guerre avec l'Autriche n'eût pas encore éclaté, tous la prévoyaient et les esprits avisés, comme l'évêque de Nimes, pouvaient craindre qu'elle ne fût l'occasion d'agissements contre le Saint-Siège. Ces craintes expliquent les avertissements solennels de la conclusion que nous venons de citer. Mais sous quels prétextes et sur quel terrain pouvait-on ou allait-on attaquer le pouvoir temporel des Papes ?

Une brochure avait paru dans les premiers jours de l'année 1859, qui résumait la pensée de Napoléon III, *L'Empereur Napoléon III et l'Italie* (2). On y défendait le principe des nationalités, en particulier, pour l'Italie, que l'on voulait une, d'une unité fédérative, sous la présidence du Pontife romain. Tout ce que l'on demandait à celui-ci était d'apporter des améliorations à l'adminis-

---

(1) *Ib.*, p.p. 134-5.

(2) Elle était anonyme. On sut plus tard qu'elle était en grande partie d'Ambroise Rendu, publiciste catholique qui aurait voulu que le Pape se mît à la tête du mouvement italien. *Vie du Cardinal Pie*, t. I, p. 659.

tration de ses Etats, mais la nécessité de sa puissance temporelle était hautement affirmée.

Aussi Mgr Plantier essaya-t-il surtout de justifier l'administration pontificale après avoir prouvé que le pouvoir temporel des Papes est un pouvoir légitime voulu par Dieu pour l'indépendance et la glorification de la Papauté.

Ce que tous les hommes clairvoyants avaient prévu, sans pouvoir clairement exposer leur pensée en public, ne tarda pas à se produire, au cours de la guerre de la France avec l'Autriche. Facilitée par la conduite douteuse du prince Napoléon, une insurrection éclata dans les Romagnes, à Bologne et à Ravenne où le pouvoir pontifical fut aboli.

Les révolutionnaires de ces deux villes étaient les auteurs de cette insurrection. Qui étaient-ils, quels étaient leur but et leurs prétextes ? Mgr Plantier répondit à ces questions dans la Lettre pastorale qu'il écrivit au clergé de son diocèse, le 4 Novembre 1859, à l'occasion de l'allocution *Maximo animi nostri dolore*, prononcée par le Saint-Père dans le Consistoire secret du 26 septembre 1859.

Malgré leurs protestations de respect religieux pour l'autorité doctrinale et la puissance spirituelle de Rome, y disait-il, les fauteurs de désordre en Emilie n'éprouvent que de la haine pour le Vatican. Ils savent qu'aussi longtemps qu'il sera debout, il dénoncera leurs folies et « les frappera d'anathèmes auxquels répondra la conscience de l'humanité ; et parce qu'ils supposent qu'ils en viendraient plus sûrement à bout, si, au lieu de porter une couronne, le Souverain Pontife n'avait qu'une existence précaire, ils aspirent à dépouiller la Papauté de cette puissance temporelle qui, en ajoutant à son prestige, donne aussi quelque chose de plus solennel et de plus décisif aux coups de son autorité (1)».

Ce sont encore des ambitieux, étudiants, professeurs, avocats, petits lettrés ou nobles ruinés. Ils rêvent le réveil

____

(1) *Œuvres*, t. IX, p. 140.

de l'ancienne République romaine et, parce que la Papauté met obstacle à l'accomplissement de leurs vœux, elle n'est qu'un gouvernement oppresseur et détestable.

Les villes témoins de leurs attentats sont Ravenne et Bologne, la première « l'ombre d'une ville habitée par l'ombre d'un peuple » et qui, dans son ingratitude a oublié ses anciennes gloires religieuses ; la seconde, de tous temps, a été possédée par la fièvre de l'agitation. Siège d'une Université florissante, elle doit tout à Rome et ne tardera pas à voir, si elle persiste dans sa révolte, « ce qu'on gagne à repousser l'autorité douce, paternelle, dévouée, intelligente des successeurs de Pierre pour se livrer à des rhéteurs impies, à d'ambitieux intrigants ou à des soldats d'aventure. »

Que ces ennemis du Saint-Siège ne disent pas, pour justifier leurs usurpations, que le peuple des provinces qu'ils ont soustraites à l'autorité pontificale est las du joug de cette autorité. Dès les premiers jours de son règne, en effet, Pie IX a ouvert largement la barrière aux libertés et aux réformes politiques, il a fait tout ce que peut faire le souverain d'un Etat aussi faible que le sien pour favoriser l'essor de l'agriculture, du commerce et des arts. S'il n'a pas obtenu tous les résultats auxquels l'on est parvenu dans d'autres pays, c'est que la perspective de charger son peuple de taxes onéreuses l'a tenu en suspens.

Loin d'être mécontente du gouvernement pontifical, la masse de la population se désole des calomnies qui l'outragent et des rébellions qui le repoussent. Elle est vraiment le peuple à moins que l'on ne désigne de ce nom « l'écume du pays mêlée de quelque fange exotique ». Il n'y a qu'une minorité, et combien faible, qui ait pris part au vote d'où est sortie l'assemblée de Bologne. Cette **assemblée** a légitimé les faits accomplis. **Mais peut-on,** dès lors, parler du *vœu sacré des peuples*, surtout lorsqu'on sait que la terreur inspirée par de sauvages menaces a conduit un grand nombre de votants à l'urne électorale ? Le vœu sacré des peuples ! Principe élastique entre tous.

Ce vœu « est sacré quand il flatte ou favorise des ressentiments ou des convoitises qu'on adore ; il est sacrilège, quand il éclate contre 'nous et qu'on a sous sa main des armées assez formidables pour l'étouffer. » L'exemple de la Pologne, de l'Irlande et de l'Inde est là pour le prouver. Principe faux. Ce vœu peut aller contre le droit des souverains et, par lui, la vie des nations est menacée si, chaque fois qu'un groupe de factieux « réussit à bouleverser un empire et à mettre en question le principe de son gouvernement, on doit s'en rapporter aux suffrages qu'ils auront arrachés par le mensonge et la violence. »

Après avoir ainsi dénoncé les coupables du crime de lèse-majesté pontificale, l'évêque de Nîmes, en invitant ses diocésains à prier pour les peuples coupables, terminait sa lettre en formulant le vœu que le « successeur de Pépin et de Charlemagne », conservât au domaine de Pierre « le diadème de l'Exarchat et de la Pentapole que leur main victorieuse y avait attaché. » Souhait, il est vrai, dont l'expression n'était pas exempte de quelque crainte. « Qui sait, en effet, se demandait Mgr Plantier, si certains faits accomplis, si certaines situations créées par les derniers événements ne domineront pas leur bonne volonté, [des empereurs des Français et d'Autriche] et si tous leurs nobles désirs n'aboutiront pas à l'impuissance et au triomphe au moins partiel d'une révolution parricide ? » (1)

Ce que fit ou laissa faire « le successeur de Pépin et de Charlemagne », l'Empereur Napoléon III, nous le verrons dans un autre chapitre. Il nous faut auparavant, étudier, jusqu'à sa réalisation totale, l'œuvre progressive des révotionnaires aidés par les patriotes italiens et le gouvernement du Piémont dans la question romaine, et montrer avec quels arguments Mgr Plantier l'a dénoncée et critiquée.

L'insurrection des Romagnes ayant pleinement réussi, grâce à l'attitude adoptée par la France, le Piémont, pour

____

(1) *Ib.* t. IX p. 158.

qui cette insurrection avait été comme un coup d'essai, ne voulut pas s'arrêter en aussi bonne voie. Avec une ténacité et une souplesse remarquables il va, pendant plus de dix ans, de 1859 à 1870, chercher à réaliser par les moyens que les circonstances permettront, ou violents ou détournés, le rêve, chèrement caressé par les patriotes italiens, de l'unité de la péninsule.

Cette question de l'unité de l'Italie, Mgr Plantier l'a traitée avec quelque ampleur dans une de ses Lettres pastorales. (1) Disons-le tout de suite, il la résout avec une simplicité qui pourra paraître déconcertante, en affirmant qu'elle n'existe pas, c'est-à-dire qu'il est faux de prétendre que l'Italie se réveille et tend à reprendre possession d'elle même.

Que sont ces soi-disant *aspirations nationales*, demande-t-il, sinon le fait d'un seul ? « Un petit État se réveille un jour avec l'ambition de devenir un vaste royaume. Il étouffe dans le coin de terre qu'il occupe au pied des Alpes ; pour respirer à l'aise il lui faut l'Italie entière..... Une imperceptible tribu veut engloutir tout le reste et, pour justifier la voracité de son ambition, pour légitimer les moyens désordonnés par lesquels elle se propose de la satisfaire, elle en appellera les vœux coupables et les rêves désorganisateurs du grand nom d'*aspirations nationales* (2). »

Le Piémont a rallié autour de lui les esprits inquiets, remuants et perturbateurs. Mais « au-dessus de cette écume qu'on voit parce qu'elle est à la surface... l'Italie digne de ce nom ne partage nullement cette fièvre d'unité qui dévore les hommes de chimère et de bouleversement. » Entre les Italiens du Nord et ceux du Sud il est des différences telles que les uns et les autres aspirent au fond à leur autonomie propre.

---

(1) *Les perfidies de langage d'une certaine presse dans la question romaine* (21 Octobre 1864) Œuvres, t. x, p. 1, sq.

(2) Œuvres, t. x. p. p. 8 et 9.

Fûssent-elles aussi réelles qu'on le prétend, ces aspirations seraient-elle légitimes du seul fait qu'elles seraient nationales ? Évidemment non, car l'histoire nous apprend que les peuples ont leurs moments de délire comme les individus.

D'ailleurs, si cette tendance de l'Italie à constituer son unité était certaine, elle devrait marcher à son but par des voies légitimes. Le seul mot d'*aspirations nationales* ne suffit pas pour justifier tous les attentats contre les droits des Souverains que le Piémont s'est permis et grâce auxquels il est arrivé à ses fins.

Ce n'est pas que Mgr Plantier fût opposé à toute idée de reconstitution de l'Italie, mais cette reconstitution, il la voulait sous forme d'union plutôt que sous forme d'unité. Il donnait ses préférences à une fédération de tous les États de la péninsule sous la présidence du Pape. De la sorte, déclarait-il, les vraies aspirations nationales seraient satisfaites, et satisfaites par une constitution légitime. « L'Italie retiendrait par là tous ses foyers de vie locale auxquels elle a dû tant de gloire et rallumerait en même temps le foyer d'une grande vie générale... Les esprits les plus élevés de l'Italie contemporaine, ceux qui furent le plus dévoués à leur patrie, n'ont jamais rêvé d'autre unité pour elle. »

Poursuivant son idée, l'éminent prélat établissait les avantages des petits États, « création admirable de l'esprit chrétien. » « Il est beau, disait-il, de les voir debout et libres à côté des grands États qui les entourent. Le droit leur tient lieu de force ; devant eux les armées et l'ambition de leurs puissants voisins s'arrêtent comme l'Océan devant le grain de sable qu'il a reçu pour limite ; et c'est là un magnifique spectacle. Mais le génie des révolutions ne peut le supporter. Détruire ces duchés, ces royaumes secondaires, touchantes images de la vie de famille, symboles vénérables de la sainteté du droit et de la liberté, composer de leur débris je ne sais quels colosses informes qui rappellent Babylone, Ninive et la vieille Rome, et déguisent une immense servitude sous le mirage d'une énorme puissance, voilà le merveilleux régime qu'il s'efforce d'établir dans le monde. S'il fait prévaloir ses utopies, nous ne tarderons pas à voir tous les peuples d'Europe courbés, effacés et broyés sous le pied de trois ou quatre minotaures (1). »

Ce sujet des grands et des petits États, à propos de l'unité italienne, tenait à cœur à l'évêque de Nimes qui y revient dans une autre Lettre pastorale sur *la Crise de transformation que traversait le monde* (7 août 1866). Il y établissait longuement que les vastes États, — et l'Italie en sera un, si son unité se réalise, — seront possédés par une ambition sans limites, auront des gouvernements sans entrailles, des peuples sans liberté, un droit sans fondement et sans précision, perdront leurs souvenirs et possèderont une Église sans indépendance (2).

L'ambition des peuples en travail d'unité leur fait sacrifier, souvent même sous le prétexte d'une unité de race, de langue ou géographique, qui n'existe pas, les droits des autres États plus faibles. Or, c'est là un acte d'immoralité souveraine et de haute barbarie réprouvé par Dieu.

Au fond, à cette « reconstitution d'énormes nationalités païennes » les peuples ne gagneront pas la paix. Quand il n'existera plus que quelques États immenses, ces colosses animés les uns contre les autres de rivalités plus jalouses que jamais, se heurteront dans des guerres effroyables. Ils n'y gagneront pas la vraie civilisation, la civilisation chrétienne, qui s'est épanouie grâce au fractionnement de l'empire romain. Alors, en effet, à la place d'un seul foyer, l'intelligence humaine en a compté plusieurs, d'où, fécondée par le souffle de l'Évangile, elle a fait jaillir cette foule de nationalités plus ou moins brillantes dont chacune prise isolément a, pour le moins, égalé le lustre des sociétés antiques.

____

(1) *Ib.*, p. p. 12 et 13.
(2) *Ib.*, p. 197.

Autre résultat des grands Etats tels que l'esprit révolutionnaire les veut créer, c'est qu'ils posséderont des gouvernements sans entrailles et dans l'annexion et dans l'administration et dans la répression. Le césarisme régnera en maître, qu'il soit démocratique, royal ou impérial.

Que deviendra alors la liberté des peuples ? La Révolution s'est faite en France au nom de la liberté, ou plutôt de toutes les libertés, et elle les noya toutes dans le sang. « Les gouvernements de l'avenir pourront bien laisser aux peuples je ne sais quelles libertés subalternes, capables de les corrompre et de les préparer à l'asservissement. Mais les grandes libertés, celles qui honorent les individus et les peuples, celles que leur permettent d'avoir et de garder une certaine dignité politique, on tendra graduellement à les supprimer jusqu'à la dernière racine, parce qu'elles pourraient constituer un jour des points de résistance, et qu'on ne veut pas en rencontrer : libertés d'autonomie, de réclamation, de discussion, de suffrage et de conscience.

Les souvenirs de la patrie disparaîtront avec la disparition des petits Etats.

Mais, chose plus grave, dans les grands Etats, le droit sera sans précision et sans consistance. Jadis, les notions du droit étaient simples, invariables, partout et toujours les mêmes ; on savait à quoi s'en tenir au sein de chaque peuple et dans les relations de gouvernements à gouvernements, de nations à nations. Si désormais l'on fait dépendre le droit nouveau de la libre disposition des peuples à se choisir leurs gouvernements, il ne sera jamais clairement déterminé ni par rapport à sa mesure, ni par rapport aux conditions dans lesquelles il peut et doit s'exercer.

Enfin, le danger des grands Etats est qu'ils ont tendance à abolir radicalement l'indépendance de l'Eglise. Et pourquoi ? C'est parce que l'Eglise a du courage et de l'autorité pour protester contre les utopies et les violences des modernes régénérateurs. Aussi veut-on l'appauvrir pour diminuer son influence et la mettre dans l'impossibilité de retenir le cœur des peuples par ses œuvres de dévouement et de charité. « Représentation suprême du droit et de la liberté dans le monde, seule elle plaide sérieusement la cause et console affectueusement le malheur des peuples opprimés ; seule elle fait parvenir aux souverains persécuteurs des remontrances respectueuses et de courageux avertissements. Et comme la révolution marche dans des voies toutes contraires, comme elle est la complice de toutes les tyrannies et l'ennemie de toutes les libertés, alors elle se déchaîne avec une violence furieuse contre l'Église comme étant le grand obstacle à l'exécution de ses desseins » (1).

Pour tous ces motifs, Mgr Plantier se déclarait donc opposé au principe de l'unité de l'Italie dont l'application devait entraîner la chute du pouvoir temporel du Pape.

Cette unité, le gouvernement piémontais, en quelque dix ans, devait la réaliser et contre les moyens qu'il employa à consommer son œuvre, et diplomatiques et par l'action, soit violente, soit morale, Mgr Plantier n'a cessé de protester, toujours, sans trêve, debout sur la brèche.

Sur les moyens diplomatiques dont se servit le Piémont pour gagner l'Europe à sa cause ou tout au moins pour la rendre neutre, l'évêque de Nimes n'est pas aussi explicite qu'il aurait pu l'être. D'une part, en effet, il ne connaissait les mystères des chancelleries que par la voie des journaux et, d'autre part, le peu qu'il savait de ces moyens mettant surtout en cause l'Empereur Napoléon III, il devait, par prudence et par respect pour l'autorité de son pays, ne pas traiter la question à fond. Nous verrons plus loin ce qu'il pensait de la politique de non intervention de Napoléon III et dans quelles circonstances il la dénonça. Pour l'instant qu'il nous suffise de dire qu'il ne fut pas

____

(1) *Ib.* p. 221.

dupe des protestations de dévouement du gouvernement français à l'égard du Saint-Siège. Entre Victor-Emmanuel ou Cavour et Napoléon III, il devina et signala les liens de complicité qui existaient ; à mots couverts, avant 1870, ouvertement, après, il fit allusion à l'entrevue de Chambéry du 4 septembre 1860, où fut prononcée par l'Empereur « l'affreuse parole qui décida le guet-apens de Castelfidardo. »

En revanche, sur les moyens violents tout d'abord et puis « moraux » dont se servit le Piémont pour s'annexer les États de l'Église, il n'avait aucune réserve à garder et dans plusieurs de ses Lettres, il les stigmatisa avec toute l'ardeur dont son cœur d'évêque était capable.

Le gouvernement de Victor-Emmanuel avait profité des mouvements révolutionnaires aidés par lui dans les Romagnes pour se les annexer sous le manteau trompeur d'un plébiscite. Le 15 septembre 1860, les troupes sardes, elles-mêmes pénétrèrent dans les Marches et après un combat inégal à Castelfidardo contre l'armée pontificale et la prise d'Ancône, le Piémont s'adjoignait cette province ainsi que l'Ombrie. Usurpation sacrilège, déclarait l'évêque de Nîmes, et qui s'est opérée dans des conditions plus atroces que la première, et il jetait « un cri d'anathème à ceux dont les mains deux fois parricides n'avaient pas rougi de le consommer » (1).

Avant d'agir, le Piémont avait cru devoir adresser à tous les gouvernements européens un *Memorandum* pour justifier sa conduite. De ce document Mgr Plantier, dans sa Lettre du 10 octobre 1860, relevait les assertions erronées et les principes faux, malgré les protestations de de respect qu'il contenait à l'égard du Saint-Siège. Il niait cette assertion de Cavour, l'auteur du *Memorandum*, que la « paix de Villafranca avait assuré aux Italiens le droit de disposer de leur sort » puisque, par ce traité, les droits des souverains dépossédés avaient été réservés. Il contestait que l'Italie eût fait usage du droit de dispo-

______

(1) *Œuvres*, t. x, p. 386.

ser d'elle-même « avec un ordre admirable et sans qu'aucun des principes sur lesquels repose l'ordre social eût été ébranlé » et il le prouvait en montrant que le premier de ces principes, le caractère sacré du bien d'autrui, avait été violé. Il justifiait ensuite le gouvernement pontifical des reproches qui lui étaient adressés : refus de s'associer au grand mouvement national d'unité ; usage du pouvoir spirituel dans des vues politiques ; peinture de la situation de l'Italie, sous des couleurs fausses et sombres ; constitution d'une armée d'étrangers mercenaires à qui l'on ne pourrait tenir les promesses faites sans jeter dans la détresse des populations entières, armée, d'ailleurs, qui, par son manque de discipline, était un principe de trouble et empêchait le vœu national de se manifester.

Mais, déclarait Mgr Plantier, les attentats dont cet acte était le prélude n'ont pas été moins monstrueux que le *Memorandum* lui-même. Ils ont été précédés d'un ultimatum arrogant et, avant que Rome eût pu y répondre, les armées spoliatrices, sans aucune déclaration de guerre, envahissaient les Marches et l'Ombrie. De sauvages proclamations signées par leurs généraux les avaient exaltées ; une proclamation de Victor-Emmanuel élevait l'usurpation dont elles allaient se rendre coupables à la dignité d'un apostolat et d'un saint exemple.

Toute résistance de l'armée pontificale si inférieure en nombre était impossible. Son devoir cependant lui ordonnait de barrer la route à l'envahisseur. Obliger les soldats du Pape à livrer bataille, c'était donc « décréter contre eux les horreurs d'une boucherie... On n'a pas reculé devant cette extrémité féroce. Les hauteurs de Castelfidardo se sont chargées de reproduire les scènes sanglantes du Liban et, par la force des choses [s'est trouvée exacte] la terrible comparaison des mouvements italiens avec l'histoire de l'islamisme » (1).

Après la victoire on a eu la bassesse de flétrir les vain-

____

(1) *Ib.*, p. 319.

cus ; on a illuminé à Turin, on a loué à outrance les généraux vainqueurs, tandis que le roi Victor-Emmanuel, par un ordre du jour à ses soldats, ne craignait pas de dire « Dieu récompense celui qui le sert, non pas celui qui opprime le peuple et méprise le droit des nations ».

Tous ces faits affligeaient et révoltaient Mgr Plantier et en l'honneur des victimes de l'usurpation victorieuse il entonnait un chant d'admiration à Lamoricière, à l'armée pontificale, au Souverain Pontife dont la dignité de caractère n'avait pas fléchi sous le fardeau de tant de tribulations.

Réduite aux seuls États Romains, la puissance temporelle de la Papauté n'allait-elle pas bientôt tout à fait disparaître par la prise de Rome ? On put le craindre un moment, en août 1864, avant que les bandes garibaldiennes n'eussent été arrêtées par le Piémont, à Aspremonte ; mais la Convention signée, le 15 septembre 1864, entre le gouvernement français et le gouvernement italien, vint garantir au Saint Siège la possession tranquille et durable des lambeaux de domaine qui lui restaient. Le nouveau royaume d'Italie renonçait-il définitivement à ses prétentions sur Rome ? En aucune manière. Le ministère italien, en effet, qui avait signé la Convention devait déclarer, dans un rapport adressé au roi, en date du 19 septembre 1864, que la promesse de ne pas attaquer le territoire que les troupes françaises avaient occupé « ne détruisait ni ne diminuait, selon lui, les droits et les aspirations de la nation. Elle maintenait seulement le principe de l'application des seules forces morales, de l'emploi de tous les moyens que la civilisation moderne fournit pour le triomphe des idées de liberté et de nationalité ».

Aussi, que cette Convention ne fût qu'une étape dans le mouvement qui devait aboutir à faire de Rome la capitale de l'Italie, Mgr Plantier était justifié à le dire et le disait dans sa Lettre pastorale du 21 octobre 1864.

Il y déclarait croire à la loyauté de la France dans la conclusion de ce traité, mais l'attitude de l'Italie ne lui inspirait que des méfiances.

Comment ne pas craindre que tel fût le sens de la Convention pour le gouvernement de Turin, à la lecture « des journaux chargés, dans la péninsule, de représenter la révolution non pas dans ce qu'elle a de révolutionnaire, mais dans ce qu'elle a de modéré, de discipliné et d'officieux ? ». Pour eux, la Convention a paru consacrer, indirectement au moins, le droit de l'Italie sur Rome comme capitale et, entre autres preuves, ils donnaient celle-ci, que le gouvernement piémontais n'a pas été forcé à rétracter le vote du Parlement déclarant que Rome serait la capitale du royaume d'Italie ; ou encore cette autre, que la France a trouvé tout naturel que l'Italie entrât en négociations avec le Vatican pour se charger de la part de la dette romaine afférente aux provinces annexées. C'était reconnaître que, par la force des choses, au moins, le gouvernement de Turin était devenu propriétaire légitime de ces territoires. « Vaste bouclier s'étendant à la fois sur l'avenir de l'Italie pour en réserver tous les droits, et sur le passé pour en protéger les conquêtes (1), » tel apparaissait à l'évêque de Nimes le traité du 15 septembre.

Et qui ne verrait la justesse des remarques qui suivent ? « Rêves de journaux, dira-t-on ! C'est vrai. Mais malheureusement les rêves de ces journaux et de leurs frères ont été jusqu'à ce jour des prophéties. Ils ont prédit, en dépit des préliminaires de Villafranca et du traité de Zurich, tous les forfaits qui se sont accomplis sous le titre d'annexions. Je ne sais quelle sagacité satanique leur a fait obstinément voir *non*, dans des textes qui disaient *oui*, *oui*, dans des textes qui disent *non* ; et jamais, ou du moins presque jamais, ils ne se sont trompés. Tant de pénétration pour le passé nous effraye involontairement pour l'avenir... Trois fois heureux qui peut espérer sans réserve ! »

Les hommes officiels ont tenu un langage identique à celui des journaux. Trois points, pour eux, restent en

____

(1) *Œuvres*, t. x, p. 25.

dehors de toute atteinte : les droits de l'Italie sur Rome demeurent intacts ; pour aider à en conquérir l'objet, c'est-à-dire la possession de Rome, le traité ne défend point à l'Italie de faire agir, au sein de Rome même, des forces de *l'ordre moral* ; enfin, la substitution momentanée de Florence à Rome servira à peser sur Rome avec une efficacité plus puissante.

Entre un ministre de France qui promet le maintien du pouvoir temporel et des ministres italiens qui en prédisent la ruine prochaine, à qui se fier ? « Évidemment tous deux ne peuvent avoir raison. Il faut que quelqu'un nous trompe dans cette affaire, et bien certainement ce ne peut être la France. »

Les craintes de Mgr Plantier redoublèrent, lorsque les deux années fixées par la Convention pour le retrait des troupes françaises de Rome, se furent écoulées.

L'Italie officielle, écrivait-il le 7 octobre 1866, n'a jamais entièrement rétracté son fameux programme : Venise et Rome ; elle a pu se résigner à des ajournements, mais l'intention reste toujours la même, aussi bien que les prétentions. De plus, un brigandage d'origine mystérieuse infeste plus que jamais le domaine pontifical, l'armée italienne se masse, comme en 1860, sur les frontières du côté de l'Ombrie. Est-ce pour prévenir les incursions imprudentes que pourraient faire quelques bandes indisciplinées, ou bien « ne seraient-ce pas là les *moyens moraux* qui commencent à se mettre en œuvre pour préparer et ouvrir, quand l'heure fatale aura sonné, le chemin de la vraie capitale à l'Italie, enfin délivrée de sa servitude la plus honteuse, celle des prêtres et des papes ! »

Après le départ de l'armée de la France, il ne restera pour protéger Rome, que la parole du Piémont et la protection de la France. La parole du Piémont ! On sait ce qu'elle vaut. La protection de la France ! Mgr Plantier ne doutait pas qu'elle s'exercerait. Mais, demandait-il, « si l'invasion du dehors vient soutenir la rébellion du dedans, sous quelle forme se produira la protection de la France ?

Laissera-t-elle se renouveler sous les murs de Rome, le massacre de Castelfidardo ? ou bien fera-t-elle une expédition contre le gouvernement italien pour le forcer à tenir son serment et à se retirer dans le cercle de ses frontières (1) ? »

Que le gouvernement italien cherchât le moyen d'intervenir dans l'État romain à la faveur d'une sédition populaire pour occuper Rome, Mgr Plantier en voyait la preuve dans la conduite douteuse qu'il observait à l'égard de Garibaldi (2). Il feint de le jeter en prison, mais cette captivité apparente cache une impunité réelle et, après son arrestation, le grand révolutionnaire italien sera libre, comme avant, d'organiser ou d'encourager l'invasion criminelle qu'il médite contre les États pontificaux. Bien plus, ses bandes sont aux prises avec l'armée du Pape. Elles ont pu franchir la frontière sans attirer l'attention des postes italiens chargés de les en empêcher. Ces postes n'entendent pas le bruit de la mousqueterie ; les bandes poursuivies par les zouaves qui les ont battues tombent entre leurs mains ; ils ne les reconnaissent pas et les laissent s'en aller librement et se reformer ailleurs pour de nouvelles tentatives. Ou le gouvernement italien est incapable ou il est complice.

Le parti de l'action, d'ailleurs, grandit tous les jours, c'est une marée qui monte sans cesse et devient sans cesse plus menaçante. Les embarras qu'elle peut susciter, se compliquant de l'état désespéré des finances, risquent de précipiter bientôt l'Italie et le gouvernement dans un abîme d'où ils ne sortiront plus, si l'on ne donne à son activité formidable une diversion pour la distraire. Cette proie à dévorer, c'est Rome.

« Ne dit-on pas que l'invasion par l'armée régulière est décidée en principe et par égard pour le Saint-Père qu'on veut voir détrôner par les mains d'un roi plutôt que par le bras hideux de la révolution ? »

----

(1) *Ib.*, p. 227.
(2) *Lettre Pastorale* du 18 octobre 1867.

Sans doute, l'Italie a signé la Convention du 15 septembre, mais elle est habituée à ne pas faire honneur à sa signature et n'a-t-elle pas, le lendemain du jour où cette Convention fut acceptée par elle, déclaré, par la bouche de ses principaux hommes d'État, que le dit acte ne lui ôtait pas le droit de faire de Rome sa capitale ?

La France pourra-t-elle l'empêcher de mettre ses projets à exécution ? A tort ou à raison, l'Italie se figure avoir cent motifs de ne pas la craindre et elle ne sera maintenue dans le respect de la Convention ni par la reconnaissance ni par la peur, si tout doit se borner à des paroles.

La victoire de Mentana remportée sur les troupes de Garibaldi par l'armée pontificale et le corps expéditionnaire français jeta comme un rayon de joie dans l'âme de Mgr Plantier et parce que la troisième invasion des États du Saint Siège avait été repoussée et parce que de toutes parts les sympathies avaient éclaté en faveur de l'armée pontificale et que l'opprobre s'était amassé sur les bandes garibaldiennes et l'Italie elle-même.

Il se réjouissait cependant avec crainte et tremblement, car, disait-il, la révolution n'a pas désarmé : elle se vante d'agir une autre fois avec plus de prudence.

Et un autre motif de ses craintes était que le gouvernement italien n'avait ni désavoué ni châtié l'invasion garibaldienne. Il ne l'a pas désavouée, car Victor Emmanuel a simplement déclaré que son drapeau n'était pas celui sur lequel est écrit : *Destruction de l'autorité spirituelle du chef de la religion catholique* ; preuve évidente qu'il en a un autre, ayant pour devise : *Destruction du pouvoir temporel*. Il n'y a point eu de blâme énergique, sévère, de cette invasion ; tout s'est borné à des regrets qu'elle ait porté atteinte au droit royal de faire la paix ou la guerre.

On n'a pas plus châtié l'invasion qu'on ne l'a désavouée. Les soldats de Garibaldi, s'ils n'ont pas été soutenus, sont restés libres de se rendre où il leur plairait ; les blessés et les familles des morts ont reçu des secours. Quant à

Garibaldi, on ne lui a fait subir qu'un simulacre de captivité : captivité douce et dont il sait bien qu'il pourra facilement sortir.

Le bruit a couru d'une Conférence européenne qui réglerait les rapports de l'Italie avec le Saint Siège. Cette conférence ne sanctionnera-t-elle pas les faits accomplis ? Quelle sera la valeur de ses conclusions ? Est-il bien certain que jamais elle se réunisse ?

Rome n'a pour elle, à l'heure qu'il est, que la certitude du droit, l'honneur de la victoire et l'appui de la France. « Mais tout cela, si précieux qu'il soit, ne constitue qu'un point d'arrêt dans la tempête... L'Italie garde toujours la prétention d'avoir Rome pour capitale... Qui sait si [bientôt] les troupes régulières ne s'uniront pas à la vague démagogique pour en multiplier la force et en mieux assurer le succès ? » (1).

Trois ans plus tard, en effet, l'armée italienne pénétrait dans Rome, après un simulacre de résistance voulu par le Pape pour affirmer ses droits.

Avant de consommer l'usurpation des États Pontificaux et de leur capitale, le roi Victor-Emmanuel adressa à Pie IX une lettre, dans laquelle il essayait de justifier l'acte qu'il allait accomplir. Ce document, déclarait Mgr Plantier, le 16 février 1871, inspire d'autant plus de tristesse qu'il fait un étalage plus déclamatoire de piété filiale, à la veille même d'une entreprise où ce sentiment allait être outragé par un acte qu'il est impossible de ne pas appeler parricide. » « Tout ce que dit son auteur continue-t-il, la mission qu'il s'attribue, les excuses qu'il invoque, les promesses et les espérances qu'il exprime, les airs de délicatesse dont il se pare, tout cela déborde d'indignité jusque dans la moindre syllabe (1). »

Quelle était la mission dont le roi d'Italie s'était prétendu investi par les événements ? Celle de maintenir

(1) *Ib.*, p, 340.
(2) *Ib.*, p. 393.

l'ordre, dont il avait *senti le devoir de prendre la res-ponsabilité*. Mais, lui répondait l'évêque de Nimes, il y a des responsabilités que le devoir et l'honneur peuvent pres-crire d'accepter, mais qu'on n'a ni le droit, ni l'obligation de prendre. Maintenir l'ordre dans un pays dont on s'est emparé, qui n'a pas le moindre désir de votre appui et qui ne vous demande pas le service de lui assurer sa sécurité, n'est pas un devoir, c'est un forfait.

Car il est faux que des périls intérieurs aient menacé le Saint-Siège ou que des troupes étrangères, c'est-à-dire l'armée pontificale, aient été un foyer d'agitation et de périls évidents pour tous. Aussi peu sérieux était le dan-ger des périls du dehors. Si des périls étaient à craindre de ce côté, le Piémont devait les empêcher. A lui d'em-pêcher que l'orage se forme et franchisse la frontière pontificale : il en a fait à la France la promesse solen-nelle. Quant aux dangers du dedans, ils existaient si peu que la population romaine était fort loin de se montrer mécontente et que l'armée pontificale pouvait parfaitement comprimer toute tentative de révolte de quelques insen-sés.

Non moins fallacieuses sont les promesses de la Lettre royale. Elle prétend que le Souverain Pontife ne verra pas un acte hostile dans les mesures de précaution prises par le Piémont : étranges mesures qui consistent à forcer des frontières qu'on s'était engagé à ne point franchir ! Ou encore que le gouvernement piémontais se restreindra absolument à une action conservatrice et tutélaire. C'est-à-dire qu'il volera des provinces comme d'autres voleraient les fruits d'un verger. Pour de tels desseins n'est-il pas évident que le Saint Père s'entendra avec l'usurpateur de ses domaines, comme celui-ci l'y convie, et rendra efficace l'esprit de bienveillance qui n'a jamais pu s'éteindre dans son cœur pour l'Italie?

Ces souhaits le roi d'Italie les formule « avec une affec-tion de fils, avec une foi de catholique, avec une loyauté

____

(1) *Ib.*, p. 409.

de roi, avec un sentiment d'Italien » (1). Tous ces titres que se donne le souverain, l'évêque de Nimes les repousse avec indignation et en montre l'hypocrisie. Ce terme, d'ailleurs, convient à toute la lettre royale qui devait servir de prélude et, pour ainsi dire, frayer la voie au plus sacrilège des attentats.

L'invasion de Rome, en effet, a infligé à ses auteurs la flétrissure d'une immorale et barbare déloyauté.

Les Piémontais ont envahi le territoire romain comme des ennemis; ils ont ouvert une brèche dans les vieilles murailles de Rome, ils ont fait entrer après eux dans la ville des exilés romains, épaves souillées de diverses révolutions antérieures, des garibaldiens dignes de leur chef, ce général de théâtre arrivé à la renommée par la voie de la démagogie et du brigandage, des forçats libérés ramassés dans tous les coins de l'Italie, auxquels s'est jointe « je ne sais quelle légion de bacchantes éhontées, de harpies impudentes sorties de tous les égouts de Babylone, et destinées, dans la marche du vainqueur vers le Capitole, à représenter la pudeur comme des scélérats stipendiés devaient y représenter l'honneur et la probité (1). »

Toute cette foule a outragé des citoyens paisibles, tenté d'assassiner des prêtres, molesté les soldats de l'armée pontificale. Le nouveau gouvernement a multiplié les attentats contre la propriété privée et ecclésiastique; il a remplacé la législation romaine par la sienne propre; il a chassé les maîtres ecclésiastiques du Collège romain; les journaux catholiques ont été soumis à mille vexations; la morale et la religion publique ont été violées. Mais les pires attentats ont été commis contre le Saint Siège lui-même : dérision de plébiscites menteurs dont on s'est prévalu pour le dépouiller de son pouvoir temporel ; promesses de garanties de la part d'un pouvoir qui a toujours manqué à sa parole, vexations multipliées contre le Saint Père « emprisonné » dans la cité léonine; occupation du Quirinal; installation du prince Humbert et de la

_____

(1) *Ib.*, p. 413.

princesse Marguerite au palais de Monte Cavallo, demeure des Papes et qui « souillent par des festins de Balthazar non plus seulement les vases du temple, mais le temple lui-même ! »

Voilà quelle a été la politique du Piémont et comment il a achevé de lui-même l'usurpation des États pontificaux commencée avec la complicité de Napoléon III. Il a uni toutes les avidités de la violence à tous les cynismes de l'hypocrisie qui ont été peut-être les plus grands de ses crimes. Il semble qu'il ait « perdu non seulement la crainte de l'opprobre, mais l'intelligence même la plus élémentaire du déshonneur, et que, suivant l'oracle d'Ézéchiel, Dieu prélude pour [lui], comme pour Jérusalem coupable, aux horreurs de la ruine par le châtiment et les ignominies de la dégradation (1). »

Deux hommes avaient personnifié et mené à bonne fin l'œuvre spoliatrice du Piémont : c'étaient un aventurier et un roi, Garibaldi et Victor Emmanuel, le premier frayant la voie au second qui recueillait le bénéfice de ses entreprises.

Mgr Plantier les a flagellés tous deux, mais, comme de juste il a réservé ses coups les plus sanglants à celui qui plus encore que du pouvoir temporel des Papes était l'ennemi de leur pouvoir spirituel, « chancre » dont il voulait débarrasser l'Italie. Il a montré Garibaldi « nouveau pontife en cravache et en chemise rouge » se donnant comme le prophète des temps nouveaux, s'adressant tout à tour aux étudiants, aux prêtres, aux femmes italiennes, leur demandant de rejeter loin de leurs esprits cette forme du christianisme que Papes et cardinaux ont réussi à dénaturer et de ressusciter l'œuvre du Christ en en cherchant les restes au fond de leurs âmes, étincelles de l'âme de l'Infini.

Il l'a dépeint excommuniant les nations; déliant les sujets de leurs serments de fidélité ; déposant les rois, recevant de ses admirateurs les titres de Thaumaturge,

(1) *Ib.* p. 128,

d'Archange, de Sauveur, de Messie, de Dieu même. « Saint Martyr ! disait-on de lui. Sur son lit de souffrance le héros du peuple a racheté l'Italie, de même que le Christ rachetait l'humanité du haut de la Croix (1). »

Garibaldi est le grand prêtre de la révolution italienne. Il en est le grand acteur, promenant ses harangues furieuses en différentes cités, partout répétant son cri satanique : Rome ou la mort ! après qu'il a été deux fois empêché de s'emparer de la ville des Papes, en 1860 et en 1862, parce que le gouvernement italien ne jugeait pas que le moment fût venu. Mais il prépare toujours la marche définitive sur Rome sous les yeux complaisants de Florence dont il est l'instrument servile. Protée misérable, se prêtant aux rôles divers, mais toujours honteux qu'on lui fait jouer au nom de l'Italie ! Dans sa « pitoyable vanité », il s'imagine ne s'inspirer que de lui-même, mais il « n'a pas d'autre mérite que de monter et de parader sur les tréteaux, au signal du gouvernement italien qui [le] tient à la chaîne et le lance ou le ramène suivant les conseils ou les besoins de sa propre haine contre Rome (2). »

Naguère, il a cru qu'était venu le moment propice de s'emparer de Rome. Nouveau Nicanor gonflé du plus ridicule orgueil, dans sa « vanité puérile et sauvage il avait communiqué son ivresse et sa barbarie aux bandits » qu'il s'était adjoints. Le succès ne pouvait être douteux ; on n'aurait pas besoin du canon ou des fusils pour anéantir les *mercenaires étrangers, soutien de la tyrannie* pontificale ; *la crosse devait suffire.* Il était entendu qu'on *allait en finir, et en finir bien.* Mais Mentana a vu les soldats du Pape « s'élancer contre l'ennemi, plus bondissant que des lions, plus rapides que des aigles ». Les bandits et leurs chefs repassaient bientôt, en déroute, cette frontière romaine qu'ils avaient franchie naguère d'un pied si insolent. Défaite de courte durée, puisque

____

(1) *Memorie per la Storia de nostri tempi*, t. vi, p. 45. Torino. 1865. — Cité par Mgr Plantier. *Œuvres*, t. x, p. 250.

(2) *Ib.*, p. 303.

trois ans après, les bandes Garibaldiennes réussissaient à
entrer dans Rome à la suite de l'armée italienne.

Si Mgr Plantier est sévère pour Garibaldi qui, à ses
yeux, personnifiait la haine de l'Eglise, il admet quelques
excuses à la conduite de Victor-Emmanuel. Il a jugé que
ce prince n'avait pas su dominer le parti de la révolution (1). Son âme, en effet, a-t-il écrit, n'était pas entièrement pervertie et parfois le remords empoisonnait son
apparente exaltation. Mais Victor-Emmanuel est faible
par-dessus tout ; il se prête avec docilité, quoique avec
regret, à toutes les infamies qu'on lui demande. Il est vrai
que cette faiblesse est une des choses que Dieu a le plus
en horreur parce qu'elle porte en soi le germe de toutes les
scélératesses. A quoi n'a pas consenti le roi du Piémont ?
Il s'est annexé les Romagnes ; il a laissé se perpétrer le
crime de Castelfidardo et l'a glorifié ; avant d'envahir
Rome, il s'est laissé forcer la main pour adresser au Saint
Père une lettre digne de celles qu'on l'avait contraint
d'écrire au début de cette longue iniquité. Tous ces actes
il n'a pas su en comprendre la gravité ; « bien loin de là,
les mains pleines du fruit de ses larcins et rougies du sang
innocent qu'il a fait couler pour les accomplir, il lève
la tête et s'estime appelé à prendre une place glorieuse et

____

(1) Cette appréciation de Mgr Plantier qui fut formulée à la date du
16 février 1871 (*Œuvres*, t. x, p. 446), était motivée par les rensei-
gnements que lui avait fournis, en 1864, l'ancien précepteur du roi,
Mgr Charvaz devenu archevêque de Gênes. Après la guerre de 1859
avec l'Autriche, lorsqu'il fut question d'incorporer les Romagnes au
Piémont, Victor-Emmanuel se serait longtemps refusé à souscrire à
cette usurpation. Il aurait souhaité que Paris l'encourageât à dire :
non. Mais Paris lui écrivait d'aller de l'avant, comme il avait fait pour
la Toscane. La crainte d'être abandonné par la France le rendit faible
et il consentit à l'annexion des Romagnes. « Il en garda un regret
profond et plus d'une fois, en racontant ce fait au vénérable archevêque de Gênes, il se servit d'un terme flétrissant pour celui qui
l'avait poussé hypocritement à la consommation de cette iniquité.
A présent, toutes les barrières sont franchies... » — *Vie de
Mgr Plantier*, t. ii, p. p. 15, 16.

pure dans les annales de notre temps. Infortuné ! (1) »
Depuis qu'il est sur le trône, il n'a cessé, nouveau Constance, de désoler le Saint-Siège. « Qui jamais eût dit que
le sang des Humbert et des Amédée devait descendre
jusqu'à ce degré de déshonneur ! (2) » Le fils de Charles
Albert s'est écarté des grands exemples et des nobles traditions de sa famille. Mais « usurpateur du Capitole, il ne
sera pas plus ménagé que son complice de Sedan. Tous
deux s'en iront vers la postérité le front sillonné des
mêmes foudres, tandis que Pie IX, leur commune victime,
montera dans la gloire autant qu'ils seront eux-mêmes
descendus dans la honte. (3) »

------

(1) *Œuvres*, t. x, p. 446.
(2) *Ib.*, t. ix, p. 320.
(3) *Ib.*, t. x, p. p. 446, 447.

CHAPITRE VI

La Question Romaine (suite)

Le principe de non intervention et ses partisans.
Les défenseurs du pouvoir temporel :
le clergé de France.

Nous venons de voir le nom de Napoléon III associé à celui de Victor-Emmanuel et désigné comme lui par l'évêque de Nîmes à la vindicte divine.

Mais Mgr Plantier n'avait pas attendu la chute de l'Empire pour dénoncer publiquement la part que le gouvernement français avait prise à l'œuvre de l'unification de l'Italie et de la spoliation des Etats du Saint Siège. Dès 1859, à mots parfois couverts, car il était respectueux de l'autorité, mais significatifs pour qui savait lire, il avait montré le caractère ambigu, sinon hostile, de la politique impériale dans la question romaine. Et sans crainte de s'exposer à sa vindicte, il avait démasqué et critiqué cette politique qui peut ainsi se résumer : approbation et encouragement de l'unité italienne sous le voile de la non intervention.

Reprenant, depuis cette date, des faits déjà étudiés, mais sous un autre aspect, il nous faut maintenant suivre l'évêque de Nîmes dans sa critique de cette politique et le voir dénoncer à ses diocésains, après les révolutionnaires et le gouvernement italiens, spoliateurs du Pape, le gouvernement français qui les a aidés et approuvés.

Si Mgr Plantier avait éprouvé des craintes sur le sort du domaine de Pierre, lorsque la guerre contre l'Autriche fut déclarée, elles durent se dissiper, lorsque le traité de Zurich déclara que les droits du Souverain Pontife sur les

Romagnes restaient réservés et annonça la réunion d'un Congrès où serait résolue, de façon équitable, la question romaine. Avant même l'ouverture des hostilités, le ministre des cultes, M. Rouland, n'avait-il pas d'ailleurs, affirmé, dans une circulaire adressée aux évêques, que l'Empereur « voulait que le chef suprême de l'Eglise fût respecté dans tous ses droits de souverain temporel ? (1) »

Or, tandis que Pie IX se préparait à se faire représenter au Congrès, parut, en Décembre 1859, une brochure : *Le Pape et le Congrès* dont l'auteur, on le sut plus tard, était le Vicomte Arthur de la Guéronnière. Il avait tenu la plume, mais les idées qu'il exprimait étaient celles de Napoléon III. Le doute à ce sujet, si jamais il avait existé, ne fut plus possible lorsque fut connue par l'Encyclique du 19 Janvier 1860, la lettre très ferme du Pape à l'Empereur et la fin de non recevoir opposée par celui-ci à la demande du Souverain Pontife que les provinces de ses Etats qui s'étaient révoltées lui fussent rendues.

Quelles étaient donc les raisons de cette abstention du gouvernement français et comment prétendait-il résoudre la situation que les événements avaient créée ? Lisons la brochure anonyme ; nous y verrons que l'auteur, c'est-à-dire l'Empereur, qui s'affirmait « catholique sincère mais indépendant » prétendait que les exigences impliquées par un grand Etat ne pouvant être satisfaites dans les Etats pontificaux, il était à souhaiter que la puissance temporelle du Souverain Pontife dont la nécessité était reconnue, fût aussi restreinte que possible : « La ville de Rome en résume surtout l'importance, le reste n'est que secondaire. » Les faits accomplis avaient réalisé ce programme : Il suffisait pour « réconcilier le Pape comme souverain temporel avec son peuple et son temps » qu'ils fussent acceptés par le Souverain Pontife et que les grandes puissances lui assurassent la possession de la ville de Rome et du patrimoine de Saint Pierre.

Mgr Plantier ne pouvait rester insensible en présence

____

(1) Circulaire du 4 mai 1859.

d'un écrit que Pie IX devait déclarer « un tissu de contradictions » et nous avons vu qu'il fut un des premiers à le réfuter. A peine quinze jours s'étaient-ils écoulés depuis son apparition qu'une longue Lettre pastorale (1) jugeait le « libelle à la lumière des vrais principes du droit et de la raison. » Ses principes, il les exposait à propos de trois chefs principaux d'idées : les intentions de l'auteur ; les combinaisons qu'il repousse ; celles qu'il propose.

Quelles intentions animent cet étrange catholique ? La première est, déclare-t-il, qu'il prétend traiter avec calme un sujet qui a été « imprudemment passionné. » Et par qui ? demande l'évêque de Nimes. Par la presse révolutionnaire ? Par les journaux catholiques ? Par les évêques ? Ils n'ont fait que flétrir dans leurs lettres pastorales la spoliation dont le Souverain Pontife avait été victime.

Fallait-il la bénir ? « Parce que vous dissertez sur les angoisses du plus doux des pontifes avec l'insensibilité qu'un anatomiste mettrait à disséquer un cadavre, est-ce à dire que nous, les enfants aimés de cette grande victime, nous devions partager le déshonneur de vôtre impassibilité ? (2) » Voilà ce qu'ont fait les évêques. Loin de manifester de la défiance pour les intentions de l'Empereur vis-à-vis du Souverain Pontife, comme on les en a accusés, ils ne se sont pas même plaints de l'interdiction portée par le gouvernement de reproduire dans les journaux ceux de leurs mandements qui touchaient à la question romaine.

Vient ensuite l'intention doctrinale de l'auteur de la brochure qui n'est guère plus heureuse que son intention morale. Il se trompe lorsqu'il prétend que, pour certains, le pouvoir temporel des Papes est une question de foi.

---

(1) *Le Pape et le Congrès*. Lettre pastorale au clergé du diocèse de Nimes, à l'occasion d'une brochure qui portait ce titre. Nimes, le 5 Janvier 1860. *Œuvres*, t. IX.

(2) *Ib*. t. IX. p. 183.

Aucun théologien n'a soutenu cette prétention ; mais tous ont estimé qu'il était utile, nécessaire même d'une certaine nécessité morale, et même providentiellement établi.

Des intentions passons aux combinaisons que l'auteur écarte comme impossibles, relativement à l'organisation du pouvoir temporel.

Il prétend que « plus le territoire pontifical sera petit, plus le souverain sera grand » car « un grand État implique certaines exigences auxquelles il est impossible que le Pape donne satisfaction. » Pour un très grand État la chose est possible, répond Mgr Plantier. Mais pour un État moyen, il n'est aucune aspiration légitime des peuples que les papes ne puissent satisfaire. C'est de leur impulsion que la civilisation moderne, même pour les perfectionnements matériels, est sortie presque toute entière. Il n'est pas vrai non plus que le dogme et la tradition soient un obstacle aux lois. La foi de l'Eglise ne change pas, mais sa discipline qui forme comme le corps de ses lois est variable dans une certaine mesure. Ni immobilité, ni révolte, les habitants des Etats pontificaux ne sont pas acculés à l'une ou à l'autre de ces nécessités. « Le monde marchera et le laissera en arrière ; serait-ce vrai, il n'en résulte pas que, parce qu'un Etat n'en suit pas un autre il reste en arrière. Toute agitation n'est pas une gloire, tout mouvement n'est pas un progrès... Et qui nous assure que ce que vous appellerez marche rétrograde, dans les Etats Romains, ne sera pas prudent arrêt sur la route des écueils ? »

Autre erreur : le Pape doit vivre sans armée ; « sa mission n'est pas de faire couler le sang, mais de répandre des grâces. » Assurément le Souverain Pontife n'aspire pas à transformer son gouvernement en régime militaire, mais, représentant du Dieu qui s'est nommé le Dieu des armées parce qu'elles sont ici-bas le bouclier du bien et la terreur du mal, « s'il est obligé de verser le sang, on saura l'en bénir, à cause des désordres qu'il aura châtiés et des

périls qu'il aura fait disparaître par cet acte d'indispen-
sable et discrète énergie. »

Le gouvernement pontifical doit-il vivre sans représentation législative ? Le régime parlementaire ne lui convient
guère, en effet. Mais, pour que des lois puissent être
convenablement élaborées, est-il nécessaire qu'elles soient
soumises aux discussions d'une Chambre de députés
quelconque ? Si elles ne le sont pas, s'ensuivra-t-il que les
États du Pape seront, « pour ainsi dire, sans code et sans
justice ? » Sophisme odieux, déclare Mgr Plantier qui
montre avec quelle scrupuleuse impartialité la justice est
rendue à Rome.

Enfin, affirme-t-on, la souveraineté temporelle ne doit
pas obliger le Pape à jouer un rôle politique où il ne trou-
verait qu'une condition servile. Le contre-pied de cette
assertion serait plutôt l'expression de la vérité, car il est
bien évident que si le Pape est « englouti dans une simple
municipalité comme dans un tombeau, il sera traité
comme un pur néant par les puissances;... ses sujets seront
oubliés, ce qui est la plus humiliante de toutes les destinées. »

Enfin, la dernière partie de la brochure anonyme met en
avant les projets de son auteur relatifs aux conditions dans
lesquelles devrait s'exercer à l'avenir la puissance temporelle de la Papauté.

Puisque le Pontife romain ne peut posséder un territoire
étendu, que Rome lui appartienne et qu'il ne soit à la tête
que d'un territoire restreint. Ainsi, répond l'évêque de
Nîmes, « dans vos arrangements arbitraires, vous ne
laissez à Rome que Rome même; et cela, sans vous
préoccuper du fondement sur lequel est assis le droit des
Papes aux parties de leurs domaines qu'il vous plaît de
supprimer... tout simplement, parce que, dans vos illusions de *catholique sincère*, il vous plairait de voir la
Papauté réduite à n'avoir d'autre empire que les cours et
les jardins du Vatican. Mais nourrir volontairement cette
pensée, la traduire froidement en proposition qu'on estime

digne d'être soumise au Congrès, c'est approuver la plus infâme spoliation, c'est sourire à la plus sacrilège des iniquités... C'est l'immolation du faible par le fort, le sacrifice du droit aux caprices de la brutalité (1). »

Pourquoi, d'ailleurs, avoir choisi Rome comme siège de la Papauté? N'est-elle pas la ville la plus agitée des États pontificaux ? Lui enlever toute grandeur politique, la condamner à être isolée dans cette Italie dont elle fut la reine et la vouer à cette déchéance parce qu'elle aura le Pape, c'est la mettre en esprit de révolte perpétuelle contre son autorité. Système odieux où le Pape au lieu d'être vénéré comme un père, sera maudit par les Romains comme un génie funeste à leur grandeur. Vis-à-vis des Romains, ce rêve d'écolier n'est autre chose qu'une utopie à la fois naïve et brutale. On veut transformer Rome en un vaste monastère : conception qui, sans doute, ne plaira pas à tous les Romains.

Le Pape relégué à Rome aura pour vivre un budget que lui constitueront les puissances catholiques et qui, de la sorte, sera international.

Admirable invention, mais qui ferait au Pape une situation subalterne, puisqu'il serait réduit à tendre la main, incertaine parce qu'il ne saurait jamais ni ce qu'il devrait espérer, ni ce qu'il devrait craindre; précaire puisque, d'une année à l'autre, l'apport de telle nation à son budget pourrait être supprimé.

On ajoute : une milice italienne assurera la tranquillité et l'inviolabilité du Saint-Siège. Autre utopie. Cette milice ne dépendant que de la fédération italienne, ne pourrait-elle plus d'une fois recevoir la mission d'opprimer et d'asservir le Pape? Il est permis de concevoir cette crainte.

Si nous n'admettons pas tous ces plans que propose l'auteur de la brochure, ne ferons-nous pas, demande Mgr Plantier, une exception en faveur des Romagnes? Ne

____

(1) *Œuvres*, t. IX, p. p. 203, 204.

faudra-t-il pas consentir qu'elles restent séparées du domaine pontifical ?

Non, déclare-t-il, leur abandon ne *grandira* pas *moralement* le Saint Siège, « parce qu'il serait l'abdication d'un droit sacré, séculaire, incontestable, devant le fait criminel et brutal d'une rébellion... L'énergie de la protestation, telle est la force des faibles ; par elle, un gouvernement sans armée recueillera l'admiration de l'avenir. »

Comme pontife le Pape sera toujours grand, si abaissé que soit le prince que son indépendance veut qu'il soit, et dont le prestige serait réduit à rien si on ne lui laissait que quelques lieues carrées pour domaine.

Mais la force serait nécessaire pour faire rentrer les Romagnes sous le joug pontifical. Est-ce bien sûr ? Que le Piémont retire d'un territoire qu'il ne devait pas violer, ses généraux et les bandes de volontaires étrangers qu'ils ont sous leurs ordres, bien des probabilités existent pour faire espérer qu'une réaction immédiate éclaterait en faveur du Saint Siège.

Après tout, pourquoi les armées des grandes nations catholiques n'interviendraient-elles pas pour venir en aide aux armées du Pape ? Ce qui s'agite à Bologne, ce n'est pas une cause purement italienne : c'est une question d'ordre général. « Que le principe représenté par la révolution triomphante s'y enracine définitivement et sans retour, toutes les notions du droit public seront anéanties et tous les trônes en péril. » Cette intervention ne diminuera ni l'autorité du Pontife, ni celle de l'Eglise.

Il est donc impossible pour toutes ces raisons que le Congrès enregistre un fait accompli. Le supposer c'est l'insulter dans sa dignité, dans son bon sens et sa délicatesse. S'il se tient, il ne ratifiera pas ou ne décrétera pas vis-à-vis du Saint Siège la plus inique et la plus inintelligente des spoliations.

Le Congrès ne se tint pas ; car, peu de temps après la publication de la brochure *Le Pape et le Congrès*, le 31 décembre 1859, Napoléon III, répondant à une lettre où Pie IX lui demandait de protéger de son puissant patronage, dans le Congrès de Paris, l'intégrité et l'inviolabilité de la domination temporelle du Saint-Siège, avait conseillé au Souverain Pontife de renoncer à la possession des Romagnes, cette renonciation, disait-il, étant le seul remède au trouble présent des affaires.

La volonté expresse de l'Empereur de ne pas intervenir dans les affaires romaines se manifesta de façon encore plus évidente, quelques mois plus tard, lors de l'invasion des Marches, en septembre et octobre 1860, et du désastre de Castelfidardo, le 18 septembre 1860. L'Empereur se contenta-t-il de ne pas intervenir ? Beaucoup en ont douté et l'ont accusé de complicité. « Le mot de complicité » pour qualifier sa conduite est peut-être « trop dur », a écrit M. P. de la Gorce (1), «mais le mot de faiblesse serait certainement trop doux. »

Quoi qu'il en soit, Napoléon avait laissé faire. Il avait manqué à sa promesse de maintenir dans son intégrité la puissance temporelle du Souverain Pontife. Dès lors, l'Empereur, malgré ses protestations contraires, s'était rangé dans la catégorie des ennemis du Saint Siège.

C'est à partir de ce moment que Mgr Plantier fit pour la première fois la critique ouverte du gouvernement impérial. Ses rapports avec le Pouvoir avaient été tout d'abord, au début de son épiscopat, presque intimes. Les monarchistes nimois lui avaient même, pendant lontemps, gardé rancune d'une phrase de la Lettre pastorale, dans laquelle il annonçait à ses diocésains la naissance du Prince impérial. (2) Ils y avaient vu une allusion à la stérilité qui frappait la branche aînée des Bourbons, alors

____

(1) *Histoire du Second Empire*, t. III, p. 408.

(2) « Pour bénir la générosité de l'aveu [du Prince, que sa force et sa mission viennent d'en haut], jointe au mérite des actions accomplies, Celui dont le souffle dessèche ou féconde les tiges royales lui donne de renaître dans une image de lui-même, et lui permet de croire à la stabilité de son sceptre et de sa fortune. » — *Vie*, t. I, p. 258.

que sous la plume de l'évêque cette phrase n'avait été qu'une image biblique dépourvue de tout sens blessant.

Cette intimité dura peu. Contristé de l'accueil que les évêques avaient reçu aux Tuileries, lors du baptême du Prince impérial, Mgr Plantier n'entretint dans la suite que des rapports courtois avec l'Empire, déclinant même la proposition qui lui fut faite de prêcher un Carême à la cour.

La question romaine allait accentuer cette désaffection et ranger l'évêque de Nimes dans la catégorie des prélats que l'Empire considérait comme ses ennemis.

Déjà, à la fin de sa lettre sur *Le Pape et le Congrès*, Mgr Plantier avait adressé à Napoléon III un pressant appel à sa loyauté et à sa gratitude vis-à-vis du Saint-Siège. Il le couvrait d'éloges en le déclarant incapable de manquer à la parole donnée et de renier le souvenir des bienfaits de la Papauté à l'égard de sa famille. Mais ces éloges ne pouvaient être, en la circonstance, que des conseils discrets. Aussi le langage de l'évêque déplut-il en haut lieu, on lui en voulut d'un zèle pour la défense de l'Eglise qui menaçait d'être embarrassant.

Quelle ardeur pour soutenir la conduite du Saint-Siège animait Mgr Plantier, le ministre des cultes, M. Rouland, dut le constater lorsqu'il adressa à l'épiscopat français, par la voie du *Moniteur*, une circulaire où il l'engageait à ne pas prendre la défense du Souverain Pontife, coupable de lutter pour des intérêts temporels comme prince et non comme vicaire de Jésus-Christ. L'évêque lui adressa un long mémoire secret dans lequel il suppliait l'Empereur « au nom de son fils, au nom de sa gloire, au nom de son avenir » de changer généreusement de politique et de venir en aide au Saint-Père.

Cependant, même après la publication de l'encyclique *Nimis certe verbis*, et du commentaire qu'il en donna, il s'abstint de blâmer publiquement la conduite de l'Empereur. Il fit de même, le 18 juin 1860, dans la Lettre pastorale où il réfute les accusations portées contre le clergé français à propos du parti que celui-ci avait pris dans la question romaine. Il le justifiait du reproche d'oublier les services rendus par l'Empereur à la religion et de se défier de ses paroles et de ses intentions. Si l'épiscopat, écrivait-il, a publié l'Encyclique c'est parce que, placé entre Rome et les autorités séculières, dans une question canonique, il ne pouvait cacher les solutions que le Pape donnait, fussent-elles contraires à celles de l'Empereur. Mgr Plantier ne dit rien encore qui laisse supposer que le gouvernement français ait été complice des événements qui se sont déroulés en Italie. Sa prudence à ce sujet est extrême. Il la manifesta encore en demandant à son clergé de s'abstenir de prendre une part trop ouverte au mouvement de pétitions en faveur des droits du Saint-Siège.

La voie dans laquelle l'Empire s'était engagé était telle, cependant, qu'une rupture devait éclater entre lui et l'évêque de Nimes. La Lettre de Mgr Plantier du 10 octobre 1860, sur l'invasion des États Pontificaux la laisse entrevoir, mais elle ne sera consommée que le 22 mars de l'année suivante lorsque le prélat, voulant enfin libérer sa conscience, exposera « sans commentaires » les faits qui permettaient de supposer que le gouvernement français était complice dans les attentats perpétrés contre le Saint-Siège.

Dans cette dernière lettre, en effet, Mgr Plantier ne se contentait pas de manifester son étonnement de la contradiction qui régnait entre les faits et les promesses faites par la France de maintenir tous les droits temporels de la Papauté (1), il détaillait tous les actes du Pouvoir qui justifiaient ces tristesses. » A Dieu ne plaise, procla-

---

(1) « Le Piémont a marché de spoliations en spoliations, comme si, par avance, il avait été sûr de l'impunité. S'il a dit vrai dans le commentaire de notre conduite [que le rappel de notre ambassadeur n'était pas une rupture diplomatique], pourquoi des protestations dérisoires? S'il a dit faux, pourquoi lui permettons-nous de compromettre aux yeux du monde, notre réputation de franchise et de loyauté ? ...Nous avons fait verser le sang de plus de cinquante

mait-il, que nous jetions le moindre doute sur la sincérité des protestations de dévouement au Saint Père tant de fois exprimées et réitérées par le gouvernement impérial ! A Dieu ne plaise que nous osions nier les services qu'il a rendus à Pie IX et à l'Eglise ! Mais enfin, à côté de certains discours, il y a eu d'autres discours ; à côté de certains faits, il s'est placé d'autres faits... qu'il nous était impossible de ne pas envisager avec inquiétude. »

Et, successivement, l'évêque de Nimes montrait les réticences et le vague des déclarations officielles en faveur du Saint Siège ; la conformité de pensées entre l'Empereur et l'auteur de la brochure *Le Pape et le Congrès* — cet écrit qui, selon l'expression d'un diplomate anglais, a fait perdre au Pape la moitié de ses domaines et empêché la réunion d'un congrès — ; les déclarations du ministre des cultes que « la force d'évènements imprévus peut contraindre les plus loyales intentions à se modifier elles-mêmes. »

Il s'attristait des prétentions du Gouvernement français à accuser le Souverain Pontife de confondre deux ordres d'intérêts nettement distincts et à lui conseiller de faire le sacrifice d'une partie de ses domaines.

Il constatait encore avec amertume les difficultés suscitées à l'emprunt pontifical et au denier de Saint Pierre, les tracasseries dont avaient été victimes les défenseurs de la Papauté, la suppression de *l'Univers*, et surtout la partialité révoltante que le Gouvernement impérial avait manifestée pour Turin au détriment de Rome. Le Piémont s'est joué de la France ; cependant les organes accrédités du pouvoir ont apprécié sa conduite avec une trop indulgente modération et n'ont réservé leur indignation que contre la Papauté.

De telles déclarations du courageux évêque de Nimes

mille hommes pour l'intégrité de l'empire turc auquel nous n'avions rien garanti, nous n'avons pas sacrifié un soldat pour l'intégrité du domaine du Saint-Siège que nous devions faire respecter. » *Œuvres,* t. IX, p. 323.

ne pouvaient manquer d'attirer sur lui des marques de réprobation du Gouvernement. Elles lui vinrent, mais à propos d'un autre acte de l'Empire, vexatoire pour les consciences catholiques, la dissolution du Conseil central de la Société de Saint Vincent-de-Paul. Mgr Plantier protesta hautement contre cette mesure auprès du ministre des cultes, M. Rouland, qui lui répondit, sur le ton mi-hautain, mi-onctueux qui lui était habituel et avec lequel il prétendait faire la leçon à l'épiscopat : « Je vous supplie, Monseigneur, écrivait-il à l'évêque de Nimes, de vouloir bien vous abstenir désormais de m'adresser sur nos affaires religieuses ou politiques des lettres dans lesquelles j'aurais encore à déplorer des insinuations et des violences. Je n'y saurais, en effet, convenablement répondre sans une vive souffrance pour moi-même et sans un grave dommage pour la religion, dont il faut respecter les ministres, même quand ils s'égarent des voies de la sagesse et de la charité (1). »

Pour frapper Mgr Plantier, le Gouvernement impérial ne trouva rien de mieux que de donner l'ordre secret aux fonctionnaires de cesser toute relation avec l'évêque. Il espérait, leur disait-il, » que cet isolement du prélat lui inspirera de salutaires réflexions et le ramènera à une conduite plus conforme aux convenances et au respect pour le gouvernement de l'Empereur, dont les hauts dignitaires du clergé doivent être les premiers à donner l'exemple (2). »

Mgr Plantier était ainsi puni de la clairvoyance, qu'il avait apportée à mettre en relief l'attitude de l'Empereur dans la question romaine, de sa persévérance inlassable et intransigeante à défendre les droits du Saint-Siège, enfin, de ses expressions indignées contre les ennemis de la Papauté.

Il ne fut jamais poursuivi, cependant, comme d'abus, ainsi que le fut Mgr Pie, pour ses allusions à la conduite

____

(1) Lettre du 5 novembre 1861. — *Vie*, t. I, p. 525.
(2) *Vie*, t. I, p. 536.

de l'Empereur dans la question romaine. D'autre part, il s'abstint de publier l'Encyclique *Quanta Cura* et le *Syllabus*, en 1864, tout en exposant indirectement, par une manœuvre habile, toute la doctrine pontificale, dans sa Lettre *Pie IX défenseur et vengeur de la vraie civilisation.*

Aussi évita-t-il le sort de l'archevêque de Besançon, le cardinal Mathieu, et celui de l'évêque de Moulins, Mgr de Dreux-Brézé, qui, pour avoir lu à leurs diocésains ces deux documents, furent déférés au Conseil d'Etat. Mesure contre laquelle, d'ailleurs, Mgr Plantier protesta dans une lettre adressée de Rome, le 6 janvier 1865, à M. Baroche, alors ministre de la justice et des cultes.

Après les événements de 1859 et de 1860, qui avaient réduit le domaine pontifical à la seule province et à la seule ville de Rome, le programme de Napoléon III était devenu une réalité. Mais cette province, le nouvel Etat italien l'encerclait de toutes parts et son Parlement avait voté une loi déclarant que Rome serait la capitale du royaume d'Italie. Le monde allait-il voir sous peu les troupes italiennes envahir la ville des papes ou les bandes de révolutionnaires commandées par Garibaldi y faire éclater un mouvement populaire et, à sa faveur, donner prétexte au gouvernement de Florence à l'occuper ?

Pour parer à ces dangers fut signée entre les gouvernements français et italien la Convention du 15 septembre 1864 en vertu de laquelle Victor-Emmanuel s'engageait à respecter l'Etat pontifical et la France à retirer ses troupes de Rome dans un délai de deux ans.

Que la France fût sincère et loyale dans ce traité, Mgr Plantier déclarait le croire sans réserve. « D'une part, disait-il dans sa *Lettre pastorale à l'occasion de la Convention du 15 septembre*, elle a cru sauver dans la mesure du possible, les droits et les Etats du Saint-Siège ; de l'autre, elle a considéré les garanties du gouvernement italien comme sérieuses et capables d'assurer au Pape la possession tranquille et durable des lambeaux du domaine

qui lui restent. » (1) « Il est impossible, ajoutait-il, que le
gouvernement de notre pays n'ait défendu Rome, pendant
quatorze ans, contre la révolution frémissante que pour
la lui livrer en proie par une trahison diplomatique. »

Mais cette convention avait un grand défaut : indirectement elle sanctionnait et régularisait tous les actes du
passé, et, par là,autorisait toutes les tentatives de l'avenir.
C'est ainsi du moins que l'avait comprise la presse italienne. Or, elle avait été trop bonne prophétesse, depuis
les préliminaires de Villafranca et le traité de Zurich,
dans ses prédictions de résultats directement contraires
à ceux promis dans les conventions antérieures pour que
l'on fût en droit de se demander s'il était parfaitement sûr
qu'elle s'abusait « en saluant, au bout de la Convention du
15 septembre, la chute du pouvoir temporel et non pas sa
consolidation. »

Les espérances que la Révolution avait pu concevoir
furent cependant trompées lorsque plus tard, le 3 novembre 1867, la petite armée pontificale, aidée par un corps
expéditionnaire français, repoussa à Mentana les bandes
garibaldiennes qui avaient réussi à pénétrer dans les Etats
pontificaux.

La France était intervenue. C'était là, déclarait
Mgr Plantier, un grand sujet de joie pour son cœur
d'évêque. Lors de Castelfidardo, « la France lançait des
notes diplomatiques ou faisait sentinelle au Vatican. Cette
fois, nous nous sommes mêlés à la lutte ; les glorieux
jours de 1849 se sont levés de nouveau sur nos armes, le
sang de nos guerriers et celui des soldats pontificaux ont
coulé pour la même cause et sur le même champ de
bataille, et nous avons servi la Papauté comme Pépin et
Charlemagne surent autrefois la défendre. »

Rayon de joie, reconnaissait l'évêque de Nimes, parmi
de nombreux motifs de crainte pour l'avenir... car, l'Italie
garde toujours la prétention d'avoir Rome pour capitale ;

____

(1) *Œuvres*, t. x, p. 21.

si le flot de l'invasion garibaldienne a reculé pour un jour, c'est pour revenir peut-être bientôt battre avec plus de violence les murailles du Vatican. Qui sait, si, à ce moment, les troupes régulières ne s'uniront pas à la vague démagogique pour en multiplier la force, et en mieux assurer le succès ? Qui sait si la France qui, cette fois, est arrivée juste à temps, dans une nouvelle expédition n'arriverait pas trop tard ? (1) »

La logique des événements devait donner raison à Mgr Plantier. Le 20 septembre 1870, à la suite du retrait des troupes françaises, l'armée italienne entrait à Rome par la porte Pie. Dès le 30 septembre, l'évêque de Nimes protestait contre cette nouvelle usurpation « avec toute l'indignation de son âme » et quelques mois plus tard, le 6 février 1871, une Lettre pastorale établissait le *contraste voulu par la Providence entre la grandeur de Pie IX captif et l'abaissement de ses spoliateurs vainqueurs ou vaincus.*

Le spoliateur était Napoléon III. Tout en se gardant d'oublier le respect que méritent toujours de hautes infortunes, Mgr Plantier se permettait de voir dans sa chute tous les caractères d'un châtiment divin.

Certes, les avertissements n'avaient pas manqué au chef de l'Etat français et l'évêque de Nimes rappelait, en s'excusant de le faire, toutes les Lettres et publiques et privées qu'il avait écrites sur la Question romaine, toutes les craintes qu'il avait formulées, tous les conseils qu'il avait donné à l'Empereur. Dieu lui-même avait fait la leçon à celui qu'il devait abattre. Sa politique se heurtait chaque jour à de nouveaux embarras ; elle ne voulait pas voir la force de l'Allemagne qui aurait dû ne faire l'objet d'aucun doute ; elle n'avait su se ménager aucune amitié à l'extérieur. Aveuglement trop profond pour être naturel, qui fut suivi d'une capitulation sans exemple et d'une déchéance honteuse pires que celles de Napoléon Ier.

____

(1) *Ib.*, p. 340.

« C'est ainsi que s'est affaissé ce gouvernement dont nous avions lu la ruine dans la conspiration qu'il avait organisée contre le pouvoir temporel du Saint-Siège. Il semblait, mais surtout il affectait de se dire inébranlable ; et voilà pourquoi il est tombé subitement par un de ces coups imprévus et terribles où les esprits, même les plus incrédules, sont contraints de reconnaître le doigt de Dieu... Une fois de plus a été remise sous nos yeux la statue de Nabuchodonosor et sa ruine épouvantable. Le colosse était debout dans son orgueil ; une petite pierre détachée de la montagne est venue frapper ses pieds d'argile. Ce sont les excommunications lancées par le plus faible en apparence des pouvoirs d'ici-bas, celui du Saint-Siège blessé dans ses droits. Sous le choc de cet atome, le géant d'or, d'argent et de fer est tombé en pièces, et le souffle de la fureur céleste en a dispersé la poussière. (1) »

C'est sur cette page éloquente et vengeresse que se clôt l'histoire des rapports de l'évêque de Nimes avec le gouvernement impérial relativement à la question romaine. Ces rapports furent ceux non d'un ennemi passionné, mais d'un homme clairvoyant qui, débrouillant, dès les premiers jours, sous le couvert des paroles mensongères, la trame des manœuvres ourdies contre le Saint-Siège, sut faire entendre inlassablement le cri de sa conscience. Sans provocations, avec prudence dans l'action, il avertit le pouvoir tout puissant, lui rappela ses engagements antérieurs, lui signala les dangers de sa conduite. S'il ne fut pas écouté, il s'acquitta du moins de ce qu'il crut être un devoir et noblement joua le rôle du conseiller qu'on ne veut pas entendre, mais dont les conseils peuvent rendre à la vie.

Révolutionnaires et patriotes italiens, hommes d'État français qui les avaient couverts de leur protection plus ou moins dissimulée, Mgr Plantier s'était élevé contre leurs

---

(2) *Ib.*, p. p. 300, 301.

théories et leurs actes et, courageusement, sans se lasser, les avait démasqués et combattus.

Or, voici qu'il se trouve des hommes qui, érigeant en théorie la conduite du gouvernement français, non seulement l'approuvent après y avoir participé, mais, dans les journaux et à la tribune critiquent amèrement le Souverain Pontife et reprochent aux évêques de prendre ouvertement son parti. Ces hommes étaient-ils des catholiques ? Oui, car on ne peut douter de la sincérité de leurs convictions religieuses, mais ce sont des catholiques d'un état d'esprit particulier. S'ils s'inclinent respectueusement devant la puissance spirituelle de la Papauté, ils nient ses droits à se servir de cette puissance pour défendre ses intérêts temporels et parce qu'elle le fait, ils s'élèvent violemment contre ce qu'ils appellent « ses abus de pouvoir ».

Eux aussi étaient les ennemis du Saint-Siège et Mgr Plantier ne leur a pas épargné ses coups.

Pourquoi le vicomte de la Guéronnière, M. Billault, le président de cour, M. Bonjean et l'ancien ministre des cultes devenu directeur de la Banque de France, M. Rouland, étaient-ils opposés sinon à la puissance temporelle de la papauté, du moins à la façon dont elle la défendait ? C'est parce qu'ils étaient imbus des maximes du gallicanisme parlementaire (1). En passant par Portalis, le rédacteur des articles organiques du Concordat, ils se rattachaient, du moins pour le fond des idées, à Le Vayer et à Pierre Pithou, l'auteur du fameux livre : *Les libertés de l'Eglise gallicane*.

Selon eux, l'autorité civile a le gouvernement de tout ce qui n'est pas strictement du domaine religieux et la surveillance de toutes les manifestations extérieures de la vie religieuse. Hors les questions de foi, tout ce qui concerne l'Eglise est naturel et humain et par suite soumis à la puissance temporelle, car il ne peut y avoir que deux

(1) Sur le *Gallicanisme* voir l'article de M. Debruel, *Dictionnaire de théologie catholique* de Vacant et Mangenot, fasc. XLV, col. 1000 à 1137.

ordres de choses et dans son domaine l'Etat doit être souverain. Ainsi, non seulement les gallicans parlementaires ne veulent pas reconnaître le pouvoir indirect de l'Eglise sur l'Etat, revendiqué par la Papauté, dans les questions qui touchent à la morale et au dogme, mais encore, prenant le contre-pied de cette doctrine, ils affirment que l'Etat possède un pouvoir indirect sur l'Eglise. Grâce à ce pouvoir, tout ce qui est extérieur est, de droit naturel, soumis à la puissance qui fait les lois.

Il est inutile, croyons-nous, d'insister sur les dangers où peut conduire cette doctrine. En la pratiquant, les Parlements de l'Ancien Régime avaient, le mot est de Loménie de Brienne, envahi toute la sphère réservée à l'Eglise.

Avec le temps et depuis la constitution d'un Etat de plus en plus laïque, ces doctrines avaient perdu de leur force et de leur actualité, mais il en restait un état d'esprit qui faisait de leurs partisans comme une tribu à part dans le monde catholique. On ne pouvait leur refuser d'être des croyants sincères, scrupuleux observateurs de la morale avec une pointe de rigorisme qui leur donnait une attitude quelque peu figée. Mais en même temps que catholiques sincères ils se posaient comme catholiques indépendants, toujours en garde contre le pouvoir, envahissant, disaient-ils, de Rome. Jaloux de sauvegarder les pouvoirs des Eglises nationales, ils accusaient Pie IX de vouloir absorber l'Eglise universelle (1) et, par son attitude intransigeante vis-à-vis des combinaisons politiques et des libertés modernes, de compromettre la religion auprès des peuples. A leurs yeux, les évêques qui s'inspiraient de sa ligne de conduite se livraient à des exagérations réprouvées par les amis de la religion et les bons citoyens (2) ». Sans doute ces catholiques se défendaient d'être des « brebis téméraires qui se mêlent de donner des leçons aux pasteurs » mais, membres du troupeau, ils voulaient « par leur inquiétude et leurs cris, signaler au

<hr>

(1) Discours de M. Rouland au Sénat. *Moniteur* du 12 mars 1864.
(2) *Vie du cardinal Pie*, t. II, p. 44.

berger l'approche du péril ; en les obligeant au silence, celui-ci s'exposerait fort à devenir avec eux la proie du loup. (1) »

Or, l'action de Pie IX dans la question romaine leur paraissait à la fois dangereuse et exagérée. Ils prétendaient ne pas accepter ses directions ou approuver ses condamnations, dût cette attitude les mettre en dehors de ce que Mgr Plantier appelait « le sens commun de l'Eglise ».

Qu'était, en effet, disaient-ils, cette question, sinon purement politique et ne touchant en rien au dogme ? L'on était donc libre de la discuter et rien ne s'opposait à ce que le Pape fût appelé un « souverain étranger » et traité comme tel. En agissant de la sorte, croyaient-ils, on faisait ressortir la distinction qui doit exister entre le pouvoir temporel et le pouvoir spirituel.

Il est vrai que Pie IX a lancé l'excommunication contre ceux qui ont porté atteinte au domaine pontifical. Mais ces atteintes sont le résultat naturel de la vicissitude des choses humaines. Au Saint Père de se soumettre aux décrets de la Providence. En condamnant les chefs d'Etat qui n'ont fait que traduire en acte les vœux des peuples, il a commis un abus de juridiction (2). Il s'est trompé sur l'étendue de ses droits ; il a établi une sorte de connexité entre deux ordres de faits qui ne sauraient être mêlés sans danger ; il tend, enfin, à se poser comme l'arbitre des souverainetés politiques. Conduite dangereuse contre laquelle la France peut bien protester, car elle est contraire à toute la tradition de l'Eglise Gallicane depuis Gerson jusqu'à Bossuet, l'Assemblée de 1682 et le cardinal de la Luzerne.

En allant au fond des choses, est-il même certain que les Papes puissent posséder un domaine temporel ? Cette prétention de leur part n'est-elle pas en contradiction avec

____

(1) M. Bonjean. Cité par Mgr Plantier. *Œuvres*, t. IX, p. p. 488, 489.

(2) *Constitutionnel* du 31 janvier 1860. *Œuvres*, t. IX, p. 247.

les paroles du fondateur de l'Eglise qui a déclaré que son royaume n'est pas de ce monde ? C'est ainsi, d'ailleurs, que l'a compris l'illustre S. Bernard dont la pensée renfermée dans le livre de la *Considération* adressé à Eugène III peut se résumer de la façon suivante : la puissance temporelle est inutile à l'accomplissement de la mission apostolique des Pontifes romains ; elle est plus nuisible qu'utile, soit à l'indépendance du Saint-Siège, soit au développement dans le monde des principes catholiques qui plus est, en exposant ces pensées, le « plus grand homme d'Eglise au douzième siècle » s'est servi d'un langage « tellement austère, que les modernes défenseurs de la Papauté traiteraient certainement de révolutionnaire, de Mazzinien, de faux catholique tout au moins » quiconque se permettrait d'en faire usage vis-à-vis de Pie IX et de son gouvernement (1).

Telles étaient les idées des catholiques qui, au pouvoir, dans la presse ou à la tribune politique critiquaient la ligne de conduite que Pie IX avait cru devoir prendre dans la question romaine et qu'avait adoptée à son tour la presque unanimité des chrétiens, soumis à sa juridiction.

Tout d'abord, Mgr Plantier conteste à ces catholiques dont nous venons de parler le titre de sincères dont ils se paraient avec fierté. Non certes, disait-il, qu'il voulût sonder les reins et les cœurs, le secret de leur abîme n'apportenant qu'à celui qui l'a creusé. « Mais, dans la pratique, qu'en est-il ? Un catholique sincère se reconnaît, déclare l'évêque de Nimes, à un respect profond pour les décisions émanées du Saint-Siège. Or, toutes les fois qu'atteinte a été portée à la puissance temporelle des Souverains Pontifes, ceux-ci ont fait entendre des reproches ou des réclamations énergiques. Par leurs prétentions d'être indépendants, en même temps qu'ils sont sincères les catholiques critiqués par Mgr Plantier essaient donc, selon son expression, de concilier les extrémités les plus opposées, mais, en vain, car, d'une part, ils semblent

---

(1) Discours de M. Bonjean au Sénat, 28 février 1862,

respecter les sentences pontificales et, de l'autre, ils savent s'en affranchir.

Est-il vrai, comme ils l'affirment, que la question romaine ne touche qu'à la politique ? Assurément, nul catholique n'a prétendu que le pouvoir temporel des Papes fût un article de foi ; on chercherait inutilement un évêque, un théologien quelconque, même un seul journaliste intelligent qui l'ait placé parmi les questions dogmatiques. Mais la possession d'une souveraineté temporelle est « utile, précieuse, convenable, nécessaire même d'une certaine nécessité morale ; on a pu même ajouter qu'elle avait été providentiellement établie et providentiellement se soutenait encore. (1) » Ainsi que l'a déclaré Pie IX, en effet, la mission de définir le dogme et d'en instruire les peuples, demande dans l'état actuel du monde, le pouvoir temporel comme condition nécessaire pour être exercée librement. « C'est bien déclarer » que le pouvoir temporel touche, par quelque endroit, au dogme. (2) »

« S'il y a un point, ajoute encore Mgr Plantier, qui soit de la compétence de l'Eglise, ce sont les conditions nécessaires au libre accomplissement de sa mission comme lumière et salut du monde. Quand elle se prononce, surtout avec unanimité, sur des faits se rattachant à cette grande question, on ne peut, sans témérité, se permettre d'avoir et d'exprimer des opinions contraires à ses doctrines. (3) »

Aussi n'en va-t-il pas des Etats de l'Eglise comme des autres Etats. Par le fait même qu'ils sont utiles à son œuvre spirituelle et qu'ils appartiennent à un pouvoir spirituel, ils se transforment, pour ainsi parler, et deviennent spirituels. C'était la pensée de Bossuet dans sa *Défense de la déclaration du clergé gallican*. Mgr Plantier la reprend et montre que si « dans le Pape, le prince administre les propriétés du Saint-Siège, le pontife en est

____

(1) *Œuvres*, t. ix, p. 185.
(2) *Ib.*, p. 486.
(3) *Ib.*, p. 487.

le vrai possesseur. Quand elles sont attaquées, si le premier est admis à les défendre par les armes, le second n'est pas moins autorisé à les protéger par des jugements et, s'il le faut, par des excommunications et des anathèmes. (1) »

Il est faux, d'autre part, de prétendre que l'Evangile condamne l'Eglise et son chef visible à n'avoir aucune possession temporelle. Jésus-Christ a bien déclaré que son royaume n'était pas de ce monde, mais il a voulu dire par là que le royaume qu'il était venu établir ne se bornait pas au monde d'ici-bas, et qu'un vrai chrétien doit dédaigner les richesses, comme aussi prendre soin de ne pas perdre son âme pour les acquérir ou les garder. Nulle part il n'a déclaré qu'il y avait incompatibilité absolue entre les biens matériels ou les hautes positions qui les donnent et la dignité du chrétien ou le caractère du sacerdoce.

« Pas un texte ne l'a fait entrevoir à l'Eglise, à qui seule pourtant appartient le droit de fixer le sens de nos livres sacrés. »

« ... Quand de téméraires novateurs ont osé, au nom de l'Evangile, justifier ces attentats et flétrir comme illégitimes les biens de l'Eglise, elle a protesté contre l'audace avec laquelle ils cherchaient à s'appuyer sur la parole du Christ. C'est ce qu'elle a fait contre Arnaud de Brescia dans un Concile de Latran ; c'est ce qu'a répété contre certaines propositions de Wicleff, le Concile de Constance lui-même ... [croire le contraire] serait tomber sous le contre-coup des jugements portés contre ces erreurs que les vieux théologiens appelaient si justement l'*hérésie des politiques*. (1) »

L'histoire range-t-elle S. Bernard parmi les ennemis du pouvoir temporel des Papes ? M. Bonjean l'avait affirmé à la tribune du Sénat. Mais Mgr Plantier n'a pas de peine à démontrer que les textes que l'on cite de lui ne combattent pas le principe ou la légitimité de ce pouvoir. En

____

(1) *Ib.*, p. 247.
(2) *Ib.*, p. p. 449, 450.

parlant à son ancien disciple devenu son maître, l'illustre
abbé de Clairvaux n'a voulu que lui montrer les périls et
les tentations qui le menaçaient dans ses hautes fonctions ;
il lui signale les complicités que ces dangers peuvent
rencontrer au fond de sa propre nature et les funestes
conséquences qu'ils provoquent, s'il y succombe, soit pour
la sagesse de son gouvernement, soit pour sa sanctifi-
cation personnelle. Il le met en garde contre les dangers
d'une situation qu'il est loin de sa pensée de critiquer.

M. Bonjean ne peut encore arguer de la conduite de
Pie VII à propos des Articles organiques pour affirmer
que la tradition n'est pas unanime chez les papes pour
protester contre les décisions de l'État, relatives à la
réglementation extérieure de la religion. Pie VII a, en
effet, protesté, à plusieurs reprises, contre ces Articles et
jamais il ne les a acceptés.

L'ancien clergé de France, enfin, dans son ensemble,
n'a pas eu une attitude différente de celle des Pontifes
romains et sur la légitimité de leurs possessions temporelles et sur la fermeté qu'ils ont mise à les défendre.

Quand il s'agit de Bossuet en particulier, malgré l'abus
que certains font de son nom il s'est toujours prononcé
formellement, soit en faveur du principe, soit pour l'inviolabilité du pouvoir temporel. L'évêque de Meaux et les
autres évêques du grand siècle ne représentent pas uniquement le premier article de la déclaration de 1682 ; ce sont
quelques mots échappés de la bouche ou de la plume de
ces prélats. Ils ne les rendent pas « solidaires et complices
de toutes les résistances, de toutes les usurpations, de
toutes les vexations dont le pouvoir royal ou les parlements ont pu se rendre coupables vis-à-vis du Saint-
Siège. » La vérité est que l'Église gallicane s'est, dans le
cours des siècles, soumise avec un empressement filial,
dans les questions les plus graves, aux décisions de
Rome.

Son épiscopat « tenait véritablement à Rome par le
fond de ses entrailles, ainsi que l'a dit Bossuet. Et main-

tenant que l'Eglise de France s'est rapprochée du Saint-Siège plus étroitement que jamais, maintenant que certains nuages qui planaient entre eux se sont presque évanouis devant le souffle des discussions et le mouvement des choses, si nos vieux évêques ressuscitaient, au lieu d'affecter cet esprit à demi schismatique dont certains hommes leur attribuent le déshonneur, ils applaudiraient à l'entraînement comme providentiel qui pousse leurs successeurs à se serrer chaque jour de plus en plus autour de celui qui est ici-bas le Prince des pasteurs, le centre suprême de l'unité, le docteur auquel seul Jésus-Christ a donné le privilège et la mission de confirmer ses frères dans la foi, et avec ses frères et par ses frères, tous les peuples dont ils ont la conduite (1) ».

En tacticien habile, Mgr Plantier faisait servir à la défense de sa thèse et à la réfutation des principes mis en avant par certains catholiques les déclarations et les actes de l'ancien clergé de France, ce clergé qu'ils prétendaient favorable à leurs maximes. Il montrait la continuité qui l'unissait à l'épiscopat français de son temps et cet épiscopat, à son tour, il le justifiait des reproches dont il était l'objet.

L'évêque de Nimes, en effet, a eu à cœur de venger l'honneur de ses frères et c'est sur ce terrain qu'il nous faut maintenant le suivre en étudiant les deux Lettres pastorales traitant le sujet de l'attitude du clergé dans la question romaine et qu'il adressa à ses diocésains les 18 juin 1860 et 22 mars 1861.

* *

Quels étaient les reproches qu'une partie de la presse et certains orateurs officiels adressaient aux évêques et aux prêtres de France ? Les principaux, pour nous en tenir à ceux auxquels répondit Mgr Plantier, étaient les suivants : Le clergé avait répondu par des plaintes amères

____

(1) *Œuvres*, t. x, p. 85.

à la recherche consciencieuse d'une solution ; il ne se souvenait pas des leçons du passé ; il oubliait les services rendus à la religion par l'Empereur ; au lieu de traduire, en paroles charitables, la morale de l'Évangile, il avait fait usage d'armes mondaines et empiété sur les intérêts civils. Enfin, reproche plus grave, prêtres et évêques avaient subi l'influence des anciens partis dans leurs manifestations en faveur du Saint-Siège.

« On ne pouvait dresser contre nous, écrivait l'évêque de Nîmes, un plus rude réquisitoire,... capable de compromettre sans retour aux yeux des peuples, l'autorité de notre ministère ; il importe de le discuter pour en juger la valeur et en déterminer les contre-coups. (1) »

Est-il vrai, demandait-il, que les solutions politiques de la question romaine aient donné lieu de la part du clergé à des plaintes amères ?

Non, assurément, s'il s'agit de solutions officielles. Les évêques auraient pu se servir du droit que leur donnait la Constitution de les discuter librement. Convaincus des embarras du pouvoir, ils se sont abstenus de les aggraver par l'exercice d'une liberté même légitime. Ils se sont contentés d'exprimer des craintes — combien justifiées, — et de publier l'Encyclique du 19 février dont le ton est douloureux, mais dans laquelle le langage employé par le Saint Père est aussi contenu qu'il est affectueux.

Quant aux solutions privées, il est bien évidemment légitime d'élever contre elles des protestations dont la publicité réponde à la leur. Ces solutions fussent-elles celles qu'a proposées la brochure *Le Pape et le Congrès*, par cela seul qu'on les appelle politiques, elles ne sont pas nécessairement inattaquables et sacrées. « Elles peuvent toucher aux droits des souverains pour les blesser, à ceux de l'Église pour leur porter atteinte, à ceux de la conscience publique pour les froisser ; elles peuvent, en un mot, contenir une violation plus ou moins flagrante

____

(1) *Œuvres*, t. IX, p. 273.

des grandes lois de la religion et de la morale ». Dès lors les protestations et les plaintes de l'épiscopat qui ne sont pas amères mais indignées ne se trouvent que trop excusées.

Le clergé a-t-il oublié les services rendus à la religion par l'Empereur? Il n'est pas de calomnie plus cruelle, répond Mgr Plantier qui se plaît à énumérer quelques-uns de ces services. La gratitude à laquelle le gouvernement impérial a droit « a subsisté pendant la guerre d'Italie pour implorer la victoire ; elle subsiste encore aujourd'hui, malgré les angoisses du présent ; et lorsqu'il est question de ce sentiment dont Dieu seul et notre cœur peuvent avoir la conscience, nul n'est maître de le nier lorsque nous l'affirmons. (1) »

Si le clergé a publié l'Encyclique et adhéré à ses jugements, bien que des actes officiels les aient proclamés un *abus de juridiction*, c'est que, placé entre Rome et des autorités séculières sur un point de droit canonique, il ne pouvait hésiter. « Puisque Pie IX s'est exprimé solennellement, non seulement comme roi, mais comme pontife, notre conscience était-elle admise à ne pas placer au-dessus de tous les enseignements celui du Pasteur universel ? Non, c'était impossible ; et ce qui ne l'était pas moins pour nous, c'était de supposer que nos respects pour les oracles de Rome seraient regardés comme une sorte de félonie et de trahison vis-à-vis de l'Empereur. (2) »

La chaire chrétienne a pu retentir de plaintes contre les outrages de l'impiété à l'adresse du Souverain Pontife, mais le gouvernement est-il solidaire de ces outrages ? « Si l'on a tonné contre les attentats de la révolution ou de la conquête, est-ce que le gouvernement est engagé dans ces crimes? Si l'on a proclamé les droits du Saint-Siège, est-ce que le gouvernement ne l'a pas fait avant nous et tout aussi haut que nous ? »

(1) *Ib.*, p. 282.
(2) *Ib.*, p. p. 284, 285.

Que veut-on dire encore lorsqu'on prétend que le clergé a oublié les leçons du passé ? Si l'on veut parler des persécutions que l'on a fait subir au clergé pour lui faire adopter une autre attitude en face de lois injustes, de ces leçons l'Eglise de France est saintement jalouse. Mais il est un autre genre de leçons qu'elle n'a pas oubliées, ce sont celles que Dieu donne aux persécuteurs de son Eglise. Cette évocation des vengeances suprêmes est plus d'une fois importune, mais les véritables amis des pouvoirs ne sont pas ceux qui les flattent, les enivrent, les aveuglent sur les malheurs auxquels ils s'exposent, mais ceux qui leur signalent les foudres suspendues et peut-être déjà grondant sur leurs têtes.

On a prétendu, enfin, disait Mgr Plantier en terminant la première de ces deux Lettres pastorales, que le clergé ne devrait prêcher que l'amour du prochain, le pardon des injures et le détachement des biens terrestres.

La question serait de savoir si tous les devoirs du pasteur se renferment dans la charité. Sans doute, il doit prêcher cette partie de la morale de l'Evangile qui forme ce qu'on appelle la douce civilisation du cœur ; mais il est des heures où les gardiens du troupeau doivent crier comme de vigilantes sentinelles, remplir avec intrépidité leur ministère d'apôtres, et s'exposer, comme saint Paul, aux iniquités de la persécution, plutôt que de souiller leur conscience et de trahir leur mission par un silence coupable ou de lâches ménagements. »

En agissant de la sorte le prêtre ne *sort* pas *de son caractère*, il défend simplement les droits du Pape ; il n'*emprunte* pas *des armes mondaines*, il ne fait que réfuter des accusations et s'il s'occupe d'intérêts civils et politiques, c'est parce que ces intérêts touchent aux lois de la morale dont les évêques sont les interprètes et les tuteurs.

Au lieu donc de se livrer à des attaques injustes contre le clergé de France, ceux qui les ont suscitées, s'ils avaient été plus équitables, auraient dû reconnaître qu'il a su, dans une mesure irréprochable, remplir ses devoirs envers le Saint-Siège comme envers la patrie. A l'égard du gouvernement et de la France, il n'a manqué ni de reconnaissance ni de respect à l'égard du Saint Père, il a agi comme doivent agir des fils dévoués et fidèles. Il peut en toute vérité se dire qu'il n'a rien provoqué de ce qui s'est fait et qu'en agissant autrement il n'eût rien empêché. Aussi, malgré les outrages dont on l'a abreuvé, son honneur et sa dignité sont-ils restés debout au sein de l'estime publique.

Dira-t-on d'autre part qu'il faut attribuer à l'influence des anciens partis les manifestations du clergé catholique en faveur de Pie IX ? M. de la Guéronnière n'avait pas hésité à donner cette explication de ses sympathies et de ses douleurs dans la dernière brochure qu'il venait de faire paraître, cette fois, sous son propre nom : *La France, Rome et l'Italie.*

« Le clergé de France, affirmait-il, s'est laissé surprendre et pousser à d'injustes défiances vis-à-vis du pouvoir par les *chefs des anciens partis*. (1) »

Or, demande Mgr Plantier, dans sa Lettre consacrée à cette question, quelle preuve peut-on apporter de cette flétrissure qui lui est infligée ? Aucune, car, indépendamment d'autres raisons, l'épiscopat, s'il a quelque souci de ses intérêts, n'a pu, pour celle-là, changer dans ses sentiments vis-à-vis de l'Empire. Il y a peu de temps on en regardait la majorité comme dévouée au pouvoir. Quel avantage, quelle perspective a donc pu changer tout d'un coup ces dispositions dont on le félicitait ? Que gagnerait-il, et pour Rome, et pour lui-même, à se jeter à la suite des chefs des anciens partis ?

Ces chefs, qui sont-ils ? Ce ne sont pas ceux de la démocratie : ils encouragent la politique française en Italie. Seraient-ce les chefs conservateurs ? Qu'en sait-on ? Qui a mis sur la trace des pièges qu'ils ont tendus à l'épiscopat ? Si, à son insu, il est « tombé dans les filets de ces habiles

_____

(1) *La France, Rome et l'Italie,* Paris, 1862, p. p. 15, 16.

oiseleurs, ...un tel succès... ne fait pas l'éloge des fonctionnaires de l'Etat, puisqu'ils n'ont su ni prévenir l'épiscopat des lacets cachés sous ses pas, ni le soustraire aux fascinations des amis du pouvoir. (1) »

Qui ne voit en réalité que les sentiments politiques ne sont pour rien dans l'attitude des évêques français ? Ils n'ont pas été seuls à protester contre les événements d'Italie ; l'épiscopat du monde entier a fait entendre un même cri d'émotion filiale et de douloureuse sympathie pour les épreuves et les périls du pasteur suprême. Evidemment les chefs des anciens partis n'ont pas pu dicter leur attitude aux évêques du Brésil, des Etats-Unis ou de la Grande-Bretagne.

Et voici une autre raison. Qui a pris l'initiative des alarmes ? Les évêques. Ils ont parlé avant que les chefs des anciens partis n'eussent encore rien dit. Et Mgr Plantier de rappeler les craintes qu'il avait exprimées dans sa Lettre pastorale du 19 août 1859, bien avant que les événements militaires n'eussent commencé dans la péninsule. De même, aussi, le 8 février 1860, comme pressentant les événements qui allaient se dérouler, il se demandait si les Marches et l'Ombrie ne suivraient pas les Romagnes dans le mouvement de spoliation du Saint-Siège. Tant il est vrai que les évêques, quand il s'agit de leurs actes publics, ne s'inspirent que de la conscience. « Ils sont bien avec les hommes de tous les partis ; mais personne n'ignore qu'ils ne subissent la tyrannie d'aucun. Cette *dictature* que se seraient *arrogée sur nous des hommes sans titres et sans. droits,* est une invention tellement désespérée, que pas un enfant même ne voudrait s'y laisser prendre. (2) »

La défense du clergé français, on le voit, était complète et rien ne subsistait des accusations qui avaient été portées contre lui.

Une conclusion bien évidente se dégageait des écrits

----

(1) *Œuvres,* t. IX, p. 341.
(1) *Ib.,* p. 345.

de Mgr Plantier en sa faveur : évêques et prêtres de France ont été fidèles à la vraie tradition catholique en suivant la ligne de conduite qui, pour la grande majorité d'entre eux, a été la leur.

Le Souverain Pontife ne faisait qu'user de son droit en se défendant contre ses ennemis, pourquoi ses enfants n'auraient-ils pas fait écho à sa parole ?

CHAPITRE VII

La Question Romaine (suite)

**Les défenseurs du pouvoir temporel :
L'armée pontificale. — Le Pape Pie IX.**

**Place occupée par Mgr Plantier dans les controverses
suscitées par la question romaine.**

Défenseur vigilant et zélé du pouvoir temporel du Saint-Siège, il ne se pouvait pas que Mgr Plantier ne justifiât dans ses écrits, comme il l'avait fait pour le clergé de France, l'armée pontificale des reproches dont les ennemis de ce même pouvoir ne cessèrent de la poursuivre. Son diocèse, d'ailleurs, n'occupait-il pas une place de choix parmi ceux de la chrétienté qui envoyèrent à Pie IX des soldats qu'il avait de la peine à trouver dans ses propres États ? Par là même qu'il justifiait l'armée pontificale, c'étaient ses enfants que l'évêque de Nimes justifiait. Ce motif dut s'ajouter à tous les autres d'un intérêt plus général qui le poussèrent à se faire l'apologiste d'hommes que les partisans de l'unité italienne poursuivaient de leurs attaques et sur lesquels l'univers catholique avait les yeux fixés avec sympathie.

Quels étaient les reproches que l'on adressait à l'armée pontificale ? Nous en trouvons l'expression dans le *Memorandum* que Cavour avait adressé aux souverains européens le 12 septembre 1860 et que Mgr Plantier, nous l'avons déjà vu, avait réfuté en détail, en protestant contre l'invasion de l'Ombrie et des Marches (1).

L'État romain, déclarait le ministre italien, présente

---

(1) Lettre pastorale du 10 octobre 1860.

12

« l'étrange et douloureux spectacle d'un gouvernement réduit à maintenir son autorité sur ses sujets par des mercenaires étrangers, spectacle qui provoque « l'indignation des Italiens qui ont conquis la liberté et l'indépendance. » Quelques jours plus tôt, dans une lettre au Cardinal Antonelli, il avait fait un grief à ces « mercenaires » de parler des langues différentes; d'être de toute religion et par « leur manque de discipline, la mauvaise conduite de leurs chefs et les menaces contenues dans leurs proclamations » de constituer un principe de trouble.

Non, répondait Mgr Plantier, il n'est pas étrange qu'un souverain qui ne peut se résoudre à frapper ses sujets du lugubre impôt du sang, [était-ce bien là, demanderons-nous, le seul motif qui avait fait agir le Pape?] fasse appel dans le monde aux dévouements spontanés et volontaires. Rome a agi, comme toute puissance a le droit de le faire et comme les autres souverains ont fait avant elle.

Les soldats du Pape ne sont pas des mercenaires. La plupart sont de nobles fils des Croisés qui ont porté gratuitement l'hommage de leur sang au Saint-Père. Plusieurs, avec leur vie, lui ont offert leur fortune, et, quand ils ne sont pas allés jusque-là, ils se sont bornés à solliciter avec leur pain de chaque jour la grâce de pouvoir mourir pour le Saint-Siège. Les mercenaires ne seraient-ils pas plutôt les émissaires et les fauteurs de révolte dont le Piémont a inondé l'Italie ?

Si le Saint-Père a besoin de soldats étrangers pour soutenir son autorité, c'est grâce aux infernales machinations mises en œuvre pour rendre l'action de son gouvernement et la stabilité de son trône impossibles. Que ses ennemis ne lui imputent pas à crime une nécessité dont ils sont systématiquement la cause unique et permanente !

On ne voit pas dès lors comment les soldats du Pape pourraient provoquer l'indignation des Italiens libres. Où sont-ils, ces Italiens ? Sont-ils ceux des provinces annexées ?

A supposer qu'il y ait des Italiens libres, ils n'ont aucun droit à s'indigner, car tous les griefs signalés dans le réquisitoire de Cavour ne sont que des mensonges.

Qu'importe que l'armée pontificale comprenne des hommes de différentes langues et religions? Le lui reprocher est faire preuve d'une susceptibilité d'autant plus étrange qu'hier l'on demandait au Pape de proclamer la liberté religieuse et qu'aujourd'hui l'on ne peut souffrir qu'il admette des hommes de différentes religions dans ses milices.

Quant à la conduite douteuse de ces milices, elle n'est rien moins que prouvée. Eût-elle été réelle, c'était au Pape d'y pourvoir dans sa sagesse et l'indépendance de sa souveraineté.

Au fond, tous ces reproches n'étaient guère qu'imaginaires. Si le Piémont en voulait tant à l'armée pontificale, c'est parce qu'elle défendait le Saint-Siège et par suite était importune. Comme le disait Cavour, elle empêchait le vœu national de se manifester.

On sait, lui répondait Mgr Plantier, ce que cela veut dire. Il existe dans les Marches et l'Ombrie des révolutionnaires stipendiés, chargés de pousser les peuples à demander le renversement du gouvernement pontifical et l'annexion au Piémont. Mais ces émissaires et leurs dupes sont-ils la nation toute entière et en combattant leurs intrigues étouffe-t-on le cri de la conscience italienne ?

L'armée pontificale a été héroïque dans son dévouement. Nulle séduction n'a pu la corrompre et nul péril n'a été capable de l'épouvanter. Qu'un ennemi supérieur en nombre l'attaque, elle sait résister et, s'il le faut, périr vaillamment. A quoi comparer son épopée, sinon aux plus beaux jours des Croisades qui ont reparu dans le monde ?

Et cette épopée, l'évêque de Nimes la chantait en une page que malgré sa longueur il nous faut citer.

« Un vaillant général se reposait à l'ombre de la félicité domestique, de ses luttes incomparables contre les Arabes de notre Afrique et contre les révolutionnaires de Paris, mille fois pire que les bédouins du désert. Depuis trente ans aucun nom plus illustre n'a été gravé par la main de l'honneur dans nos fastes militaires et dans la reconnaissance de la patrie.

« Pie IX fait appel à son dévouement. Il reprend, excité par sa foi, encouragé par la magnanimité de son épouse, cette épée qui, à force de coups d'éclat, avait, pour ainsi dire, fatigué la victoire. Aux éclairs qu'elle lance, une foule de jeunes courages viennent se grouper autour du héros de Constantine et consacrer comme lui leur vie à la plus sainte des causes. Le Poitou, l'Anjou, la Bretagne, le Languedoc, la Provence, le Dauphiné, toutes nos provinces envoient à Rome la plus brillante fleur de leur noblesse. Si le cadre de l'armée pontificale pouvait assez s'élargir, il n'est pas une grande famille qui ne voulût y figurer par un de ses enfants. Le désintéressement de leurs vues égale l'ardeur de leur départ. Avec l'élévation de sentiment et d'intelligence qu'ils lui apportent, ce chef, en quelques jours, en a fait pour ainsi dire des vétérans. S'ils n'avaient à se mesurer qu'avec les anarchistes, ils les réduiraient en se jouant ; on l'a vu par la promptitude avec laquelle ils ont fait rentrer dans l'ordre quelques villes révoltées.

« Mais un ennemi plus redoutable les attendait à leur insu. Ils avaient cru ne jamais rencontrer devant eux que des bandes révolutionnaires, un jour ils apprirent qu'ils auraient affaire à l'armée piémontaise. Trente mille hommes, arrivés brusquement sur les hauteurs d'Osimo, leur ferment le chemin d'Ancône ; eux ne sont pas dix mille. N'importe, ils s'élancent avec intrépidité contre les bataillons ennemis. La victoire leur était impossible ; mais au moins ils se battent comme des lions. Ils succombent écrasés par le nombre ; mais ceux qui périssent comme ceux qui survivent, ont fait des prodiges de valeur. Les premiers trouvent dans la mort la double gloire de l'héroïsme et du martyre ; les seconds, au sein même de leur défaite participent au même honneur. Les vainqueurs ont pu

s'assurer que dans ces jeunes poitrines battaient des âmes
de diamant, et l'Eglise dont ils défendaient l'indépendance bénit en eux les continuateurs et les émules des
grands athlètes des premiers siècles chrétiens,

« Oui, ce sont les frères des martyrs, parce qu'ils ont
versé leur sang pour la même cause et les mêmes intérêts.
Oui, ce sont les frères des martyrs, parce que, comme
les martyrs, la plupart des chefs et des soldats se sont
assis à la sainte table avant d'aller s'exposer au feu de
l'ennemi. Oui, ce sont les frères des martyrs, parce que,
si devant Dieu et devant l'Eglise, ils ont fait éclater les
plus glorieux des courages, ils ont vu non seulement
parmi leurs bourreaux, mais encore, parmi les païens, les
scribes et les pharisiens de notre époque, beaucoup de
blasphémateurs insulter à leur vaillance et se moquer de
leur sacrifice.

« O nobles victimes de votre amour pour le Saint-Siège !
Que la mort vous ait moissonnés, ou que vous promeniez
encore dans le monde la gloire de vos blessures ou de
votre captivité, vos noms sont désormais immortels. L'Eglise
les a pour jamais placés à côté de Maurice et de Victor,
tandis que vos meurtriers seront relégués dans l'opprobre
des Dioclétien ou des Galère : Rome vous a déjà décerné,
par les lèvres émues de Pie IX, un de ces éloges auxquels
tous les siècles répondent : et pendant que votre âme, une
palme à la main, suivra l'Agneau divin dans les cieux
avec ceux qui seront venus de la grande tribulation, le
cœur de tous les catholiques élèvera dans son respect,
un trône impérissable à votre souvenir. (1) »

Vaincue, anéantie même, mais bientôt reconstituée,
l'armée pontificale ne tarda pas à faire encore parler
d'elle et, lorsque les Etats du Saint-Siège eurent été
réduits au seul territoire romain, elle fut la sauvegarde la
plus certaine de leur intégrité. Avant Castelfidardo, en
effet, le monde catholique pouvait compter sur la France

----

(1) *Œuvres*, t. IX, p. p. 326, 327, 328. Nous nous réservons d'étudier
plus bas ce passage du point de vue du style.

pour défendre la puissance temporelle du Pape, mais après, le Saint-Siège ne pouvait guère compter que sur lui-même, la Convention du 15 septembre 1864 ne le garantissant que médiocrement contre ses ennemis du dehors et du dedans.

Ces ennemis du dehors, nous les avons vus essayer, en octobre 1867, d'envahir les Etats du Pape. Mais l'armée pontificale veillait, elle a lutté contre les bandes garibaldiennes « avec autant d'intrépidité que de succès, « annonçait avec fierté Mgr Plantier à ses diocésains et il comparait les soldats de cette armée aux « trois cents braves de Gédéon portant la terreur et la déroute dans le camp des Madianites (1) », aux « Machabées se dévouant à la mort pour la rédemption de la grande patrie des âmes et la défense de l'autel. »

» Aurez-vous votre Ancône et votre Castelfidardo ? leur demandait-il, car à la date où cette Lettre fut écrite, le 18 octobre 1867, la bataille de Mentana, qui est du 3 Novembre suivant, n'avait pas décidé du sort des armes. Peut-être. « Mais dussiez-vous aboutir à cet horrible carnage, allez-y d'un pas ferme, c'est aller à l'honneur. (2) »

Un autre honneur attendait l'armée pontificale, c'était celui du triomphe à Mentana. Quelle joie éprouva l'évêque de Nimes à en raconter les épisodes et à exalter à la fois la force d'âme déployée par l'armée romaine et la hauteur des considérations et des sentiments où cette magnanimité sublime a pris naissance !

« Au lieu, disait-il, d'affronter la mort pour des intérêts restreints de famille ou de nationalité, elle s'est jetée dans les hasards des combats pour défendre les intérêts généraux de la foi, de l'Eglise, du droit, de l'honneur et de la civilisation ; c'est qu'elle s'est précipitée au devant des cannibales qui menaçaient toutes ces saintes choses, librement, sans aucun calcul de cupidité et d'ambition, par un holocauste pleinement volontaire d'elle-même à la

____

(1) *Œuvres*, t. x, p. p. 297, 298.
(2) *Ib.*, p. 314.

plus auguste des causes ; c'est, enfin, qu'elle s'est préparée à ce grand sacrifice, non pas comme la frénésie se prépare à ses violences, ou la scélératesse à ses forfaits, mais comme la conscience se dispose à l'accomplissement du plus sacré des devoirs, comme l'amour de Jésus-Christ et de la vérité se dispose aux divines immolations du martyre... (1) »

Il se réjouissait surtout qu'un de ses diocésains, le zouave Pascal, de Brignon, eût représenté Nîmes dans l'holocauste offert à la victoire. « ... O fils bien-aimé que Dieu m'avait donné selon la grâce ! j'ai fait féliciter de votre héroïque trépas votre mère selon la nature, et cette femme forte a su comprendre la gloire austère dont votre mort la couronne. J'en éprouve à mon tour une fierté toute paternelle ... (2) »

Que l'année 1870 arrive, enfin, et qu'elle voie la dissolution de l'armée pontificale peu de temps après que Mgr Plantier aura écrit à son clergé une Lettre circulaire (3) pour lui demander d'en encourager le recrutement, l'évêque de Nîmes adressera à cette armée un adieu ému et racontera sa noble fin.

De quel droit, demandait-il, sinon celui de la force, a-t-on dissous et chassé cette nouvelle légion thébaine ? Quelle excuse invoque-t-on pour en traiter les soldats en vaincus et les éloigner en proscrits, quand on avait annoncé qu'on devait les aborder et les assister en frères ?

Malgré les clauses de la capitulation qui leur permettaient d'emporter leurs bagages, ils n'ont pu le faire qu'à la faveur d'un déguisement et l'on a vu le dévouement militaire le plus fier et le plus généreux, obligé de se dérober aux emportements populaires avec plus de soins que n'eussent dû le faire la scélératesse et la félonie.

Mais, du moins, en fait d'honneurs de guerre, avant de défiler devant leurs vainqueurs, ils en reçurent du Pape

(1) *Ib.*, p. p. 322, 323.
(2) *Ib.*, p. p. 326. 327.
(3) *Lettre* du 26 mai 1870.

un magnifique, et dont la mémoire entretiendra dans leur âme une impérissable émotion. « Ils étaient sur la place de Saint-Pierre ; l'heure du départ allait sonner ; leurs yeux et leurs mains se tournant du côté du Vatican, une fenêtre s'ouvre au palais, et le Saint-Père qu'ils ont si filialement aimé, si noblement défendu, leur envoie, au travers de ses sanglots et de ses larmes, une bénédiction à laquelle ils répondent par une immense acclamation de : *Vive Pie IX* ! Et puis les voilà qui s'en vont passer, le front fermé et digne, sous le regard de Bixio qui les accable de son arrogance piémontaise et révolutionnaire. La vérité dit déjà et l'histoire attestera plus tard que l'honneur ne fut pas ici du côté des vainqueurs, mais du côté des vaincus... Aux seconds appartient le mérite d'avoir eu des cœurs de lions et la résolution sainte de périr jusqu'au dernier, si Pie IX, leur père et leur roi, les eût laissés maîtres d'écouter pleinement l'inspiration de leur courage... » Si on les a laissés « partir sans argent, presque sans vêtement et sans pain..., [s'il a été] impossible à la vraie population romaine de leur exprimer et ses regrets pour leur départ, et sa reconnaissance pour leurs services et son désir de les voir au plus tôt revenir à la place des barbares cohortes qui les proscrivent..., voilà que le lendemain, ces preux se sont vengés de leurs bourreaux, soit en montrant à leur pays comme une parure l'uniforme en lambeaux avec lequel le Piémont les avait fait partir, soit en courant aux combats de notre armée de la Loire, prouver que les soldats pontificaux portaient dans leur sein le feu le plus ardent de la valeur française. (1) »

.\.

Soldats pontificaux, évêques et prêtres de France, si Mgr Plantier s'est fait un point d'honneur de défendre les uns et les autres ; à plus forte raison a-t-il eu à cœur de justifier et d'exalter celui dont ils avaient embrassé la cause, le Souverain Pontife, Pie IX.

—————

(1) *Ib.*, p. p, 416, 416, 417.

Il est peu de noms qui plus que celui-ci aient eu le privilège d'exciter des haines furieuses comme aussi de susciter des dévouements passionnés. On peut dire de Pie IX qu'il n'a laissé personne indifférent à son sujet mais qu'amis ou ennemis de sa personne et surtout de sa politique, ont mis dans leurs sentiments un caractère d'ardeur dont seuls sont l'objet les hommes auteurs de grandes choses.

Parmi les amis dévoués de Pie IX et les partisans résolus de son attitude vis-à-vis de la question romaine, nul ne contestera que l'évêque de Nimes n'ait été l'un des plus ardents et des plus chauds. Nous n'aurons pas de peine à le montrer en relevant dans ses Lettres pastorales ayant trait à la puissance temporelle du Saint-Siège, les passages où il justifie le Pontife romain, publie ses vertus et met en relief les hauts faits de son œuvre par lesquels la vraie civilisation le remerciera d'avoir été son vengeur et son défenseur.

Non content, en effet, de publier, presque toutes les Encycliques ou Allocutions de Pie IX en les accompagnant parfois de commentaires, Mgr Plantier a répondu longuement aux attaques dont l'ont poursuivi révolutionnaires ou patriotes italiens et hommes d'État français, et s'est efforcé d'établir le bien fondé de sa politique intransigeante.

L'exposé de quelques-unes de ces objections et des réponses de l'évêque de Nimes nous suffira pour faire connaitre les caractères principaux de cette partie de son œuvre.

Pourquoi, reprochait-on à Pie IX, pourquoi ne veut-il pas se réconcilier avec l'Italie ? Écoutons Mgr Plantier. C'est, répond-il, parce qu'il lui est impossible de faire ce que Jésus-Christ lui-même n'aurait pas fait. Pouvait-il se réconcilier avec les prêtres, les scribes et le peuple qui le dévouaient à la mort en échange de ses bienfaits ? Quel crime avait-il commis à leur égard ? Ses accusations étaient-elles des calomnies ou ses reproches des injustices ? Si une réconciliation avait été commandée, c'était à eux de la faire avec lui plutôt qu'à lui de la faire avec eux.

De même le Pape, disciple qui n'est pas au-dessus de son maître, peut-il se *réconcilier* avec ses spoliateurs et ses bourreaux déguisés sous le nom d'*Italie*? Quelle est cette Italie devant laquelle on « veut que cette grande victime du Vatican s'incline et demande grâce ? » C'est celle qui a violé les traités, qui a envahi les domaines d'autrui, qui a bravé les excommunications pontificales, persécuté la religion et qui, « indulgente pour toutes les immoralités, toutes les impiétés, toutes les folies révolutionnaires, ne traite en ennemis que ... les amis dévoués de l'Église et du Saint-Siège ». On concevrait à la rigueur qu'elle demande au Saint-Père de lui pardonner; alors elle ne renverserait ni l'histoire, ni les situations. Mais vouloir qu'il lui demande sa paix en reconnaissant ses torts, c'est tenir un langage où l'extravagance s'unit à la moquerie la plus amère. »

La vraie grandeur d'âme, Pie IX l'a montrée en dénonçant au monde comme c'était son devoir de le faire, les injustices et les atrocités de l'Italie, et les consciences vraiment honnêtes ont fait écho d'un pôle à l'autre, à ses réprobations et à ses anathèmes. Puis, il a crié du côté du ciel : « Père, pardonnez-leur, ils ne savent ce qu'ils font. » « Il a conjuré la catholicité tout entière d'unir ses supplications aux siennes afin d'obtenir à l'Italie égarée un retour général dans ces voies de la religion, de la justice, de la loyauté et de l'honneur dont elle s'est tristement écartée. (1) »

Pie IX, disait-on encore, devrait faire des concessions au *droit nouveau* qui est le *droit des peuples* à disposer librement d'eux-mêmes.

Mais ce droit fût-il bien défini, ce qui n'est pas, et réel, a-t-il été appliqué dans les fameux plébiscites italiens qui n'ont été qu'une ignoble comédie, et à quel titre l'imposer

____

(1) *Œuvres*, t. x, p. p. 2 à 8.

à d'autres ? Il est une de ces théories politiques mobiles, variables, éphémères qu'on est maître d'adopter ou de répudier comme on l'entend.

Dans la question romaine, les *droits des peuples* se trouvent en présence des droits de l'Eglise et du Saint-Siège. Or, ceux-ci doivent leur être préférés, car les premiers sont hypothétiques tandis que les droits de l'Eglise sont au moins incontestables quand ils ne sont pas directement divins.

Au fond, ces droits ne sont que la consécration de l'injustice ; grâce à eux plusieurs commandements du Décalogue ont été violés. Est-ce là un progrès ? Le droit ancien que défend le Pape n'a jamais proclamé que le vol en grand était un progrès pour la civilisation.

Celles des *idées modernes* qui sont ou absurdes ou impies ou désastreuses, le Pape les a condamnées. Quant à celles qui sont légitimes, il les a approuvées, et s'il en est qu'il croit pouvoir se dispenser d'appliquer à l'administration de ses Etats, peut-on lui en faire un crime et l'organisation de toutes les nations doit-elle être jetée au même moule (I) ?

Mais le Souverain Pontife, prétendaient un certain nombre d'écrivains malveillants ou d'esprits superficiels, a eu tort de suivre les conseils de quelques-uns de ses défenseurs ; son refus de ne faire aucune concession a tout perdu. C'est lui seul qui est responsable de ses malheurs par son attitude toute d'une pièce en présence du malheur des temps.

Que Pie IX ne s'appartienne pas et que, tantôt un parti, tantôt un autre, le pousse à des emportements opposés à ses sentiments aussi bien qu'à son caractère, c'est là, déclarait Mgr Plantier, pure ineptie de supposition. S'est-il laissé influencer par le parti autrichien avec le cardinal Antonelli ; par le parti de l'*Univers* qui, « par la voix d'un illustre rédacteur mis au repos forcé, dictait les

____

(1) *Ib.*, p. p. 15 à 20.

oracles du Vatican ; » par le parti anonyme qui gouverne la catholicité toute entière, quoique sa présence et sa main ne soient visibles nulle part ; ou encore par le parti franco-belge ou les Jésuites ? La multiplicité même des partis auxquels on attribue l'honneur de dominer le Pape prouve bien qu'aucun d'eux n'a dans sa main les rênes de cette grande âme.

La base du caractère de Pie IX, en effet, est « une spontanéité indépendante, pleine d'initiative et de ressort, et se manifestant à chaque occasion qui s'y prête par des jets inattendus et sublimes... Depuis le commencement de son règne il a invariablement suivi la même ligne et la même conduite et tenu le même langage... Il n'est pas une seule circonstance où il se soit séparé de lui-même. (1) »

Pie IX est donc seul responsable de ses actes. Mais ceux-ci ont-ils eu quelque influence sur les événements, qui auraient été différents si les actes du Souverain-Pontife avaient été autres qu'ils n'ont été ? C'est oublier que les actes de Pie IX comme aussi « les jugements des fougueux » n'ont porté pour la plupart que sur des faits ou plutôt sur des forfaits accomplis. « Les événements avaient commencé par se produire sous l'impulsion de mobiles mystérieux ou inconnus, avoués ou désavoués. C'est seulement alors que les appréciations de la fougue sont écloses comme celles de la modération. Est-il possible qu'elles aient créé leur objet ? (2) »

Pourquoi enfin, objectait-on, Pie IX n'a-t-il cessé de protester contre la force irrésistible des événements. Il aurait dû faire des concessions pour la paix et, de la sorte, il aurait conservé une partie au moins de ses Etats qu'il finira par perdre dans leur totalité.

Dès 1860, alors même qu'il n'était question que des Romagnes, Mgr Plantier avait répondu à cette question. « Si l'on demande, disait-il, pourquoi Pie IX ne céderait

____

(1) *Ib.*, p. 249. Cfr. t. ix, p. 267.
(3) *Ib.*, p. 244.

pas, nous répondrons à notre tour : Pourquoi céderait-il ?...
Il y a quelque chose qui vaut mieux que la paix, c'est
l'inviolabilité du droit, c'est l'inexorable maintien de son
intégrité en présence de la révolte. Par cette conduite
généreuse on peut, il est vrai, déchaîner momentanément
des orages, mais on sauve la dignité du pouvoir, et l'on
conserve à la base de la société cette sainteté des principes et de l'autorité qui peut seule en soutenir l'édifice. »
Instruit par l'exemple de Pie VI, Pie IX sait que « le
génie des révolutions ne connaît ni mesure ni loyauté. Ni
les condescendances ne le satisfont, ni sa parole ne
l'enchaîne. Quoi qu'on ait fait pour lui et quelque enga-
gement qu'il ait pris, il va toujours en avant, et ne s'arrête
pas avant d'avoir atteint les dernières extrémités du
crime. Après avoir fait la preuve de ce fait par mille
exemples douloureux, Pie IX a mieux aimé rester immuable que de s'abaisser à d'inutiles transactions... S'il doit
succomber un jour sous le poids d'événements désastreux,
il aura du moins l'honneur de ne s'être pas laissé tromper
par des promesses perfides et de chimériques espérances. (1) »

Nous pourrions multiplier les exemples de justification
par Mgr Plantier des actes de Pie IX, mais plutôt que sur
le simple accord de deux intelligences nous préférons
insister sur la manifestation des liens de vif amour qui
ont uni l'évêque de Nimes au Pontife romain. On ne peut,
en effet, qualifier autrement, les sentiments d'affection et
de grande admiration, qu'il a éprouvés pour lui et qui,
hâtons-nous de le dire, étaient réciproques. Mgr Plantier
a chanté un long hymne de louanges en l'honneur de Pie IX,
il a exalté ses vertus, compati à ses souffrances, célébré
la façon dont il a rempli son rôle de pasteur suprême des
âmes.

Tout d'abord il n'avait eu pour lui que de l'admiration
et de la déférence, mais plus tard et de plus en plus
il comprit que Pie IX personnifiait l'Eglise et il reporta

____

(1) *Ib.*, t. ix, p. p. 263 à 265.

sur lui une partie de cette affection qu'il avait toujours eue pour elle. Retracer les différentes formes de la glorification de Pie IX et de son œuvre par Mgr Plantier aidera à mieux comprendre pourquoi l'évêque de Nimes a pris dans la question romaine l'attitude que nous lui avons vue et s'en est constitué l'ardent et infatigable défenseur.

Dans la personne de Pie IX un trait avait tout de suite conquis le cœur de Mgr Plantier : c'était la grande bonté du Souverain Pontife.

« On ne saurait, écrivait-il, dès le 7 Décembre 1859, imaginer « une âme plus tendre..., vaste et doux foyer d'affection... Pie IX a reçu avec plénitude ce don de l'amour que Jésus-Christ se plut à faire éclater en Pierre avant de lui confier son Eglise. (1) »

Cette bonté se manifeste dans une langue à la fois noble, majestueuse et onctueuse de la façon la plus suave et la plus pénétrante ; « si bien que chacune de ses paroles est comme une larme échappée de son cœur » ; et encore, par l'empressement avec lequel il se donne à tous, voulant ainsi justifier son titre de *serviteur des serviteurs de Dieu* « Rien n'attire comme la limpidité incessante de son regard ; un sourire enchanteur repose infatigablement sur ses lèvres ; et de sa bouche, accoutumée à distiller le miel, s'échappent à chaque pas des paroles d'où s'exhalent toujours les doux parfums du cœur et de l'à-propos. (2) »

Mais, plus encore que sa bonté, le spectacle des souffrances du Pasteur suprême, lui avait gagné l'affection de l'évêque de Nimes.

Pie IX, semblait-il à celui-ci, n'aurait dû recevoir que des bénédictions pour sa grande charité à l'égard de ses peuples et de tous ses fils de l'univers catholique, il a eu cependant des ennemis qui lui ont fait subir mille humiliations, se sont attaqués à sa puissance temporelle, n'ont tenu aucun compte de ses conseils et de ses excommunications.

(1) *Œuvres*, t. IX, p. 171.
(2) *Ib.*, p. 413.

Ces souffrances du Pontife romain, Mgr Plantier les a détaillées avec une tristesse émue et éminemment sympathique. Pie IX a vu ses Etats des Romagnes se détacher de lui par une insurrection coupable, l'impiété s'y donner libre cours et les censures mêmes destinées à changer les coupables en les frappant, n'exciter que leur courroux ou leur mépris.

Puis, après un temps de répit, les Marches et l'Ombrie ont été envahies ; les soldats chargés de défendre les droits de l'Eglise et enrôlés sous sa bannière ont été égorgés par le Piémont ; les armées françaises qui l'entouraient sont devenues inutiles ; l'espoir qu'il avait fondé sur les grandes puissances catholiques n'a abouti qu'au mécompte ; ses prières, enfin, ont été méprisées aussi bien que ses rigueurs.

Si les héros de Castelfidardo ont été les frères des martyrs, lui a été le martyr des martyrs. Ses fils gémissent de ses angoisses et voudraient cent fois briser le glaive qui lui perce le cœur.

Mais, et c'est là le caractère des douleurs de Pie IX, que Mgr Plantier a particulièrement admiré, sous le fardeau de tant de tribulations, la dignité de son caractère n'a pas plus fléchi que sa douceur ne s'est démentie. Il saurait avoir des paroles pour le repentir, mais il sait lancer aussi de courageux anathèmes contre l'iniquité. Il démasque toutes les hypocrisies et réfute tous les sophismes. Il proteste contre la violation de ses droits.

Plus ses Etats sont mutilés, sa couronne meurtrie, sa puissance diminuée, avec plus de splendeur retrouve-t-on sur son front la triple majesté du monarque, du pontife et du prophète. (1)

Pendant dix ans, Pie IX a persévéré dans son attitude de condamnation des attentats dont la puissance temporelle du Saint-Siège était l'objet. Son âme, à l'approche de la fin des délais fixés par la Convention du 15 sep-

____

(1) *Ib.*, t. IX, p. p. 328, 329.

tembre 1864, a pu être émue en prévision d'un lendemain redoutable, elle n'a pas été affaisée. (1)

Enfin la consommation prévue du sacrifice a eu lieu. Rome a été envahie par les armées d'un roi qui se disait catholique mais qui, par ses actes, agissait en ennemi de l'Eglise. Avant de porter une main sacrilège sur les derniers lambeaux des Etats du Saint-Siège, il a prétendu justifier sa conduite par une lettre hypocrite qui a inspiré d'autant plus de tristesse au Souverain Pontife à qui elle était adressée qu'il y était fait un étalage plus déclamatoire de piété filiale à la veille même d'une entreprise où ce sentiment allait être outragé.

Mais Pie IX ne s'y est pas laissé tromper ; et « s'il est vrai comme on l'a raconté, qu'il ait répété ces foudroyantes paroles du Maître aux pharisiens : *Sépulcres blanchis, race de vipères*, il aura parfaitement défini le caractère et l'esprit de ce révoltant message. (2) »

Vaincu par la force brutale, que pouvait-il faire, sinon, protester et défendre son honneur de pontife et de roi ? Il s'est amplement donné ce mérite qui se proposait à lui sous la forme du devoir. Il a protesté contre l'invasion de ses Etats ; contre les immoralités brutales dont le Piémont a fait entourer et suivre l'occupation de Rome par l'armée d'invasion ; surtout, contre les entraves apportées au plein et tranquille exercice du culte catholique et à la libre communication du Saint-Père, soit avec Rome, soit avec le monde, par voie d'audience ou par celle de correspondance et d'encyclique.

Non content pour sauvegarder sa dignité de se livrer à de fermes et solennelles protestations. Pie IX a voulu encore se faire une loi « de ne point se produire dans Rome, tant que les Babyloniens la souilleront de leur présence. » Bien qu'il lui en coûte cruellement de rompre ses contacts avec une cité qu'il aima tant et dont il est encore tant aimé, il ne veut pas paraître proclamer

____

(1) *Ib.*, t. x, p. 238.
(2) *Ib.*, t. x, p. 411,

qu'il accepte et ne subit plus sa nouvelle destinée, et que la réconciliation, désormais, est conclue entre l'Italie spoliatrice et le Souverain Pontife spolié.

Ainsi Pie IX a gagné en grandeur ce qu'il perdait en puissance et il domine de bien haut ses vainqueurs d'un jour.

Le spectacle qu'il a donné au monde en défendant ses droits toutes les fois qu'ils ont été attaqués a été d'autant plus beau que la force inébranlable qu'il a témoignée a toujours été mesurée. Le Seigneur lui a donné en partage les dons de droiture et de sagesse.

Il n'a pas, en effet, seulement rencontré des ennemis déclarés ; « l'enfer lui a suscité de faux amis qui ont essayé de le surprendre et l'ont conjuré, sur le ton du respect et du dévouement, de faire des concessions aux besoins des temps et aux vœux de l'Italie ; mais il a su résister à la séduction comme à la violence. (1) »

Jusqu'aux formidables événements du 4 septembre, sa situation vis-à-vis du gouvernement impérial a été délicate. « Il s'est trouvé perpétuellement entre des conspirations certaines et d'apparents bienfaits : les conspirations, il fallait montrer d'abord qu'il les devinait, les condamner ensuite aussi bien dans leurs doctrines que dans leurs machinations et leurs attentats, les bienfaits, il était forcé de les accepter et d'en témoigner sa reconnaissance dans une certaine mesure. Des foudres dans une main, des couronnes dans l'autre, telle était l'attitude que lui commandait l'éternelle ambiguïté de notre politique... La clair-voyante magnanimité de Pie IX a su marcher d'un pas ferme et sûr à travers les écueils dont cette route fut semée. (2) »

Par sa prudence et son énergie, par la haute conscience qu'il a toujours eue, en proclamant les droits de l'Eglise, de remplir un noble devoir, Pie IX a offert au monde un

_____

(1) *Ib.*, t. x, p. 242.
(2) *Ib.*, t. x, p. p. 428, 429.

beau spectacle, mais plus qu'un spectacle qu'il lui a offert, il lui a rendu un service. Comment cela ? En s'assurant la gloire de maintenir intacte la grande notion du droit.

Il a déclaré inviolables « les donations et les traités sur lesquels reposaient ses possessions temporelles ; il a refusé, soit aux agressions de l'anarchie, soit aux iniques envahissements de l'étranger, le droit d'entamer le domaine assis sur ces bases sacrées et séculaires, et, par cette protestation solennelle, il a élevé l'idée et la sainteté du droit en général, non seulement au-dessus des tempêtes politiques et des vicissitudes sociales, mais encore au-dessus des incertitudes et des obscurités où les a plongées le vertige de notre époque... [Ce service,] on ne sait pas l'apprécier aujourd'hui, parce que nous avons oublié les grandes notions sur lesquelles s'appuient la stabilité des pouvoirs et celle des Etats. Mais plus tard, quand la vague funeste où nous flottons aura fait éclater ses dernières conséquences, ou bien quand l'ivresse du moment aura fait place à des idées plus calmes et plus saines, on bénira Pie IX d'avoir élevé les réclamations qu'on accueille maintenant avec un semblant d'indifférence ou d'indignation... Alors ce sera l'heure de la reconnaissance. (1) »

Les titres complets de Pie IX à la gratitude publique, Mgr Plantier les a exposés tout au long dans une importante Lettre pastorale, la plus populaire peut-être de ses œuvres : *Pie IX, défenseur et vengeur de la vraie civilisation* (2). On sait dans quelles circonstances elle fut composée. L'encyclique *Quanta Cura* et le *Syllabus* venaient de paraître, mais le gouvernement impérial en avait interdit la publication. Que pouvait faire l'évêque de Nimes « pour retenir le fonds des doctrines pontificales et le faire passer dans l'enseignement pastoral, sans en adopter la forme qui troublait tant les hommes d'Etat ? (3) »

---

(1) *Ib*, t. ix, p, p. 172, 173.
(2) 29 janvier 1866. — Rééditée vingt fois en France, elle a été traduite en plusieurs langues.
(3) *Vie*, t. ii, p. 199.

Il tourna la difficulté en publiant une étude générale sur le pontificat de Pie IX.

Un examen détaillé de cette Lettre qui est presque un ouvrage mériterait de fixer notre attention. Nous pourrions montrer comment « l'idée de réunir en une esquisse rapide, mais complète, claire et énergique, tous les efforts tentés par un grand Pape pour la gloire et le bonheur de l'humanité n'avait jamais été plus opportune et ne fut jamais réalisée avec plus de talent et de succès. (1) » Il serait intéressant d'autre part de la comparer avec le Mandement de Mgr Darboy pour le Carême de 1865 où l'archevêque de Paris demandait au Saint-Père « de tourner les yeux sur ce que notre époque peut avoir d'honorable et de bon et de la soutenir dans ses généreux efforts. (2) » Ou encore au fameux écrit de Mgr Dupanloup sur la Convention et l'Encyclique dans lequel l'évêque d'Orléans essayait d'expliquer le sens réel de la condamnation par le Pape des idées modernes.

Mais un tel examen nous entraînerait trop loin et s'écarterait de la question romaine que seule nous avons voulu étudier. Qu'il nous suffise de dire que Mgr Plantier dans sa Lettre a glorifié Pie IX en le montrant comme le défenseur le plus intelligent et le plus énergique vengeur de la vraie civilisation dans les différents éléments qui la constituent : vérité, autorité, liberté, droit public, propriété, beaux-arts et finances.

Notre but n'est pas de prouver la vérité du vaste tableau d'histoire dessiné par Mgr Plantier ou de discuter les accusations de partialité et d'enthousiasme élevées contre ce que certains ont appelé son « plaidoyer. » Nous avons seulement voulu montrer que jugeant, comme nous venons de le voir, le Souverain Pontife Pie IX, sa personne et l'idée qu'il se faisait de ses droits, l'évêque de Nîmes ne pouvait avoir une autre attitude dans la question romaine.

L'étude de la part prise par Mgr Plantier à cette ques-

(1) *Vie*, t. II, p. 202.
(2) *Vie de Mgr Darboy* par le cardinal Foulon, p. 329.

tion, nous pourrions la pousser plus avant que jusqu'à l'année 1870 qui la vit se résoudre dans un sens opposé aux vœux les plus chers de notre prélat. Jusqu'à sa mort, en effet, il ne cessa de protester contre l'envahissement de Rome par l'Italie, contre les attentats religieux qu'elle y tolérait, contre la « stupide » loi des garanties, et de souhaiter que le domaine du Saint-Siège fît retour à son légitime possesseur, l'auguste vieillard du Vatican dont il célébra avec enthousiasme le jubilé pontifical, le 4 juin 1871. Comment s'accomplirait ce retour, il avouait que sans « un coup de force frappé par la droite divine, » la chose était difficile, sinon presque impossible. Et dans une Lettre adressée aux représentants catholiques du département du Gard à l'Assemblée nationale pour leur recommander les intérêts de l'Eglise et du Saint-Siège (1), il reconnaissait qu'en raison des obscurités inquiétantes rencontrées de tous les côtés, il manquait « de données pour fixer avec précision le genre d'intervention qu'il convenait de demander à l'Assemblée nationale. »

Il les suppliait néanmoins de ne pas se désintéresser de la question, car il y allait des intérêts de l'Eglise compromis par le manque de liberté que subissait le Pape. « Sommes-nous pleinement libres de correspondre avec [lui] ?... L'est-il de correspondre avec nous... [et] avec toutes les parties de l'Eglise en dehors de la France ? Evidemment non. (2) » « Malgré la fameuse loi des *garanties*, écrivait-il encore en 1873, le Pape a souvent beaucoup de peine à faire parvenir [ses lettres] à leur destination ; il a besoin de messagers dévoués, courageux, fidèles, pour aller les déposer dans les mains de ceux qu'elles doivent éclairer ou réjouir. Mais enfin, Dieu permet qu'elles arrivent... (3) »

Contre cette situation, Mgr Plantier s'élevait et il souhai-

---

(1) 4 juillet 1871. — *Œuvres*, t. x, p. 467. — Parmi ces représentants se trouvait un ministre, le baron de Larcy.

(2) *Œuvres*, t. x, p. 472.

(3) *Ib.*, t. x, p. 506.

tait qu'un remède y fût apporté. Mais il faut avouer que l'état de fait créé par l'Italie n'était pas aussi désespéré que celui qu'avait entrevu jadis l'évêque de Nimes : la captivité effective ou le chemin de l'exil pris une seconde fois.

Ainsi, nous aurions pu insister davantage sur les écrits de Mgr Plantier ayant trait à la question romaine, après la prise de Rome, en 1870. Nous ne l'avons pas fait pour ne pas allonger une étude déjà longue et parce que la question romaine, après 1870, était devenue une question sinon définitivement tranchée, — elle se pose encore aujourd'hui, avec un intérêt peut-être plus grand qu'il y a cinquante ans, surtout depuis le rapprochement entre l'Italie et la Papauté, — du moins, une question qui, de longtemps, ne pouvait entrer dans une phase active, et, dès lors, devenait pratiquement sans intérêt.

Aussi préférons-nous maintenant essayer de caractériser par quelques vues d'ensemble la part prise par Mgr Plantier, avant 1870, à sa solution et, pour mieux connaître cette part, la comparer à celle de ses frères de l'épiscopat français.

⁂

On peut dire, sans hésitation aucune, que la question romaine est celle, de toutes les autres qu'a traitées Mgr Plantier où il s'est le plus distingué, et que la façon dont il y a participé a jeté sur son nom un vif éclat qui mérite de rester.

Ce qui a caractérisé Mgr Plantier, sur le point qui nous occupe, a été, en premier lieu, sa clairvoyance à comprendre et à signaler les dangers qui menaçaient la puissance temporelle du Saint-Siège.

Eloigné comme il l'était de Paris, dépourvu de moyens particuliers d'information, il aurait pu ne pas prévoir les conséquences d'événements sur lesquels on rassurait la conscience publique. La chose était d'autant plus possible que sa formation antérieure l'inclinait vers un libéralisme opposé à toute exagération et qu'il n'était pas opposé par principe au gouvernement impérial.

Or, l'un des premiers parmi les évêques, avec Mgr Pie, Mgr Mathieu et Mgr de Bonnechose, il eut, dès les premiers mois de 1859, l'intuition de ce qui allait survenir, et il fut le premier à exprimer ses craintes dans des écrits publics.

Quinze jours, en effet, avant la Révolution de Florence, a noté le prince de Valori, (1) deux mois avant la guerre d'Italie, cinq avant l'allocution pontificale du 26 septembre 1859, consécutive au soulèvement des Romagnes, huit avant la brochure *Le Pape et le Congrès* qui déchira tous les voiles, il publia ses deux grandes Lettres pastorales sur *La Puissance spirituelle de la Papauté*, et *Le Pouvoir temporel des Papes*, la première datée du 16 février 1859, et la seconde du 17 avril de la même année.

« S'il se laissa devancer de huit jours par la *Lettre à un Catholique* de Mgr Dupanloup, cette brillante improvisation écrite dans les quarante-huit heures par l'évêque d'Orléans, sa réfutation du pamphlet anonyme fut complète. Elle fait preuve d'une dialectique invincible et témoigne d'une érudition qui faisait de cet écrit si rapidement composé un tour de force étonnant. »

En commun avec Mgr Dupanloup et Mgr Pie, l'évêque de Nimes a eu encore le mérite de persévérer dans sa défense du Saint-Siège, de ne laisser passer aucune occasion d'affirmer les droits du Pape, et d'en être même d'autant plus jaloux qu'ils étaient plus attaqués et violés.

A ses protestations ou à ses avertissements il a invariablement donné la forme de la lettre pastorale, sans user ou du moins rarement, comme le faisait l'évêque de Poitiers, de la parole dans la chaire de sa cathédrale. C'est en évêque, en chef d'une partie de l'Eglise qu'il veut juger la situation faite à son chef suprême.

----

(1) *Etude sur Mgr Plantier*, p. 12. Cité par Eugène Veuillot dans l'étude qu'il a consacrée à l'évêque de Nimes et qui a été recueillie dans *Célébrités catholiques contemporaines.*

Tout en le regrettant, Mgr Dupanloup avait préféré employer l'arme de la brochure, « triste invention, disait-il, de la plus vulgaire littérature politique, à l'usage d'un public qui n'a pas la patience de lire, ni le courage de discuter en face, ni la volonté d'approfondir les questions. (1) » Mgr Gerbet, lui aussi, avait déclaré, dans l'Avant-Propos de son *Etude sur la Papauté* « qu'elle n'était ni un mandement, ni une lettre pastorale, ni une circulaire d'évêque, mais « la réponse d'un écrivain qui se nomme à un écrivain qui ne se nomme pas. (2) »

Ainsi sur la forme à donner par voie d'écrits à sa pensée touchant la question romaine, Mgr Plantier, d'accord en cela avec Mgr Pie, se séparait des évêques d'Orléans et de Perpignan. Mais sur un autre point encore plus important, il ne partageait pas les avis d'un certain nombre de ses confrères de l'épiscopat ; c'était sur la conduite même qu'il convenait de tenir dans cette question qui passionnait tous les esprits.

Si, en effet, il y avait unanimité chez les évêques de France à réprouver les attentats contre le Saint-Siège, en revanche, sur les moyens propres à les faire cesser et en particulier sur l'attitude à observer vis-à-vis de l'Empereur qui, la chose était évidente pour tous, tenait la clef de la situation entre ses mains, les avis étaient divisés. Quelles mesures encore était-il expédient de prendre pour essayer d'arrêter dans sa marche la politique impériale ? Sur ce sujet diverses opinions étaient en présence.

Quelques évêques qui s'étaient trop compromis peut-être pour l'Empire, tels Mgr de Mazenod, évêque de Marseille, Mgr de Salinis, évêque d'Amiens, puis archevêque d'Auch et le Cardinal Donnet, ou qui se faisaient illusion sur les intentions et les projets de l'Empereur, comme le Cardinal Morlot, Mgr Parisis, évêque d'Arras, Mgr Darboy,

____

(1) *Lettre à M. le vicomte de la Guéronnière.* — Paris, Douniol, 1861, p. 1.

(2) *De la Papauté.* — Paris, Gaume, 1860, p. 5.

archevêque de Paris et le Cardinal de Bonnechose, archevêque de Rouen, étaient d'avis qu'il fallait ne rien brusquer, mais que les seuls moyens d'action efficace résidaient dans des démarches privées auprès de l'Empereur.

« La contradiction publique irrite les princes, écrivait dans son *Journal* le Cardinal de Bonnechose, les remontrances secrètes peuvent toucher leur cœur. En les avertissant avec tous les égards dûs à leur majesté on allie la confiance et le respect avec la liberté du ministère apostolique. (1) » Homme du monde, ancien avocat général, entré dans les ordres à l'âge de trente ans, sa grande distinction, ses manières nobles et agréables lui gagnaient toutes les sympathies; il fut plus d'une fois reçu en audience par Napoléon III qui goûtait fort ses conseils.

Mgr de Salinis, lui aussi, vit l'Empereur et après l'entrevue qu'il eut avec lui, le 3 décembre 1860, son biographe (2) nous dit que, quoique malade, — il devait mourir quelques jours plus tard —, il rayonnait de la joie d'avoir rempli un devoir. Mais quand il revint de Paris, il dit à l'un des siens : « Tout ce qui se passe me fait un mal affreux. »

D'autres évêques plus timides encore se contentaient de gémir ou tout au plus d'écrire au ministre des cultes, M. Rouland, des lettres secrètes de plaintes. Mgr Guibert, archevêque de Tours et futur cardinal archevêque de Paris, nous apprend que telle fut, en particulier, l'attitude de l'archevêque de Lyon, Mgr de Bonald.

Peut-être M. de Falloux faisait-il allusion à tous ces partisans d'une action discrète, presque suppliante auprès des pouvoirs publics, lorsqu'il écrivait à Mgr Pie, à la fin de 1860 : « Entre toutes les douleurs qui pèsent sur nous tous en commun depuis quelques mois, la plus poignante peut-être est de voir tant de violences, tant d'iniquités accomplir leur œuvre avec l'apparente approbation ou

(1) *Vie du cardinal de Bonnechose*, t. I, p. 388.
(2) Abbé de Ladoue. *Vie de Mgr de Salinis*, p. 412.

grâce à l'inexplicable aveuglement d'une grande partie de l'épiscopat français. » Et l'évêque de Poitiers de lui répondre que sous peine d'excéder, il ne fallait pas oublier que dix ou douze membres au moins ont été irréprochables et qu'il y en avait trente autres très graciables (1). »

Ces évêques « irréprochables » étaient sans doute ceux qui joignaient l'action publique aux démarches privées : Mgr Pie lui-même qui eut, le 15 mars 1859, avec l'Empereur, la mémorable entrevue si connue (2) où il lui demanda, en tant que chef de l'Etat, de proclamer les droits de Dieu et qui dans le même temps, en chaire et dans ses écrits, exprimait à mots à peine couverts toute sa pensée ; Mgr Guibert, Mgr Mathieu, cardinal-archevêque de Besançon, qui, pendant la guerre avec l'Autriche, prévoyant les conséquences qui en résulteraient, avait ordonné à son clergé le chant du *Miserere*, et, à la tribune du Sénat, en 1861, s'était élevé avec force contre le principe de non-intervention.

Il faut encore placer parmi eux Mgr Doney, évêque de Montauban, Mgr Dupanloup, Mgr Gerbet et Mgr Plantier, qui agirent surtout par leurs écrits. Pour Mgr Plantier, en particulier, cette dernière action par la plume, fut presque exclusive. Homme d'études isolé, sans grandes relations avec les représentants de l'opinion à Paris, ni il ne chercha à voir l'Empereur, ni il n'essaya de se mêler à la marche des événements. Il écrivit quelques lettres de protestation au ministre des cultes, mais sa grande œuvre fut d'adresser à son clergé de nombreuses lettres pastorales qui lui traçaient le devoir à suivre. Ceux qu'il cherchait à atteindre n'étaient pas les hommes d'Etat, pas même le grand public, mais les fidèles, le clergé, les hommes gravitant dans l'orbite de l'Eglise pour les mettre en garde contre les sophismes qu'inlassablement il démasquait.

____

(1) *Vie du Cardinal Pie*, t. II, p. 16.
(2) *Vie*, t. I, pp. 665 à 669.

Ces lecteurs pouvaient comprendre le terrain de défense du Saint-Siège sur lequel il s'était placé. C'était, comme pour Mgr Pie, d'ailleurs, celui de la doctrine, de la tradition et du droit ecclésiastique.

Mgr Dupanloup, au contraire, et, avec lui, l'école libérale du comte de Falloux et de Montalembert, ou des catholiques tels que Nettement, Laurentie, Poujoulat, désireux d'agir sur leur siècle et leur pays pour les éclairer et les entraîner, préféraient le terrain du droit public et de la politique, de l'ordre social menacé et des intérêts de la France et de la chrétienté.

La façon dont l'évêque d'Orléans luttait sur ce terrain était telle qu'elle devait entraîner l'assentiment de tout homme raisonnable, même peu au courant des questions théologiques ou sans une foi bien vive. Sa dialectique consistait moins dans la réfutation en règle d'un discours ou d'une brochure, par exemple, que dans une série de réflexions de bon sens ou conformes au droit admis par tous, sur les idées qu'i' émettait et les conséquences devant résu lter des principes qu'il posait. Sa logique était vigoureuse ; ses phrases courtes, saccadées, ses formules lumineuses. On a pu dire de cette dialectique qu'elle « menait l'argumentation à coups d'épée (1) » et cette épée « jettait de vifs éclats. (2) »

Mgr Gerbet, lui, lent à composer les moindres écrits parce qu'il tenait à leur donner beaucoup de perfection, se faisait remarquer par la profondeur de ses vues, sa tendance à élever le débat, l'ampleur, le calme élevé et lumineux de son style.

Quant à Mgr Pie, « maître de lui-même et de sa langue, il était hardi et concis tout ensemble et son style tout personnel s'imposait par sa nouveauté. (3) » Le narrateur de sa vie nous l'a montré, en lui empruntant une des images bibliques qui lui étaient chères, se plaçant sur le terrain du

---

(1) *Vie de Mgr Dupanloup*, t. ii, p. 285.
(2) *Ib.*, p. 439.
(3) Mgr Besson, *Vie du Cardinal de Bonnechose*, t. i, p. 387

drcit, et là, retranché comme dans « cette citadelle où pendent mille boucliers et où les forts trouvent toutes les pièces de leur armure », opposant un mur d'airain à l'ennemi, sous le regard de l'Eglise et la bénédiction de son chef (1).

Ce terrain du droit était, nous l'avons déjà dit, celui aussi de Mgr Plantier et le devint de plus en plus. Il avait tout d'abord défendu le Souverain Pontife par une sorte de loyalisme propre aux nobles âmes qui l'avait fait se ranger d'instinct auprès de son chef attaqué. Puis son amour pour ce chef avait grandi en raison inverse de ses humiliations. Il s'était de plus en plus convaincu qu'il résumait l'Eglise, que sa parole était l'oracle nécessaire et infaillible dans les temps troublés que traversait le monde, si bien qu'il en était venu à déclarer que la dévotion au Pape était la grande dévotion des temps modernes. Or, le chef de l'Eglise était humilié et ses droits foulés aux pieds ; ils étaient certains et sacrés et l'on voulait leur substituer d'autres droits prétendus, ceux des peuples ou des faits accomplis ; qui plus est, par la situation nouvelle que les événements tendaient à faire au Souverain Pontife la puissance et la portée de sa parole devaient logiquement être affaiblies ; qui sait, peut-être pour un temps, elle pouvait ne plus se faire entendre, condamnée qu'elle serait, par la force, à demeurer silencieuse.

On voit par là quelle importance capitale Mgr Plantier attachait à la question romaine et comment ses principes étaient ceux mêmes de l'évêque de Poitiers.

Mais il ne les a pas défendus avec le ton doctrinal, le calme majestueux de la pensée, la tendance à se maintenir dans le champ des idées pures et à élargir le débat qui surtout caractérisaient Mgr Pie.

Par les procédés de sa polémique Mgr Plantier se rapproche davantage de Mgr Dupanloup. Comme lui, en effet, tout au moins après les tâtonnements du début, il ne

_____

(1) *Vie du Cardinal Pie*, t. II, p. 42.

se contente pas de la défensive, mais ses armes les plus habituelles sont le corps-à corps avec l'adversaire, une véhémence dans la lutte et une vivacité à porter des coups qui étonnent chez le timide qu'était l'évêque de Nimes.

A côté de ces points de contact il existe, cependant, entre Mgr Dupanloup et Mgr Plantier de telles différences dans les procédés de combat que chacun de ces deux champions du Saint-Siège se présente à la postérité sous un jour qui lui est bien particulier.

Chez l'évêque d'Orléans, il y a plus d'originalité dans la pensée, mais elle est parfois plus obscure et son développement est moins logique, plus heurté et abondant en à-coups que chez Mgr Plantier dont la qualité est la clarté dans la discussion, menée de façon toute didactique et que l'on suit avec une remarquable facilité.

L'évêque de Nimes a moins de flamme, d'ardeur et de cris partis du cœur. En revanche, dans le corps à corps avec l'adversaire, dans la mise à nu, qu'il affectionne, de ses sophismes, il a plus de rudesse, de violence même, pour qualifier ses actes et définir sa personne. Mgr Dupanloup, en effet, était véhément de son naturel ; d'instinct, il aimait la lutte. Mgr Plantier, au contraire, était un homme d'étude, se complaisant dans la paix, mais c'était aussi et, avant tout, l'homme du devoir et d'une idée poussée jusqu'à ses déductions ultimes. Il n'a guère vu qu'elle, et, lorsqu'elle a été attaquée dans des écrits ou des actes, triomphant de sa timidité naturelle, il l'a exaltée et défendue contre l'ennemi avec cette tendance à dépasser la mesure qui, on le sait, caractérise les timides.

Sa violence était, pour ainsi dire, à froid ; celle de Mgr Dupanloup plus spontanée. Aussi Mgr Plantier, plus que l'évêque d'Orléans, s'est-il fait une réputation d'intransigeance dans la question romaine que de son temps on n'a pas manqué de lui reprocher. Nous ne parlons pas des journaux voltairiens ou libéraux ; mais des catholiques sincères, qui plus est, des évêques ont blâmé ses procédés de discussion. Quels sont ces évêques ? nous aimerions les connaître et regrettons que le biographe de notre prélat dans un sentiment de prudence, excusable à l'époque où il écrivait, ait cru devoir taire leurs noms. Il n'a pu cependant s'empêcher de reconnaître qu'en particulier la lettre de protestation de Mgr Plantier au ministre des cultes, en janvier 1865, à l'occasion de la défense de publier le *Syllabus*, avait été critiquée par plusieurs évêques. « Quelques prélats courtisans, nous dit-il, l'accusèrent de violence, dans des termes qui ne trahissaient pas chez eux une grande douceur. (1) »

Eut-il, du moins, l'approbation d'un certain nombre de ses collègues si tous ne l'approuvèrent pas ? Le contraire paraîtrait surprenant ; mais un fait est certain, c'est qu'ici encore son biographe s'est montré parcimonieux de personnalités. Il n'a guère parlé que de Mgr Dupanloup et de Mgr Pie, de ce dernier surtout avec qui Mgr Plantier fit un long échange de lettres. Quoi qu'il en soit, les éloges de Pie IX et l'approbation de son peuple devaient causer à l'évêque de Nimes la plus grande joie qu'il ait ambitionnée ; ni l'une ni les autres ne lui firent défaut. Le Souverain Pontife lui adressa plusieurs brefs élogieux et ne cessa de lui témoigner une amitié personnelle bien marquée. Le clergé et les fidèles de Nimes pleinement conquis par l'attitude ferme et intransigeante de leur pasteur lui ménagèrent plusieurs ovations et lui firent l'offrande d'une plume d'or.

Comment, maintenant, pourrons-nous résumer la part prise par Mgr Plantier dans la question romaine et quel rang occupe-t-il parmi les membres de l'épiscopat français qu'il a eus pour compagnons de lutte dans cette même question ?

En dépit de quelques excès de langage qu'explique l'ardeur des controverses et malgré les vues trop simplistes qui parfois ont été les siennes sur les événements ou les problèmes de l'heure, nous croyons que l'ardeur de

____

(1) *Vie*, t. II, p. 31. — Ailleurs encore, il nous apprend que le clergé de Lyon l'avait accusé d'imprudence pendant sa lutte contre l'Empire, *ib.*, p. 144.

Mgr Plantier, sa perspicacité à démasquer et à poursuivre l'adversaire, son amour de la cause qu'il défendait et sa persévérance ont mis son nom en un singulier relief.

Mgr Plantier n'a eu aucune part à la marche des événements et n'a pas cherché à en avoir. Le rôle qu'il a voulu jouer a été d'instruire ses diocésains, de les prémunir contre des théories fausses et de leur dénoncer les attentats commis contre le chef de l'Eglise. Ce rôle il l'a joué non seulement vis à vis de ses diocésains, mais encore des fidèles de France. Ses écrits ont connu auprès d'eux la même popularité que ceux de Mgr Dupanloup et de Mgr Pie. Son nom s'est placé à côté des leurs pour personnifier et symboliser un même esprit d'amour pour le Saint-Siège et de lutte en sa faveur. Le recul des temps, cependant, a déjà, croyons-nous, établi un rang dans cette trilogie, et ce rang, Mgr Plantier ne l'occupe pas le premier. Qu'il s'agisse, en effet, des événements, la part qu'il y a prise ne saurait être comparée même de loin à celle de Mgr Dupanloup. Quant aux mérites de son style, ils sont dans l'ensemble inférieurs à ceux de l'évêque de Poitiers.

Mais se ranger immédiatement après ces deux grands évêques est encore une gloire qui honore la mémoire de l'évêque de Nimes.

CHAPITRE VIII

Un caractère; une méthode de composition; un style.

Nous avons jusqu'à présent essayé de faire connaître
la pensée de Mgr Plantier, apologiste de la morale et de
de la foi catholiques, sous ceux de ses aspects qui nous
ont paru les plus significatifs.

Quelle forme a-t-il donnée à cette pensée, de quel style
l'a-t-il revêtue, par quelle dialectique l'a-t-il défendue ?
C'est à répondre à ces différentes questions qui surtout
intéressent l'histoire littéraire, que le présent chapitre sera
consacré.

Mais notre travail ne serait qu'empirique si nous ne
remontions pas à la source des méthodes de raisonnement et du style de Mgr Plantier, c'est-à-dire si nous ne
commencions par étudier et le caractère de notre prélat et
les influences littéraires par lesquelles il s'est laissé
façonner. Son caractère propre tel que la nature et le
travail de sa volonté l'ont constitué; ses études et ses
lectures, voilà ce que tout d'abord il importera de fixer.

Le don qui, avant tout autre, a été départi à Mgr Plantier a été celui de l'intelligence. La sienne fut une intelligence vive, précise, étendue, servie par une mémoire
prodigieuse. Il avait le goût des idées claires ; il était amoureux de logique, d'ordre, de preuves et de raisonnements
nets et concluants. Notons ce fait que d'instinct il cherchait à approfondir les sujets qui lui étaient proposés.
« Lorsqu'il conversait, a écrit un des témoins de sa vie,
les moindres questions devenaient des thèses véritables.
Il les développait avec une logique imperturbable, tirant
les conséquences, réfutant les objections et ne s'arrêtant
que lorsque la démonstration était complète. Cette manière

de converser, ajoutait-il, lui donnait quelquefois un air un peu solennel. « Mon fils, lui dit un jour son père, vous vous croyez toujours à la Faculté. (1) »

Il aurait été surprenant que cette vigueur de l'intelligence n'allât pas sans quelque détriment de la sensibilité. Aussi bien chez Mgr Plantier, c'était l'esprit qui dominait plutôt que le cœur. Un vieillard qui avait connu le futur évêque de Nimes enfant, nous l'a dépeint alors comme « sachant si bien parler » mais « ne riant jamais. (2) »

Habituellement silencieux, ses effusions étaient rares et un air de gravité, exempt cependant de raideur, caractérisait son visage. Il donnait une impression d'austérité qui, de loin, inspirait la crainte.

« Il est de petite taille, a-t-on écrit de lui, maigre, pâle, avec de grands yeux forts et tranquilles, sous un vaste front. Cette physionomie est sévère. Je l'étudierais et la copierais si j'étais peintre et que j'eusse à représenter la règle... » Ne doit-on pas le craindre? « ... Un instant d'entretien dissipe cette impression. Un sourire qui n'ôte rien à la grandeur de l'ensemble éclaire tout d'un rayon et de la grâce et de la bonté du cœur... (3) »

Mgr Plantier connaissait le point faible de sa nature et s'en affligeait. « Avec mes allures philosophiques, confiait-il à un ami, je deviens raide et froid comme une statue de marbre. (4) »

Mais bien qu'il se plût dans la retraite et la solitude, il était loin d'être impassible et sans cœur.

Il aimait, en effet, la nature, celle que le travail de l'homme a embellie, mais surtout la grande nature, l'Océan, les hautes montagnes. Ses goûts, d'autre part, étaient très marqués pour tous les arts, la musique, la peinture et la sculpture. Il en parlait avec compétence et entrain ;

---

(1) *Vie*, t. II, p. 615.
(2) *Vie*, t. II, p. 287.
(3) Mgr Plantier par Eugène Veuillot dans *Célébrités catholiques*, p. 152.
(4) *Vie*, t. I, p. 155.

il ne se lassait pas de jouir des chefs-d'œuvre qu'ils
avaient enfantés. A côté de bien d'autres motifs plus
importants assurément, c'est encore pour ce motif que le
séjour de Rome lui était si agréable.

Cette nature de poète, jamais la théologie n'a pu l'absorber complètement. Elle était donc innée chez notre prélat
et ne peut que prouver chez lui l'existence d'une vive
sensibilité. Sa réserve apparente était plutôt de la timidité,
la peur de se livrer imprudemment. Mais son cœur,
sous son masque d'impassibilité, battait généreusement
et ne connaissait pas l'égoïsme. Mgr Plantier, en fait, a
témoigné de grandes tendresses, et a donné des marques
non équivoques de dévouement, moins pour des individus,
il est vrai, que pour des collectivités ; plus d'une fois
encore, les infortunes dont il était le témoin lui ont arra-
ché des larmes sincères. Sans une volonté bien arrêtée,
cependant, nous doutons qu'il eût tant cherché à établir
une harmonie plus grande entre les ressources de son
esprit et celles de son cœur, ces dernières étant moins
grandes que les premières.

S'il y a tendu, c'est grâce à ce don de volonté où il entre
plus de réfléchi que de spontané, du moins par rapport à
son objet.

A un degré plus grand encore que pour son intelligence sa force de volonté a été remarquable. C'est elle
qui surtout faisait dire de lui sans hésiter : c'est quelqu'un.

Or, sa volonté se traduisait par le triomphe de ce qu'il
considérait comme son devoir sur la faiblesse de sa nature.

La vie de Mgr Plantier tout entière a été « une lutte
héroïque contre la faiblesse de son tempérament ; il la
recommençait tous les jours sans se plaindre, sans
fléchir. Souvent cet état allait jusqu'à la prostration pendant toute la matinée. On le voyait alors tenir pénible-
ment la plume d'une main, et de l'autre soutenir sa tête
défaillante. Quand on l'abordait, il faisait un effort pour
se redresser ; ses bras retombaient sur sa table ; mais une
étincelle jaillissait de son regard, un sourire affectueux

effleurait ses lèvres, et l'on sentait que son âme était libre, sereine, ouverte, sous l'étreinte de la douleur. (1) »

La question importante, en effet, pour Mgr Plantier et qui l'a toujours guidé, a été l'accomplissement de son devoir d'évêque pour lequel il avait demandé, dans son premier discours à la Cathédrale de Nimes, « la force de caractère, la force de tendresse et celle d'immolation. »

A nos yeux il se présente dans une attitude sculpturale d'homme de devoir, le remplissant toujours, quelque pénible qu'il fût, sans dévier d'aucun côté, sans compromissions ni faiblesses. « La règle, a-t-on pu écrire, a été le trait particulier de sa vie ».

On ne saurait nier la beauté d'une telle attitude qui était loin de n'être que de façade. Des vies de devoir pratiqué avec l'intensité qui a caractérisé Mgr Plantier sont un spectacle trop rare pour que notre estime n'aille pas, même au prix de quelque désaccord dans les méthodes, à ceux qui nous le fournissent.

Mais, — pourquoi le cacher ? — la grandeur de l'attitude de Mgr Plantier dans l'accomplissement de son devoir d'évêque n'a pas été sans quelques imperfections qui en ont constitué comme la rançon.

Nous sommes moins passionnés pour les idées que les contemporains de l'évêque de Nimes ; plus que nous ils appréciaient les paroles et les gestes et volontiers leur donnaient quelque chose de théâtral. Aussi n'ont-ils pas pris garde, emportés qu'ils étaient par leur enthousiasme, à ce qui pour nous, esprits plus réalistes et qui craignons d'être la dupe des mots, nous paraît manquer, de près ou de loin, de simplicité.

C'est ainsi que nous sommes légèrement agacés par l'attitude de persécuté que Mgr Plantier aimait à prendre, par ses déclarations d'être prêt à verser son sang s'il le fallait, ou encore par l'air de grandeur factice qu'il donne aux moindres choses, par sa tendance à tout traiter avec

____

(1) *Vie*, t. II, p. 624.

dés allures tragiques et à trouver des analogies frappantes là où nous ne voyons que simple coïncidence. (1)

Quoique ce fussent là des taches légères, nous ne pouvions pas ne pas les relever.

Mais quelle forme plus particulière a revêtue pour Mgr Plantier l'accomplissement de son devoir ? Il nous faut répondre, sans hésiter, la proclamation de la vérité, la revendication de tous ses droits.

Mgr Plantier était fermement convaincu qu'il possédait la vérité. Elle était pour lui quelque chose d'absolu où l'intelligence a plus de part que le cœur et que la saine raison réussit surtout à acquérir. Il n'a jamais eu pour elle cette attitude douteuse, faite d'affirmations faibles, de réserve, de ce léger scepticisme qui n'est pas éloigné de croire que l'adversaire peut avoir raison ou qui du moins apporte quelque sourdine à la réfutation de ses idées. Cette attitude, peut-on dire, est caractéristique du meilleur esprit universitaire et elle a été celle de prélats et de catholiques distingués, dans les questions, bien entendu, qui ne sont pas du domaine direct de la foi.

Quoique Mgr Plantier ait eu, pendant de longues années des attaches avec l'Université, il s'est constamment détourné de son esprit. Il a cherché, au contraire, à toujours faire prévaloir en lui, un esprit ecclésiastique. En quoi consiste-t-il ? A juger de tout en fonction d'une vérité révélée par Dieu et immuable, en conformité avec le sens commun de l'Eglise qui l'a expliquée. Cette vérité n'est pas curiosité de l'esprit ou vaine jonglerie d'idées ou de mots, mais l'aliment de l'homme, dont il a autant besoin que de pain.

____

(1) Voici quelques exemples pris parmi bien d'autres de ces imperfections auxquelles nous faisons allusion :

« .... Malgré notre néant, l'obscurité de notre plume et de notre nom... » *Œuvres*, t. XII, p. 3.

« Nous avons laissé sans amertume ces quelques gouttes de vinaigre et de fiel tomber de votre main, dans le calice où notre peuple nous versait d'enivrantes consolations... » *Ib.* t. XI, p. 154.

« ... [Que] s'il lui plaît de me présenter son calice, j'aie le courage de le boire jusqu'à lie... » *Vie*, t. I, p. 518.

Aussi Mgr Plantier ne peut-il pas comprendre qu'elle soit diminuée, affaiblie, énervée ou passée sous silence, par crainte ou même par ménagement pour des personnes. Il n'hésite pas à l'affirmer, fortement convaincu que de sa connaissance résulte pour l'homme la vraie liberté. Il recule encore moins peut-être devant la nécessité de la défendre contre les attaques dont elle est l'objet. C'est cette passion pour l'idée qui a fait de Mgr Plantier un évêque belliqueux, toujours prêt à prendre la plume pour mener le bon combat contre l'erreur.

Or, la vérité, comment l'a-t-il exposée? Quelles méthodes a-t-il employées pour la défendre? Ici, il nous faut entrer dans quelques détails.

Quelquefois, mais c'est le cas le moins fréquent, il se contente de la développer avec calme et majesté. Écoutons le, par exemple, montrer le caractère divin de l'Église dans sa discipline.

« Chaque chose en elle a sa mesure, écrit-il. Ni la fixité ne va trop loin, ni la flexibilité n'est poussée à l'excès. Ni l'esprit de tradition n'est sacrifié à l'esprit de réforme, ni l'esprit de réforme à l'esprit de tradition ; l'un et l'autre se balancent dans des proportions dont la justesse et l'équilibre annoncent avec évidence l'intervention d'une lumière supérieure. On ne trouve pas plus ici les faiblesses morales de l'homme qu'on n'y trouve l'incertitude de ses pensées. Point de préoccupations terrestres ; point de calculs ni d'habiletés mesquines ; point d'inspirations d'antipathie, de vengeance, de jalousie ou d'ambition. Pour fixer ou modifier sa législation canonique, l'Église ne consulte que la parole de Jésus-Christ, les grâces dont elle est dépositaire, les nécessités de la mission qu'elle doit remplir auprès des peuples, l'intérêt et les besoins des âmes qu'elle doit sauver et du sacerdoce qui doit être tout à la fois l'instrument et le premier fruit de cette grande conquête. (1) »

____

(1) *Lettre synodale* placée en tête des *Statuts* de 1863, p. 42.

Parfois il l'expose sous forme de larges tableaux d'histoire où l'on sent passer un souffle de Bossuet qui manifestement les a inspirés. Le récit de la constitution des États Pontificaux (1) est caractéristique de cette manière et ne manque pas d'une certaine grandeur.

Le plus souvent, c'est à la façon de thèses larges, savantes, bien ordonnées, en général sans vives flammes d'éloquence mais d'une grande vigueur dans le raisonnement, qu'il développe ses idées. Ses différents points sont successivement annoncées et traités avec clarté et logique sans qu'il se laisse un instant entraîner par des digressions, et toujours il revient à son point de départ.

Une de ses méthodes préférées consiste à choisir un mot susceptible de plusieurs qualifications et à faire de ce mot le pivot de son argumentation. Qu'il veuille montrer le « don de déraisonner » qui s'est emparé des révolutionnaires italiens à l'occasion de la Convention de septembre et de l'allocution pontificale du 29 octobre 1866, il passera en revue toutes les « inepties » par lesquelles ils essayent de justifier d'avance leurs attentats contre le Saint-Siège. : ineptie de supposition, d'appréciation, et d'infatuation. (2)

Qui ne reconnaît ici la manière de Massillon, un des écrivains que Mgr Plantier estimait le plus et qu'il a le plus étudiés, Massillon, le « rhéteur de la chaire », a écrit Nisard, (3) dont les plans, selon l'expression de Brunetière, « se développent en surface et non en profondeur (4) » et qui a poussé jusqu'à l'excès la méthode des divisions et des subdivisions. Le grand art peut s'en plaindre, mais le commun des lecteurs que visait avant tout l'évêque de Nîmes avait au moins l'avantage de le suivre facilement. Avec pareille méthode la pensée est

----

(1) *Œuvres*, t. ix, p. 65, sq.
(2) *Ib.*, t. x, p. 239.
(3) *Histoire de la littérature française*, t. iv, ch. 7.
(4) *Nouvelles études critiques*, p. 93.

guidée ; jamais il ne faut faire effort pour comprendre le raisonnement de l'écrivain.

Mgr Plantier, nous l'avons déjà dit, ne s'est pas contenté d'exposer la doctrine catholique ; vivant dans un siècle de négations il a voulu justifier la vérité contre les objections qui lui étaient adressées ; s'il a été un constructeur d'idées remarquable, il a été un polémiste tout à fait hors pair.

Sa manière d'agir a moins consisté à reconstituer la pensée de l'adversaire en quelques traits et à opposer idées à idées, thèses à thèses, qu'à entrer dans le détail des idées, à reproduire les uns après les autres les arguments opposés aux siens et sous la forme verbale qui leur a été donnée, puis à frapper des coups et à s'en parer.

Pour ce faire, il a eu à son service une logique implacable, savante, victorieuse et qui aimait à jouir de son triomphe. Il excellait, grâce à elle, à prendre son adversaire en flagrant délit de contradiction, à lui démontrer la fausseté de ses principes, à tirer de ceux-ci toutes les conséquences désastreuses qu'il n'y avait pas vues mais qui, par la force des choses, devaient en découler. Ses réfutations sont de vrais traités, des victoires solides gagnées par une vigoureuse stratégie et non enlevées à la pointe de l'épée.

Autre forme que prend la dialectique de Mgr Plantier. Il est tellement convaincu de posséder la vérité que souvent, en présence de l'erreur, il ne peut contenir son indignation. Lorsque l'erreur lui paraît trop s'écarter de la saine raison ou frôler les bornes de la mauvaise foi, il se constitue le vengeur de la vérité outragée et le défenseur de ses droits indignement violés. Alors, il accable son adversaire sous les traits d'une mordante ironie, le flagelle sans pitié, lui décoche des ripostes fougueuses et des épithètes sévères et ne recule même pas devant les violences d'un langage qu'il a de la peine à contenir.

Comment expliquer cette attitude, qui a irrité plus d'un contemporain, de l'évêque de Nimes ? On l'a dit excellemment : « Nous voulons sauver tous les hommes, [c'est un prêtre qui parle,] comme Dieu le veut et comme l'a voulu Jésus-Christ. Cet amour des âmes nous presse si vivement que nous réalisons parfois, dans nos paroles et dans nos actes, le *compelle intrare* du Maître, et que notre indignation contre les foyers d'erreurs qui nous entourent ne peut pas, ne doit pas se contenir. Mais c'est aux foyers d'erreur que notre indignation s'adresse, et non aux victimes elles-mêmes que ces foyers dévorent et que nous voudrions sauver... Tel fut le mobile secret, trop méconnu, qui dirigea l'évêque de Nimes dans ses controverses. (1) »

Nous avons parlé des particularités de langage de Mgr Plantier, c'est dire que déjà nous abordons l'étude de son style dont il nous faut maintenant indiquer les marques distinctives.

Et tout d'abord une question se pose : Quels ont été les maîtres de Mgr Plantier dans l'art d'écrire? Quelles lectures ont formé sinon toujours ses pensées, du moins sa façon de s'exprimer? Il est facile de répondre à cette question utile, entre toutes, pour connaître la nature du style de notre prélat.

Au premier rang des livres qui ont laissé sur lui une puissante empreinte nous plaçons la Bible que, professeur d'Écriture-Sainte et d'Hébreu, à la maison des Chartreux, puis à la Faculté de Théologie de Lyon, il eut pour mission d'analyser et d'expliquer pendant plus de vingt ans. Presque autant que les enseignements moraux, il en a compris les beautés littéraires. Il s'est fortement pénétré du charme de sa poésie, de ses grandioses images, de son puissant coloris, si vif qu'il est éblouissant. Les livres de l'Ancien Testament surtout paraissent l'avoir captivé et il a toujours témoigné une prédilection marquée pour les grands hommes, les grands poètes et les grands prophètes de l'ancienne Loi, Moïse, Job et Isaïe. Il s'est nourri de leur style vigoureux. A force de les

____

(1) *Éloge funèbre de Mgr Plantier* prononcé à ses obsèques, le 1er juin 1875, par M. le chanoine Gilly.

fréquenter il s'est approprié leurs pittoresques et fortes expressions et jusqu'à leurs mots si expressifs et si frus-tes quelquefois.

Au plaisir « de savourer l'Ecriture dans les moindres détails du texte sacré » il a joint celui de la lecture assidue des Pères. « Pourrai-je oublier, a-t-il écrit, aprè savoir cité saint Jean Chrysostôme, saint Ambroise, saint Augustin, saint Grégoire et autres, pourrai-je oublier mon attrait pour saint Jérôme, le commentateur des commentateurs, et mon goût pour l'austère éloquence de saint Hilaire et la majesté toute romaine de saint Léon ? Les deux saints Cyrille, saint Théophile d'Antioche, saint Méthodius de Patare, saint Epiphane de Salamine et saint Ephrem, l'illustre diacre d'Edesse, doivent à leur tour être cités par ma reconnaissance ; ils m'ont aussi fait passer bien des heures de délices. (1) »

« Il connaît à fond la patrologie, (2) » a-t-on pu dire sans exagération aucune.

Quoi d'étonnant alors, comme nous allons le voir bien-tôt, que dans le style de Mgr Plantier, nous retrouvions quelque chose de pompeux et d'éclatant comme le génie oriental ?

A côté de ces sources anciennes, voici maintenant quel-ques auteurs et sacrés et profanes qu'il a lus assidûment et qui ont marqué leur empreinte sur sa façon d'écrire.

Il avait analysé et connaissait par cœur les principales œuvres oratoires de Bossuet, de Fénelon, de Bourdaloue, de Massillon surtout, dont il aimait la méthode de diviser ses sujets qui convenait si bien à son esprit. « Pour décou-vrir les procédés intellectuels de cet auteur, et s'appro-prier son genre, il s'exerçait à recomposer tous ses dis-cours, en ne conservant que le cadre général. (3) »

Le *Télémaque* le passionna dans sa jeunesse ainsi que Rousseau, Chateaubriand, Lamennais et les orateurs par-

---

(1) *Vie*, t. i, p. 47.
(2) *Les Célébrités catholiques*, p. 140.
(3) *Vie*, t. i, p. 103.

lementaires de la Restauration, sans oublier Frayssinous dont il admirait l'harmonie et la précision du style.

On le voit, les lectures de Mgr Plantier avaient été variées. Mais puisqu'il a puisé aux sources de deux écoles littéraires, à laquelle des deux faut-il le rattacher ? Sans conteste aucun, du moins pour une bonne partie de ses œuvres, à l'école romantique sur laquelle la langue de Rousseau avait exercé son influence.

Si, par excellence, elle est poétique, il n'en est pas moins vrai que trop souvent on y sent l'effort, l'apprêt, l'exagération de la métaphore ; ni le goût n'en est toujours sûr, ni l'idée toujours claire, ni les termes toujours justes.

Une particularité de l'esprit de Mgr Plantier nous aidera à comprendre pourquoi, indépendamment des conseils mal éclairés qu'il reçut pour la formation de son goût, il alla d'instinct à l'école qui marque un recul sur le XVIIe siècle. Nous voulons parler de son habitude, pendant les trois années qui précédèrent son entrée aux Chartreux, d'écrire en vers toutes ses compositions. Qui ne voit que la nécessité où elle le mettait, « de combiner ses mots, et, avec eux, les pensées, selon les lois de la mesure ; de chercher la symétrie par la rime, la césure et l'hémistiche... à découper les formes de sa pensée en strophes », l'a accoutumé à compliquer l'expression de ses idées où il entre plus d'effort que de spontanéité ?

Il ne faudrait pas croire, cependant, que le style de Mgr Plantier s'est constamment maintenu le même pendant toute sa carrière littéraire. On peut facilement y distinguer deux époques qui, sans doute, ne sont pas nettement tranchées mais qui nous le montrent sous deux aspects suffisamment différents. L'année 1863 en marque la séparation.

Avant cette date, ce qui domine, en particulier dans les *Poètes bibliques*, les *Conférences de Notre-Dame*, les *Règles de Vie sacerdotale*, plusieurs *Lettres Pastorales*, c'est un excès de richesse, une grandeur qui manque de simplicité, un style au caractère pompeux et éclatant comme le génie oriental, la dissimulation trop fréquente de la pensée sous un éblouissement d'images qui finit par fatiguer.

Mais, au bout de quelques années d'épiscopat, le manque de temps, les rudes combats d'idées et les nécessités de la controverse firent adopter à Mgr Plantier une manière d'écrire beaucoup plus sobre, moins chargée d'apprêts et d'ornements inutiles, où l'ordre est moins factice et extérieur mais plus naturel et caché, où cependant nous trouvons encore de la surabondance et de la recherche.

C'est de ce style de Mgr Plantier évêque, que nous allons exposer les traits qui nous ont paru les plus saillants, défauts et qualités propres au prélat dont nous nous occupons.

Nous ne pouvons nous empêcher tout d'abord de relever chez l'évêque de Nimes le grand nombre de ses procédés de rhétorique. C'est ainsi qu'il aime à apostropher le temps. « O nuit horrible, écrit-il, que celle où cette nouvelle foudroyante [du désastre de Sedan] nous fut annoncée ! Combien nous fûmes tentés de souhaiter avec Job qu'un ténébreux ouragan l'arrachât du cadre de notre vie. (1) »

Ou encore, il prête une vie aux objets inanimés. Qu'il parle de la décadence où se trouve Ravenne, il dira que « son port s'est vu comblé par les sables, et que la mer a reculé d'horreur, comme si ces anciens rivages avaient été maudits. (2) » Ailleurs, c'est la voie Nomentane qui rougit (3) ou le Tibre qui « proteste par d'horribles inondations contre le crime de la présence, (4) » [à Rome, de Victor Emmanuel et de son fils Humbert.]

Un autre procédé, ce sont les descriptions de genre dont nous trouvons quelques exemples, en particulier, dans

---

(1) *Œuvres*, t. x, p. 380.
(2) *Ib.*, t. ix, p. 142.
(3) *Ib.*, t. x, p. 482.
(4) *Ib.*, t. x, p. 364.

la *Lettre contre les courses de taureaux.* Voici le tableau que Mgr Plantier trace du taureau et de sa mort dans l'arène :

« Voyez-vous ce fier animal, ce taureau vigoureux qui paît ou bondit, sous la garde d'un pâtre à cheval, dans les vastes plaines qui bordent le Guadalquivir ? Voyez vous cet autre qui frémit et s'agite sous le dard des moustiques dans les pâturages de la Camargue ? Peut-être croyez-vous qu'un jour, traînant une sorte de char triomphal, ils conduiront ou des approvisionnements à la cité prochaine, ou les gerbes de la moisson dans l'aire où le laboureur doit les battre, ou les raisins mûris par l'automne au pressoir qui doit les fouler ; c'est une erreur. On les jettera dans une lice entourée par une foule avide d'émotions. Des excitateurs seront chargés de les mettre en furie ; on les piquera, non pas avec l'aiguillon, mais avec une lance ; on enfoncera dans leurs flancs meurtris des traits parfois brûlants et toujours importuns. Quand le double stimulant du fer et de la douleur les aura comme embrasés de rage ; quand ils courront en désordre dans l'enceinte du combat, remplissant l'air de leurs mugissements et soulevant la poudre de l'arène par les mouvements convulsifs de leur colère, la joie de l'assemblée sera profonde et croîtra pour ainsi dire avec les angoisses de la bête irritée. Sa mort mettra le comble à l'ivresse publique. Peut-être, si celui qui doit l'abattre est inhabile, s'il la meurtrit par des coups mal assurés, on s'indignera de la maladresse du toréador, bien plus encore que des souffrances de la victime. Mais si l'athlète est exercé, s'il va droit et juste au centre de la vie pour la tarir, si, à peine frappé, l'animal chancelle et tombe sur le sable, aux pieds de son vainqueur, on applaudit avec frénésie ; c'est le triomphe d'une *grande épée.* (1) ».

Pour décrire le cheval qui, dans l'arène, est opposé au taureau, Mgr Plantier se sert en partie des paroles mêmes du Livre de Job, puis il détaille les tourments auxquels

____

(1) *Œuvres,* t. xv, p. p. 158, 159.

il est exposé et conclut ainsi : « Ce noble animal, l'ami du taureau, né dans les mêmes prairies, devrait être son associé dans les peines et les gloires du labour ; par façon de passe-temps on le livre au taureau comme une proie méprisable dans des luttes sans utilité. Il est fait pour porter dans de grands et légitimes combats les guerriers destinés à soutenir les droits et l'honneur de la patrie ; s'il y succombe avec eux, comme eux il périt pour une sainte cause et le but de son trépas élève et justifie le trépas lui-même. Dans l'arène, il meurt, non pas d'un coup d'épée, mais d'un coup de corne ; non pas dans une mêlée glorieuse, mais dans un tournoi sans dignité ; non pas pour les intérêts du pays, mais pour donner quelques secousses fébriles à des âmes désœuvrés ou curieuses et dont l'ardeur ou l'apathie a besoin d'émotions. Certes, Dieu qui créa le cheval et le fit chanter par le vieux patriarche iduméen, doit être bien heureux de voir les abaissements cruels auxquels nous le condamnons avec ses instincts belliqueux et sa royale nature. (1) »

Nous n'avons pas craint de citer tout au long ces deux passages parce qu'ils sont représentatifs d'un genre qui nous paraît faux aujourd'hui. Ce genre, c'est l'emploi de l'antithèse, *non pas d'un coup d'épée, mais...* ; de la périphrase : *le centre de la vie* pour le cœur, et du mot noble : *un char triomphal, la poudre de l'arène* ; c'est encore l'abus des épithètes : *traits parfois brûlants, toujours importuns; noble animal; grands et légitimes combats.* Tous ces procédés ont un but : ennoblir le style, donner de l'harmonie à la phrase ; mais n'est-ce pas au détriment de l'idée qui nous paraît sonner bien creux ?

Il serait facile de trouver d'autres exemples de ces procédés de composition (2). Examinons plutôt quelques autres particularités du style de Mgr Plantier.

____

(1) *Ib*, p. 161.

(2) *Des prières obligatoires* sont la messe ; des *offices conseillés par de hautes convenances*, les vêpres, t. xv, p. 168. — Les mots : voiture et chariot ne suffisent pas, il faut écrire : *s'il va conduisant*

Nous lui reprocherions volontiers sa trop grande facilité, son caractère emphatique et redondant et, malgré
ses prétentions à la simplicité biblique, de manquer
quelquefois de naturel. C'est du moins l'impression que
nous ressentons lorsque nous lisons des phrases comme
celles-ci : « chaque mot tombant de ses lèvres était pour
nous comme une goutte de liqueur enivrante (1) » —
« l'absinthe cachée au fond du calice où la noirceur des
méchants... (2) »

Parfois enfin, les métaphores qu'il renferme sont hardies
et d'un goût douteux « le sang bu par les yeux... (3) ;
le calice empoisonné de Babylone... (4) ; une vague qui
fait éclater des conséquences... (5) ; Votre âme, une
palme à la main... ; dans leur poitrine bat une âme... (6) »

Ces deux derniers exemples sont tirés d'un morceau
d'allure lyrique, l'éloge des soldats de Castelfidardo. Assurément ils le déparent, mais le lyrisme lui-même de
Mgr Plantier, en dépit de quelques beaux passages, tels le
portrait de Lamoricière, nous paraît être surtout un lyrisme
d'école, dépourvu de spontanéité et inférieur à celui du
Cardinal Pie.

Quant au vocabulaire employé par Mgr Plantier, si nous
y relevons quelques termes impropres comme : *broyer
les traits* (7), ou trop abstraits et bibliques : *les équipages
de l'opulence* (8), il nous frappe surtout par son énergie
et parfois sa vigueur, d'autres diraient sa virulence. Au
hasard de la lecture relevons quelques-unes de ses saillies

---

sa légère voiture ou ses pesants chariots, t. IX, p. 126. — *Cyprès*
n'est pas suffisamment clair ; on dira : *les cyprès, mélancoliques
ornements des cimetières*, t. X, p. 121.

(1) *Œuvres*, t. X, p. 507.
(2) *Ib.*
(3) *Ib.*, t. IX, p. 176.
(4) *Ib.*, p. 182.
(5) *Ib.*, p. 173.
(6) *Ib.*, p. 327.
(7) *Ib.*, p. 457.
(8) *Ib.*, p. 129.

effroyables *orages,* monde *des folliculaires,* insultes *immenses, nid de vipères, barbare civilisation ;* les révolutionnaires : des *bêtes fauves,* des *anges de Satan,* des *loups et des chacals à face humaine ;* les ennemis du Saint-Siège : des *mouches venimeuses.*

Ce sont là des taches qui déparent le style de notre prélat, mais en somme, elles ne constituent que des points moins brillants dans une façon de s'exprimer qu'il serait injuste de mésestimer. Le style de Mgr Plantier, en effet, est un style coulant, facile, tout fait de clarté et précis ; il se déploie avec une aisance merveilleuse et le plus souvent il est d'une correction irréprochable et d'une puissante originalité.

Nul doute que si Mgr Plantier avait vécu à une époque où le goût public eût été plus pur, il aurait pris place parmi les bons écrivains en prose de notre pays. Tel qu'il est, il a, au moins, droit à un rang honorable, car ses défauts sont de son temps, mais ses qualités lui appartiennent à lui seul. Il faut regretter pour la proclamation de cette vérité que l'œuvre de l'évêque de Nimes soit aujourd'hui si peu lue et connue.

CONCLUSION

La place de Mgr Plantier dans le mouvement des idées religieuses sous le Second Empire.

Plus que dans l'histoire de la littérature, Mgr Plantier a laissé un nom dans l'histoire du mouvement des idées religieuses, en France, sous le Second Empire .

La part qu'il a prise à ce mouvement aurait été plus grande s'il avait pu jouer au Concile du Vatican le rôle qu'il se proposait. Mais élu membre à la députation de la Discipline au lieu de celle de la Foi où sa place était toute marquée à côté de Mgr Pie, il ne put assister qu'aux deux premières sessions du Concile, étant tombé gravement malade, dès le 13 janvier 1870. C'est donc sur un autre terrain, celui des Lettres pastorales qu'il a agi, et, d'après les doctrines qu'il y a soutenues, nous lui assignerons sa place parmi les différentes écoles de pensée catholique qui ont régné en France, entre 1850 et 1870.

A vrai dire, pendant toute sa vie, Mgr Plantier n'a pas soutenu les mêmes doctrines et n'a pas eu cette continuité de vues qui a caractérisé Mgr Dupanloup et surtout Mgr Pie.

Il a commencé par être gallican et libéral.

Nous avons déjà fait connaître son état d'esprit avant son élévation à l'épiscopat et montré l'appréhension avec laquelle on l'avait accueilli dans son nouveau diocèse.

Mais lorsqu'il fut à Nimes, l'ambiance du milieu, l'influence exercée sur lui par son vicaire général, le P. d'Alzon, le travail de la réflexion, le sentiment de sa responsabilité et surtout un attachement au Pontife romain et une adhésion à ses enseignements d'autant plus grands que son pouvoir était plus attaqué, toutes ces causes agirent sur l'esprit de Mgr Plantier et le firent évoluer insensiblement vers un idéal de doctrine et adopter des méthodes dont il avait été bien éloigné jusque là.

Cette évolution ne fut pas due à des soucis mesquins de popularité comme l'en a accusé M. Emile Ollivier. Elle fut loyale et se trouvait en germe dans le caractère même de notre prélat, avide de vérité totale avant tout, aimant à pousser jusqu'à leurs conséquences extrêmes les thèses qu'il soutenait et ennemi de toute compromission avec ce qu'il croyait être l'erreur.

Ce n'est que peu à peu que Mgr Plantier se rangea parmi les partisans des idées « ultramontaines », comme on aimait à les appeler. Il n'y eut pas de scissure brusque dans ses pensées, mais des étapes successives. Dans un premier entretien avec Pie IX, il commença à se dépouiller de ses préventions gallicanes ; dès lors, il témoigna au Pape une déférence de plus en plus marquée et une croyance toujours plus grande à sa parole. En 1862, à la suite de son voyage à Rome, il déclara à ses diocésains qu'il avait été heureux d'acclamer Pie IX, « avec tous ses enseignements. »

A cette date, son évolution est terminée. Que par le Syllabus, en 1864, le Souverain Pontife condamne dans leur sens absolu les libertés modernes, Mgr Plantier se constituera son apologiste convaincu. Que la question d'un Concile général se pose, Mgr Plantier, dans sa Lettre pastorale où il annonce sa convocation, souhaitera que les principes de la Révolution y soient dénoncés et que soit définie l'infaillibilité personnelle du Pape.

Ce sont ces deux articles, en effet, qui assignent à Mgr Plantier sa place dans l'école dont nous avons parlé tout à l'heure.

Aux yeux de l'évêque de Nimes, la question doctrinale de l'infaillibilité pontificale était depuis longtemps tranchée. Sur ce point-là, a-t-il écrit, « les témoignages de l'Evangile et l'unanime assentiment de la tradition ne laissent aucun doute. »

Toute la difficulté, ajoutait-il, consiste à savoir « s'il y a quelque péril à élever ce fait, ou, pour parler plus exactement, cette vérité, à l'honneur d'une définition solennelle, de façon qu'au lieu d'être simplement un article qui approche de la foi, elle devienne un dogme certain... Il n'y a donc plus à résoudre qu'une question d'opportunité. Mon opinion la plus intime est que l'heure est venue de formuler et de promulguer cette définition. (1) »

Les raisons de cette opportunité, pour lui, nous les connaissons. Il souhaitait que l'infaillibilité pontificale fût promulguée, afin que, dans le chaos où la malice des hommes s'efforçait de jeter les esprits, brillât une lumière qui leur montrerait la vérité. Aussi les réserves gallicanes lui semblaient-elles un péril autant qu'un anachronisme.

Adhésion entière aux enseignements de Rome, esprit de soumission jusqu'à ses moindres désirs, défense de la souveraineté spirituelle et temporelle des Souverains Pontifes, resserrement des liens qui unissent les différentes Eglises à la chaire de Pierre, ces doctrines et ces tendances ne sont pas les seules qui caractérisent Mgr Plantier. Il s'est encore fait remarquer par son attitude vis-à-vis des idées modernes, ou, pour être plus précis, de la liberté qui les résume toutes.

L'homme a-t-il toute liberté d'agir comme il lui plaît et pour le bien et pour le mal ? Est-il indépendant de toute autorité de Dieu et de l'Eglise ? A ces questions ainsi posées, il n'est aucun catholique qui ne réponde par la négative. Mais où l'unanimité cesse d'exister, même parmi les meilleurs fils de l'Eglise, c'est lorsque du domaine de la thèse pure, passant à celui de l'hypothèse, c'est-à-dire, des conditions actuelles de la société, ils veulent préciser l'attitude qu'il convient de tenir vis-à-vis des libertés sur lesquelles elle repose.

____

(1) *Vie*, t. II, p. 534

Les uns les acceptent avec une confiance si grande dans le bien qui peut résulter de leur libre jeu qu'on les a accusés de rejoindre par là les partisans de la liberté posée en principe. Ils estiment que tout n'est pas mauvais dans les principes de 89, qu'il ne faut pas leur bouder mais démêler le bon grain de l'ivraie, et que l'accord devrait et pourrait se faire entre l'Eglise et la société moderne. On a reconnu à ce raisonnement l'école libérale de Montalembert, Lacordaire et Mgr Dupanloup, cette école pour qui la liberté était chose sacrée et chère entre toutes.

Mgr Plantier était loin d'avoir et pour le mot et pour la chose la même déférence. Ce à quoi il tient surtout, c'est à l'exactitude et à la précision théologique qu'il faut donner à la solution des conflits pouvant survenir entre le principe des libertés modernes et les droits de Dieu et de l'Eglise. Tant pis si de ces solutions la liberté sort amoindrie ! La vérité vaut bien plus qu'elle et il faut chercher à la faire prévaloir.

Or, quelle est la vérité que l'Eglise enseigne ? C'est que, en sa qualité d'épouse du Christ, celle-ci a, comme lui, le droit de régner dans l'ordre spirituel sur tous les hommes et les peuples que le baptême a fait passer sous son empire. Elle est une société indépendante dont le but est de prêcher partout et toujours la foi, et lorsqu'une question touche à son dogme ou à sa morale, elle a le droit d'intervenir pour ou contre. Tel est, par exemple, le cas de la liberté des cultes. « Elle repose sur l'indifférence dogmatique et nie, soit la divinité de Jésus-Christ, soit celle de de l'Eglise, par là même qu'elle n'affirme ni l'une, ni l'autre. (1) »

Sans doute, dans la pratique, étant donné l'état actuel des esprits, l'erreur et le mal peuvent être tolérés, mais ce n'est pas la politique seule qui doit indiquer les bornes à fixer à la liberté du mal. En d'autres termes, la cons-

---

(1) *Instruction pastorale sur les Conciles généraux.*

cience ne doit pas se mettre à la remorque de la politique (1), pour s'accommoder aux temps, aux lieux et aux
peuples ; on ne peut surtout pas affranchir la conscience
publique des règles immuables du juste et du vrai.

Il est donc faux que l'Etat soit indépendant de l'Eglise
et l'une des plus funestes erreurs de notre temps, aimait
à dire l'évêque, est la théorie de *l'Eglise libre dans l'Etat
libre.*

Quant aux libertés politiques, Mgr Plantier admettait
celles qui sont légitimes et nulle part il n'a formulé de
réquisitoire ou lancé d'anathème contre la société moderne.
Mais il plaçait au-dessus de la liberté absolue les droits de
l'autorité civile et religieuse. Il n'admettait pas qu'elle fût
capable de constituer un droit nouveau : dans ses Lettres
sur la question romaine, à maintes et maintes reprises, il a
affirmé la chose et surtout il a revendiqué pour l'Eglise le
pouvoir d'exprimer sa pensée sur ces questions qui sont en
partie du domaine de la politique, il est vrai, mais qui,
parce qu'elles touchent à la morale, sont aussi de son
ressort.

Affirmer les vrais principes sans lesquels la société
devient païenne, telle était la règle de conduite de l'évêque
de Nîmes. Il la manifesta dans la pratique en refusant
d'approuver, aux élections législatives de 1868, la tactique
qui consistait à faire triompher, grâce à l'alliance de la
droite et de la gauche, l'opposition au Gouvernement. Une
pareille alliance, déclarait-il, ne peut qu'éteindre la notion
du droit et du patriotisme (2).

De partisan des traditions nationales et de modéré,
Mgr Plantier était donc devenu le défenseur des théories
ultramontaines et l'ennemi du libéralisme même le plus
mitigé. C'est sous cet aspect — son dernier — qu'il passera

_____

(1) Lettre à l'*Univers*, datée du 23 février 1868, à propos d'un cas
de conscience résolu par M. Hamon, curé de Saint-Sulpice. — *Vie,*
t. II, p. 273.
(2) *Vie,* t. II. p.p. 257, 9.

à la postérité qui, pour lui assigner la place à laquelle il a droit dans le mouvement des idées religieuses, retiendra encore le ton de ses méthodes de discussion.

Si, dans ses premières années de sacerdoce, il avait répugné aux polémiques violentes, avait surtout admiré Frayssinous et blâmé l'*Univers*, il fut bien vite jeté, dès les premiers temps de son épiscopat, dans les luttes d'idées et y apporta quelquefois une ardeur, une véhémence que ses adversaires, généralisant trop souvent ses procédés, ont appelées violence, et sur lesquelles il est nécessaire de fournir quelques explications.

Remarquons en premier lieu que Mgr Plantier n'évitait pas la lutte, mais qu'il la recherchait, presque toutes les fois que les idées qui lui étaient chères étaient en jeu. Partant de ce principe que la vérité a tous les droits, il jugeait que la dissimuler, c'est agir contre elle.

Sans crainte donc de choquer les prudents, sans peur d'effaroucher les faibles, il développait ses théories, semblant même parfois prendre un malin plaisir à heurter de front ou à accepter, pour s'en faire un titre de gloire, les reproches qui lui étaient adressés. « Les faux philosophes, déclarait-il dans sa défense de l'encyclique *Quanta Cura* et du Syllabus : *Pie IX vengeur et défenseur de la vraie civilisation*, les faux philosophes appellent [Pie IX] intolérant. Tant mieux ! tant mieux qu'il ait tous ces torts ! »

Pour mieux apprécier ce langage et saisir sur le fait deux méthodes de polémique, il ne sera pas inutile de faire remarquer que Mgr Dupanloup, à la même époque, dans un écrit retentissant, essayait d'expliquer la vraie pensée du Pape et de le justifier des attaques dont il était l'objet. Sans doute, Mgr Plantier n'a pas agi autrement, mais, à la différence de l'évêque d'Orléans, il donne l'impression de désespérer de convaincre son adversaire, que, la plupart du temps, il considère comme étant de mauvaise foi.

Non content d'affirmer toute la vérité sans ménagements, Mgr Plantier l'a défendue avec une sévérité de langage qui peut paraître surprenante et qu'on lui a vivement reprochée. Dans ses controverses avec les protestants, dans sa réfutation de Renan, dans ses écrits sur la question romaine, son ardeur l'a emporté loin et il ne s'est pas fait scrupule de frapper son adversaire. Alors même qu'il soutint sur l'infaillibilité pontificale une controverse avec Mgr Maret, bien que la question en somme fût encore libre, il ne craignit pas de se servir d'expressions que certains de ses amis trouvèrent exagérées.

D'où provenait cette véhémence et comment l'expliquer ? Elle n'avait pas sa racine dans le désir de causer de la peine ; elle procédait encore moins d'un sentiment de haine pour tels ou tels hommes. Mgr Plantier n'avait rien d'altier ni de violent, son commandement était modeste, son autorité douce et paisible Dans la pratique de la vie il était conciliant, comme le témoigne son attitude vis-à-vis de certains protestants qui songeaient à embrasser le catholicisme et en étaient empêchés par des liens de famille.

Mais c'était un théoricien pour qui la vérité comptait avant tout. Lorsqu'elle était attaquée, il ne comprenait pas qu'on pût la défendre sans ardeur. Il, lui était impossible de retenir son indignation ; il assénait à son adversaire de rudes coups, l'accablait de vives épithètes, le poursuivait de son ironie mordante. Assurément il ne se rendait pas un compte exact de la portée de ses coups, ayant trop peu vécu dans le monde pour comprendre qu'une parole qui paraîtra blessante fait se cabrer et risque de détruire la force probante des meilleurs raisonnements.

Ses images bibliques et son adoption des procédés de controverse de quelques Pères, bons en d'autre temps, lui ont porté tort. A le lire superficiellement, il peut paraître violent, brutal même. En réalité, il n'a voulu que remplir son devoir et défendre la vérité. La véhémence de son langage et la justesse foudroyante de la plupart de ses coups n'étaient à ses yeux que de la bonté pour ceux qu'il aurait voulu délivrer des ténèbres de l'erreur, ou qu'il attaquait pour mettre en garde les faibles contre des doctrines perverses. Ce qui a pu faire illusion chez lui, c'est que sa bonté, toute réelle qu'elle fût, n'était pas spontanée comme chez un Louis Veuillot, par exemple, qui, en véhémence et ironie, ne le cède en rien à Mgr Plantier, mais était cachée et procédait plus de sa volonté que de son cœur.

Nul ménagement pour l'erreur, affirmation courageuse et sans restriction aucune de ce qu'il croyait être la vérité, ces deux traits caractérisent l'apologétique de l'évêque de Nimes et le placent aux côtés de l'évêque de Poitiers pour qui il éprouvait une vive affection.

Entre ces deux hommes qui, au sein de l'épiscopat, figuraient à la tête de l'école ultramontaine, il est de nombreux points de ressemblance. Quelques-uns sont secondaires : une même origine obscure ; un attachement également puissant aux prélats, héritiers des traditions du clergé d'ancien régime, qui avaient su discerner leur talent ; un même air de distinction et de dignité ; une même disgrâce de la part du pouvoir civil et une égale approbation de leur conduite par le Souverain Pontife, Pie IX.

Mais l'évêque de Poitiers et celui de Nimes s'apparentent surtout par leurs doctrines et leurs méthodes. Leurs doctrines sont identiques, avec cette différence que Mgr Pie n'a jamais varié dans celles qu'il a toujours soutenues, et que Mgr Plantier a commencé par défendre des idées dont il devait plus tard s'écarter. Pour les faire prévaloir, tous deux ont jugé nécessaire de ne garder aucun ménagement et ont attaqué de front la fausse prudence de ceux qui estimaient qu'il fallait avoir des ménagements, sinon pour l'erreur, du moins pour les hommes qui la soutenaient et qui, peut-être, étaient de bonne foi. Mgr Plantier n'a pas eu une conduite différente de Mgr Pie, lorsque celui-ci, dès sa première année d'épiscopat, déclarait que le *règne des expédients était fini*, et qu'il fallait que *le règne des principes commence* (1).

<hr>

(1) *Mandement de prise de possession du siège de Poitiers.* Décembre 1849. *Célébrités catholiques*, p. 111.

'Pour établir ces principes, les deux prélats, et c'est en cela qu'ils diffèrent, étaient portés par nature à suivre des méthodes différentes. L'un, l'évêque de Nîmes, plus enclin à se placer à l'avant-garde de l'armée de la foi, est surtout un polémiste ; il en a le sens des distinctions, l'ironie et la vibrante ardeur ; il excelle à jeter bas les thèses adverses et le fait sans se soucier des clameurs qu'il suscite dans le camp ennemi, tel le grand Athanase.

L'autre, l'évêque de Poitiers, plus calme dans ses controverses, raillant plus finement, en possession d'un style aux images gracieuses, a le sentiment de son autorité de chef de l'Eglise. Au lieu de poursuivre les ennemis de la vérité, il attend qu'ils produisent leurs sophismes et fort de son titre de docteur, nouvel Hilaire, il leur jette l'anathème. Ses vues sont larges et profondes ; c'est un constructeur de systèmes et ce à quoi il vise, c'est édifier la cité de Dieu sur terre, promouvoir le règne du Christ sur les hommes.

Ajoutons que Mgr Pie a été moins isolé que Mgr Plantier, qu'il a pris une part plus active à la politique religieuse, qu'il a constamment été appuyé par l'*Univers* et l'école de Solesmes avec Dom Guéranger. Pour ces raisons, il a personnifié, plus que Mgr Plantier, les idées chères à tous deux.

La justesse et la largeur de ses pensées comme aussi son style plus personnel lui assureront sans doute une célébrité plus grande et plus durable qu'à l'évêque de Nîmes.

Le nom de celui-ci, cependant, mérite de rester parmi les plus grands de l'histoire religieuse de la France au xixᵉ siècle. Il est symbolique d'attachement à l'Eglise et au Pape, de défense de la puissance temporelle des Souverains Pontifes, de logique implacable dans la réfutation de l'erreur, d'attachement passionné à la vérité.

Ce nom ralliera-t-il tous les suffrages des amis de la religion, s'imposera-t-il au respect de tous ses adversaires ? Le croire serait oublier qu'il existe un autre idéal d'évêque

que celui que s'était proposé l'école de Mgr Pie et de
Mgr Plantier. Selon la conception que l'on se fait de la
conduite que doit observer le prêtre ou l'évêque vis-à-vis
des adversaires de la foi, on louera sans réserves ou l'on
critiquera l'évêque de Nimes.

L'école, en effet, opposée à Mgr Plantier et qui a eu
pour représentants des hommes comme Mgr Maret, archevêque de Lépante, Mgr Landriot, archevêque de Reims,
Mgr Meignan, cardinal-archevêque de Tours, l'évêque
d'Orléans, Mgr Dupanloup, a prétendu non pas anathéma-
tiser toutes les idées modernes au nom de la vérité, mais
réconcilier le monde avec la doctrine catholique.

Il ne faut pas exagérer le mal, disait en substance
Mgr Landriot et voir le naturalisme philosophique et historique là où il n'est pas. Ne calomnions pas notre époque.
Que dans les discussions, le langage soit toujours calme
et charitable ; comme l'huile du Samaritain, ce langage
produit de meilleurs effets que l'esprit d'aigreur dont les
blessures sont souvent inguérissables. Si les paroles sévères sont parfois utiles, il faut savoir s'en servir à propos
et ne pas croire que l'on puisse, de nos jours, user d'expressions employées par saint Augustin, saint Chrysostôme et saint Cyrille. Il est bon de ne pas oublier que
chaque siècle a ses mœurs et ses tolérances (1).

Mgr Maret est à la fois plus radical et plus conciliant
encore. L'intérêt religieux, pour lui, exigeait que l'Église
entrât dans l'esprit d'un sage libéralisme, qu'elle se sépa-
rât définitivement du passé et se ralliât franchement à
l'ordre nouveau, issu de ce que renferme de vrai et de
légitime la Révolution. Ce à quoi il a visé toute sa vie a
été, non pas d'éloigner les hommes de la vérité par des
affirmations catégoriques, mais de les attirer à elle en leur
adoucissant les préambules de la foi et les exigences de
ses pratiques (2).

_____

(1) Lettre à M. Laforêt, sur le direction à donner à l'enseignement
apologétique. — Cf. *Célébrités catholiques*, p.p. 87, 88. — *Vie du
cardinal Pie*, t. II, p. 19.

(2) *Vie de Mgr Maret*, t. III, p. 442.

Malgré la fermeté de son langage et son amour pour la lutte, Mgr Dupanloup, lui aussi, n'a pas agi différemment.

A laquelle de ces tendances faut-il donner sa préférence ? Question à laquelle il est bien difficile de répondre. Il y a, en effet, du beau et du bon dans les deux écoles qui, sous le Second Empire, se partageaient, dans l'Eglise, le domaine des esprits.

Personne ne niera qu'il soit urgent, pour préserver les intelligences de toute erreur et leur donner, lorsqu'elles seraient tentées de chanceler, la vérité qui délivre, de proclamer la parole révélée par Dieu. Il y a quelque chose de grandiose et de salutaire dans cette affirmation de principes, dans cet effort pour remonter le courant des erreurs, s'opposer à son siècle, dans cette volonté d'établir, dès ici-bas, le règne social de Dieu. Mais quelquefois une attitude trop intransigeante risque de rebuter des âmes avec lesquelles il aurait fallu agir avec ménagement.

Si, d'autre part, il est dangereux de demander trop de concessions à l'Eglise et trop peu à ses adversaires, avouons qu'ils méritent notre sympathie, ceux qui courent après la brebis perdue et sont désireux, en veillant à ne pas éteindre la mèche qui fume, à saisir chez les âmes de bonne volonté une parcelle de vérité et des points communs pour ne pas les éloigner du Christ, mais les gagner à lui. Ces défenseurs de l'Eglise dont nous parlons souffrent peut-être que la vérité ne puisse s'affirmer catégoriquement, mais ils se prêtent aux nécessités des temps et, sans rien sacrifier d'essentiel, sûrs, d'ailleurs, que la voix du chef de l'Eglise les remettra sur le bon chemin s'ils s'en écartent, ils ajournent à plus tard, — dans l'autre vie, — le triomphe du bien et de la vérité totale.

Il faut des uns et des autres à l'Eglise, qui fait une place dans son sein à ces deux tendances « légitimes et compensatrices » (1) et favorise tantôt l'une, tantôt l'autre, selon les besoins des temps, bien que semble prévaloir chez

____

(1) Expression de l'abbé H. Bremond dans son discours de réception à l'Académie Française, 22 mai 1924.

elle, à notre époque, un esprit d'affirmation de principes et de centralisation plus rigoureuse.

Aussi longtemps que le monde existera, l'on trouvera des esprits conciliateurs qui chercheront à accroître, par la douceur et la persuasion, les rangs de l'Eglise, et d'autres plus absolus qui compteront, pour l'accomplissement de cette œuvre, sur la seule force de la vérité.

Notre but, dans les pages qui précèdent, a été de mieux mettre en lumière l'activité de l'un de ces derniers évêques, et non des moindres. Dans les différentes questions qu'il a traitées et que nous avons choisies : réforme des mœurs, controverse avec les hérétiques, affirmation de la divinité de Jésus-Christ, défense du pouvoir temporel des Papes, il a proclamé, avec vaillance et sans fausse prudence, ce qu'il croyait être la vérité.

La position qu'il a prise dans l'Eglise de France, sa part dans le mouvement des idées, comme aussi sa forte dialectique et les mérites de son style nous ont autorisé à le faire sortir, après les combats qu'il a soutenus, de la pénombre où le temps l'avait placé.

En admirant sa belle conception du devoir, en exposant ses idées et sans vouloir prendre parti pour ou contre toutes ses méthodes, nous espérons n'avoir pas trop imparfaitement servi la mémoire et restitué les idées de l'un des plus brillants apologistes de l'Eglise sous le Second Empire.

Imprimatur :

Nemausi, die 1ᵃ Februarii 1925.

L. Cl. DELFOUR,
vic. gén.

TABLE DES MATIÈRES

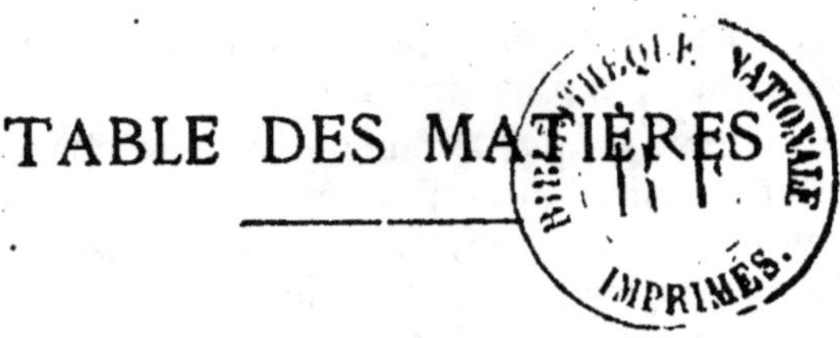